Führung von
Personaldienstleistungsunternehmen

Steffen Hillebrecht

Führung von Personaldienstleistungsunternehmen

Eine strukturierte Einführung

3., vollständig bearbeitete und aktualisierte Auflage

Steffen Hillebrecht
Fakultät Wirtschaftswissenschaften
HAW Würzburg-Schweinfurt
Würzburg, Deutschland

ISBN 978-3-658-26347-8   ISBN 978-3-658-26348-5 (eBook)
https://doi.org/10.1007/978-3-658-26348-5

Die Deutsche Nationalbibliothek verzeichnet diese Publikation in der Deutschen Nationalbibliografie; detaillierte bibliografische Daten sind im Internet über http://dnb.d-nb.de abrufbar.

Springer Gabler
© Springer Fachmedien Wiesbaden GmbH, ein Teil von Springer Nature 2013, 2014, 2019
Das Werk einschließlich aller seiner Teile ist urheberrechtlich geschützt. Jede Verwertung, die nicht ausdrücklich vom Urheberrechtsgesetz zugelassen ist, bedarf der vorherigen Zustimmung des Verlags. Das gilt insbesondere für Vervielfältigungen, Bearbeitungen, Übersetzungen, Mikroverfilmungen und die Einspeicherung und Verarbeitung in elektronischen Systemen.
Die Wiedergabe von allgemein beschreibenden Bezeichnungen, Marken, Unternehmensnamen etc. in diesem Werk bedeutet nicht, dass diese frei durch jedermann benutzt werden dürfen. Die Berechtigung zur Benutzung unterliegt, auch ohne gesonderten Hinweis hierzu, den Regeln des Markenrechts. Die Rechte des jeweiligen Zeicheninhabers sind zu beachten.
Der Verlag, die Autoren und die Herausgeber gehen davon aus, dass die Angaben und Informationen in diesem Werk zum Zeitpunkt der Veröffentlichung vollständig und korrekt sind. Weder der Verlag, noch die Autoren oder die Herausgeber übernehmen, ausdrücklich oder implizit, Gewähr für den Inhalt des Werkes, etwaige Fehler oder Äußerungen. Der Verlag bleibt im Hinblick auf geografische Zuordnungen und Gebietsbezeichnungen in veröffentlichten Karten und Institutionsadressen neutral.

Springer Gabler ist ein Imprint der eingetragenen Gesellschaft Springer Fachmedien Wiesbaden GmbH und ist ein Teil von Springer Nature.
Die Anschrift der Gesellschaft ist: Abraham-Lincoln-Str. 46, 65189 Wiesbaden, Germany

Vorwort zur 3. Auflage

Dieses Werk basiert auf den inhaltlichen Elementen des Grundlagenkurses „Marketing für Personaldienstleistungen" und wurde entsprechend den Erfordernissen der akademischen Ausbildung weiter entwickelt. Entsprechend werden Sie nach der Lektüre

- Die Elemente im Marketing-Prozess in der Personaldienstleistung kennen und auf ausgewählte Fragen anwenden können
- Die Marktbedingungen in ausgewählten Zielmärkten der Personaldienstleistungen analysieren können
- Darauf aufbauend den Marktauftritt nach den Regeln des Marketings konzipieren können
- Analog die Instrumente der Unternehmenskommunikation nach innen (Mitarbeiter, Anteilseigner) und außen (Beschaffungs- und Absatzmarkt, gesellschaftliches Umfeld) planen und einsetzen lernen
- die Notwendigkeit einer systematischen Planung und Durchführung von Marketing erkennen und für die eigene Arbeit akzeptieren

Unausgesprochen stehen noch zwei weitere Themen im Raum. Zum einen geht es bei Personaldienstleistungen darum, mit Menschen gemeinsam etwas zu erreichen, ihnen Chancen auf dem Arbeitsmarkt zu geben bzw. ihre Chancen auf dem Arbeitsmarkt zu verbessern. Dies erfordert eine bestimmte Einstellung zu Menschen, zur Bereitschaft einer Dienstleistung für Menschen und an Menschen, mit allen Anforderungen hinsichtlich Anstand, Klarheit und Fairness (siehe auch Paschek 2004, S. 117–132). Damit ist der vermutlich wichtigste Motivator vieler Mitarbeiter in der Personaldienstleistung angesprochen – Personaldienstleister bieten über ihre Dienste berufliche Perspektiven auf allen Ebenen an!

Zum anderen sind Personaldienstleistungen wie jede andere unternehmerische Betätigung auch, eine wirtschaftlich orientierte Handlung, die neben der inhaltlichen Zielerreichung entsprechend des Auftrags auch klare kaufmännische Rahmenbedingungen besitzt – jede Personaldienstleistung muss sich über kurz oder lang rechnen.

Personaldienstleistung erfordert also, im Ausgleich mit kaufmännischen Erwägungen, die Potenziale in den Menschen zu sehen und diese zu wecken und umzusetzen. Gerade der erstgenannte Punkt wird in der gesellschaftlichen Diskussion oft sehr kritisch hinterfragt, wobei die angebotenen Lösungen auch nicht immer überzeugen. In diesem Spannungsfeld zwischen Ökonomie und Humanität bewegt sich jeder, der als Personaldienstleister auftritt. Eine Ausrichtung an den Bedingungen dieses Umfeldes – dem Markt – gilt als Grundlage eines dauerhaften Erfolgs.

Das Werk dient als schematisierte, wissenschaftsorientierte Einführung in das Thema. Aus Praktikersicht wie auch aus Sicht von tiefer involvierten Wissenschaftlern werden daher möglicherweise noch einige Fragen offen bleiben oder Ergänzungen erwünscht sein. Einige Hinweise haben mich bereits seit der Veröffentlichung der ersten und zweiten Auflage erreicht und wurden entsprechend integriert. In der dritten Auflage wurden neben verschiedenen Aktualisierungen insbesondere die Frage aufgegriffen, wie Innovationen sich in der Unternehmensführung darstellen. Weitere Anregungen erreichen mich sehr gerne unter steffen.hillebrecht@fhws.de – bereits jetzt herzlichen Dank für Ihre Beiträge und Hinweise!

Erlauben Sie zwei redaktionelle Hinweise: Aus Gründen der sprachlichen Vereinfachung wurde auf eine inklusive Sprache verzichtet. Dem Autor ist bewusst, dass die beschriebenen Aufgaben von Frauen und Männern gleichermaßen wahrgenommen werden können, zumal die Personaldienstleistungsbranche gerade ihren Mitarbeiterinnen sehr gute Karriereoptionen bietet (vgl. BAP 2013). Auch ethnische Herkunft, körperliche Einschränkungen sowie religiöse oder sexuelle Orientierungen stellen keinen Grund dar, Personaldienstleistungen nicht anzubieten. Der Katalog aus dem Allgemeinen Gleichstellungsgesetzes (AGG) ist jedoch an einem Punkt zu relativieren. Eine gewisse Lebens- und Berufserfahrung ist wie in vielen anderen beruflichen Zusammenhängen durchaus eine hilfreiche Qualifikation, die per se genommen auch durch Engagement oder andere hilfreiche Eigenschaften nur teilweise ausgeglichen werden können. Es geht bei Personaldienstleistungen sehr oft um die Einschätzung von menschlichen Potenzialen und sozialen Zusammenhängen, und das Wissen darum setzt nun einmal ein gewisses Maß an Souveränität und Lebenserfahrung voraus.

Zweitens wird der Begriff der Zeitarbeit und der Leiharbeit (in der Schweiz auch „Temporärarbeit") synonym verwendet, da das Arbeitnehmerüberlassungsrecht oft Leiharbeit verwendet, tatsächlich damit eine begriffliche Diskriminierung verbunden ist: „Leihe" bezeichnet im juristischen Sinne die vorübergehende, unentgeltliche Überlassung einer Sache, die im gleichen Zustand zurück zu geben ist (vgl. Hurst 2010, S. 2 f.). Leiharbeitnehmer ist damit – nicht nur aus meiner Sicht – ein diskriminierender Begriff. Von daher wird der Terminus „Zeitarbeit" bevorzugt.

Würzburg, im März 2019   Steffen Hillebrecht

Literatur

BAP Bundesarbeitgeberverband Personaldienstleistungen: Zeitarbeit – Bereits mehr als 50 % weibliche Führungskräfte, Pressemitteilung vom 21.10.2013. www.perssonaldienstleister.de

Hurst, A (2010) Tarifverträge in der Zeitarbeit. VPRM, Troisdorf2010

Paschek, P (2004) Kardinaltugenden der effektiven Personalberatung. In: Drucker PF, Paschek P (Hrsg) Kardinaltugenden effektiver Führung. redline, Frankfurt/Main, S 117–132

Zum Autor

Fakultät für Wirtschaft an der Hochschule Würzburg-Schweinfurt, www.fhws.de/medien, langjährige Berufserfahrung als Personalberater und Personalentwickler in der Medienwirtschaft.

Würzburg, Deutschland   Prof. Dr. Steffen Hillebrecht

Inhaltsverzeichnis

1	**Grundlegende Fragen**	1
1.1	Marketing als Denkhaltung	1
1.2	Marketing als „Denken in Problemlösungen"	6
1.3	Die Rolle der Marktpartner	8
1.4	Der Aufbau des Marketingprozesses	9
1.5	Allgemeines Schema der Personaldienstleistungen	12
1.6	Besonderheiten des Dienstleistungsmarketings	14
	Literatur	16
2	**Strategische Fragen**	19
2.1	Grundsätze der strategischen Planung	19
2.2	Die strategische Zielbildung	22
2.3	Die Umfeldanalyse	24
2.4	Die Definition von strategischen Geschäftsfeldern	27
2.5	Die Stärken-Schwächen-Analyse und ihre strategischen Implikationen	29
2.6	Die Chancen-Risiken-Analyse und ihre strategischen Implikationen	31
2.7	Die Ableitung von Kernkompetenzen	33
2.8	Die SWOT-Analyse als Zusammenfassung	34
2.9	Die Wettbewerbspositionierung	36
2.10	Die Internationalisierung als strategische Option	38
	2.10.1 Die Definition des Geschäftsmodells	40
2.11	Das Innovationsmanagement als strategische Aufgabe	41
2.12	Unternehmenskooperationen als strategisches Arbeitsfeld	44
2.13	Die Konvergenz von Personaldienstleistungen	44
	Literatur	46
3	**Die Marktbedingungen**	51
3.1	Die Aufgaben der Marktforschung	51
3.2	Die Ansatzpunkte der Marktforschung	53
3.3	Die Nachfrage im Modell	55

	3.4	Die Kundenerwartungen	58
	3.5	Die Erwartungen von Arbeitnehmern an Personaldienstleistungen	63
	3.6	Einige ausgewählte Marktdaten zum Markt der Personaldienstleistungen	64
	Literatur		66
4	**Die Leistungsdefinition**		69
	4.1	Der Umfang der operativen Instrumente	69
	4.2	Produktpolitische Aspekte der Personaldienstleistung	73
		4.2.1 Die Dienstleistungsangebote der Personaldienste im Überblick	74
		4.2.2 Die Angebote der beratenden Personaldienstleistungen	76
		4.2.3 Die Angebote der assistierenden Personaldienste	89
		4.2.4 Das Beschaffungsmarketing und seine Instrumente	95
		4.2.5 Die Markenpolitik in der Personaldienstleistung	97
		4.2.6 Qualitätsmanagement als produktpolitisches Feld	98
		4.2.7 Rechtliche Rahmenbedingungen der Angebotspolitik	99
		4.2.8 Die Gestaltung von Angeboten und Vertragsabschlüssen	100
		4.2.9 Die Beratungsdokumentation als Arbeitsinstrument	101
	4.3	Preispolitische Entscheidungen	102
		4.3.1 Grundsätzliche Überlegungen zur Preispolitik	102
		4.3.2 Möglichkeiten der Preisgestaltung	103
		4.3.3 Die Preisgestaltung bei beratenden Personaldienstleistungen	105
		4.3.4 Die Preisgestaltung bei assistierenden Personaldienstleistungen	111
		4.3.5 Die Durchsetzung von Preisen im Verkaufsprozess	116
		4.3.6 Der Ansatz des Target Costing	117
	4.4	Die Distributionspolitik	118
		4.4.1 Die Entscheidungen zum Lieferort	119
		4.4.2 Die Entscheidungen zur Liefergeschwindigkeit	119
		4.4.3 Die Entscheidungen über die Lieferkette	120
	4.5	Die Personalpolitik	121
		4.5.1 Die Leistungsfähigkeit des Personals als Marketingaspekt	121
		4.5.2 Ausgewählte personalpolitische Aspekte im Marketingkontext	123
		4.5.3 Das Personalmarketing als längerfristige Orientierung	125
	Literatur		128
5	**Die Unternehmenskommunikation**		137
	5.1	Die Aufgaben und Bestandteile der Unternehmenskommunikation	137
	5.2	Die externe Kommunikation	142
		5.2.1 Die Werbung	143
		5.2.2 Die Öffentlichkeitsarbeit	149
		5.2.3 Der persönliche Verkauf	152
		5.2.4 Die Verkaufsförderung	153
		5.2.5 Das Customer Relationship Management als Kommunikationsebene	153

		5.2.6	Sponsoring und Corporate Social Responsability als Kommunikationsansätze 154

        5.2.7   Beteiligungen an Messen und Ausstellungen 156
        5.2.8   Studien als Kommunikationsinstrument 156
        5.2.9   Auszeichnungen als Kommunikationsinstrument 159
        5.2.10 Die Krisenkommunikation 159
   5.3   Die interne Kommunikation 161
   Literatur 162

6 Erfolgskontrolle durch Marketing-Controlling 165
   6.1   Der Kreislauf des Marketing-Controlling 165
   6.2   Das Innovationsmanagement auf Basis von Daten des Marketing-Controllings 172
   Literatur 174

Stichwortverzeichnis 177

Grundlegende Fragen 1

> **Zusammenfassung**
>
> Trailer: Marktorientierte Unternehmensführung erfordert eine Orientierung an den Bedingungen des Marktes. Der Nachfrager erfordert eine Problemlösung, die seinen Bedingungen am besten entspricht. Personaldienstleistungen unterliegen neben dem Austausch zwischen Anbieter und Nachfrager auch verschiedenen Einflussfaktoren, seitens der Gesetzgebung und der Gesamtgesellschaft.

1.1 Marketing als Denkhaltung

Trailer: Marktorientierte Unternehmensführung erfordert eine Orientierung an den Bedingungen des Marktes. Der Nachfrager erfordert eine Problemlösung , die seinen Bedingungen am besten entspricht. Personaldienstleistungen unterliegen neben dem Austausch zwischen Anbieter und Nachfrager auch verschiedenen Einflussfaktoren, seitens der Gesetzgebung und der Gesamtgesellschaft.

Marktorientiere Unternehmensführung ist eine **Denkhaltung**. Diese Denkhaltung impliziert, dass der „Markt", wer oder was auch immer er sei, eine bestimmte Leistung nachfragt und dafür zahlt, also dem anbietenden Unternehmen die Erlöse verspricht im Austausch für ein bestimmtes, hilfreiches Angebot. Der Markt ist damit die Existenzberechtigung für jedes Unternehmen, die marktorientierte Unternehmensführung die logische Konsequenz aus dieser Einsicht.

Der Markt entscheidet mit seinen Nachfrageentscheidungen, welcher Anbieter die besten, weil sinnvollsten Dienstleistungsangebote unterbreitet. Als Anbieter stellt man sich damit die Frage, was man unternehmen kann, damit der Markt auf die eigenen Angebote aufmerksam wird, diese Angebote als sinnvoll wahrnimmt und in die eigene Entscheidung einbezieht. Damit gehen vier entscheidende Fragen einher:

- Wer oder was ist „der Markt"?
- Wie entscheidet der Markt?
- Wie können wir uns auf dem Markt bewegen?
- Wie können wir unseren Erfolg am Markt überprüfen?

Personaldienstleistungen umfassen ein breites Bündel an verschiedenen Angeboten (siehe auch Vosberg 2003; Hillebrecht 2011, S. 1191 ff.), die auf unterschiedliche Märkte rekurrieren. Zu den **wesentlichen Arbeitsfeldern** der Personaldienstleistungen zählen:

- Personalberatung i. S. v. Beratung bei der Suche nach Fach- und Führungskräften, auch als „Executive Search" (Herold 2002; Weick 2008) oder „Head Hunting" (Hofmann und Steppan 2010; Kinnear 2013) bezeichnet
- Vertrags- und Vergütungsberatung
- Beratungsleistung zu Personalstrategie und Personalpolitik
- Eignungsdiagnostik und Personalbeurteilung
- Personalvermittlung, als Hilfe für Arbeitnehmer bei der Suche nach neuen Arbeitsstellen
- Personalentwicklung auf strategischer Ebene (Konzepte) und operativer Ebene (Trainings, Schulungen etc.)
- Coaching -Leistungen und vergleichbare Angebote wie Supervision
- Inzwischen auch externe Mediation bei innerbetrieblichen Konflikten, die nicht mehr mit innerbetrieblichen Mitteln gelöst werden können oder sollen (vgl. Pichler 2013, S. 36 ff.; ergänzend o. V. 2013b)
- Outplacement -Beratung, als Hilfen für Arbeitnehmer, die vom Arbeitgeber freigestellt wurden, zur Unterstützung bei der Suche nach neuen Beschäftigungsmöglichkeiten, dazu können nach Rundstedt (2009, S. 220 ff.) auch Transfermaßnahmen im Sinne des § 110 SGB III zählen
- Befristete Arbeitnehmerüberlassung, auch Zeitarbeit oder Personalleasing genannt (siehe auch Reufels 2018, S. 12 ff.) bzw. in Österreich „Arbeitskräfteüberlassung" und in der Schweiz „Temporärarbeit ", bis hin zur Ingenieursdienstleistung und Industriedienstleistung, also der Übernahme kompletter Entwicklungs- bzw. Fullfillment-Aufgaben im Betrieb des Auftraggebers
- Interimsmanagement als Bereitstellung von Managementkräften auf Zeit
- Outsourcing von Personalverwaltungsarbeit, z. B. bei Lohn- und Gehaltsbuchführung, oder Spesenabrechnung

Daneben können noch weitere ergänzende Angebote unterbreitet werden, die in engem Zusammenhang mit der Auswahl, dem Einsatz und der Freistellung von Personal verbunden sind. Bestimmte Unternehmen profilieren sich als Spezialisten in einem Angebotsfeld, womöglich noch auf eine Branche oder Berufsfeld fokussiert. Ihr Markterfolg resultiert aus dieser Spezialisierung, hängt aber auch an der dauerhaften Nachfrage nach diesem speziellen Angebot. Andere Unternehmen hingegen versuchen, mehrere dieser Angebotsfelder abzudecken und damit einerseits Risiken zu streuen und gleichzeitig auch aus Synergieeffekten zu profitieren, die sich aus einem breiteren Angebotsportfolio ergeben.

1.1 Marketing als Denkhaltung

Einige der benannten Dienstleistungen werden Arbeitgebern offeriert, andere Arbeitnehmern, was Fragen zur Ansprache der Partner, der konkreten Ausgestaltung einzelner Dienstleistungen und der Zahlungsbereitschaft der potenziellen Nachfrager nach sich zieht. In einigen Fällen wie dem Coaching oder Personalentwicklungsangeboten kommen sowohl Arbeitnehmer als auch Arbeitgeber als **zahlende Kunden** in Frage. Man wird aber auch von der jeweils anderen Marktseite (d. h. den suchenden Unternehmen bei einer Personalvermittlung von Arbeitnehmern bzw. den suchenden Arbeitskräften bei einer Personalberatung für Unternehmen) eine bestimmte Form der Unterstützung oder Mitwirkung erwarten, so dass man auch die Beschaffungs- oder Unterstützungsseite und ihre Verschränkungen mit dem Absatzmarkt im Blick behalten muss. Unabhängig von der Bandbreite der jeweils konkret angebotenen Dienstleistungen wird sich jedes Personaldienstleistungsunternehmen mit allen benannten Aspekten systematisch beschäftigen müssen, um dauerhaft am Markt bestehen zu können.

Zunächst zur Überlegung, wer oder was der Markt ist. Der Markt wird aus der Vielzahl der potenziellen und aktuellen Nachfrager gebildet, also all jener Wirtschaftssubjekte, die ein bestimmtes Bedürfnis verspüren und dazu nach Anbietern suchen, die in der Lage sind, dieses Bedürfnis zu befriedigen. Dies ist im Konsumentenmarkt (dem Markt der privaten und öffentlichen Haushalte als „Letztverbraucher") genauso wie im Markt der Weiterverarbeiter und Großabnehmer (dem „Industriegütermarkt"). Personaldienstleistungen sind eine Verbindung aus Angeboten für Arbeitgeber und/oder Arbeitnehmer, bei denen in der Regel nur eine Seite von beiden oder gar eine dritte Seite (die Arbeitsverwaltung) als Finanzier auftritt, aber regelmäßig beide Seiten in der Erbringung der Dienstleistung mitwirken müssen. Dies erschwert in schematischer Sicht die genaue Definition des Begriffs **„Markt der Personaldienstleistung"**. Wir gehen für die folgenden Überlegungen davon aus, dass der Markt das Zusammentreffen von Angebot und Nachfrage ist, und der Nachfrager als diejenige Partei gekennzeichnet ist, die für eine bestimmte Leistung auch die Finanzierung erbringt. Natürlich wird man sich auch im Klaren sein, dass die jeweils andere Seite auch etwas Wesentliches einbringen muss. Bei der Personalvermittlung wird ein Arbeitgeber Zeit aufwenden müssen, um den unterbreiteten Personalvorschlag zu prüfen. Gegebenenfalls muss er auch einen Arbeitsplatz bereitstellen. Bei einer Personalberatung wird sich der Arbeitnehmer mit seinen wesentlichen Daten am Auswahlprozess beteiligen müssen und zudem auch grundsätzlich bereit sein, eine anschließende Arbeitsplatzofferte anzunehmen, sie zumindest ernsthaft zu prüfen. Dies sind aus Sicht des Personaldienstleisters die Aspekte des Beschaffungsmarktes bzw. des Beschaffungsmarketings (siehe auch Abschn. 3.4. und 4.2.5.).

Als Unternehmen wird man stets im Wettbewerb mit anderen möglichen Unternehmen stehen, der **Konkurrenz** bzw. den „Mitbewerbern". Gegen die Konkurrenz kann man sich mit leistungsmäßig besseren Angeboten durchsetzen, wenn man erkennt, auf welche Leistungen der Markt besonders achtet. Von daher wird man im Grundmodell des Marktes die Nachfrager in den Mittelpunkt stellen, die die Angebote unseres Unternehmens mit denen des Wettbewerbs vergleichen und sich dann für dasjenige Angebot entscheiden, das den besten Nutzen verspricht (s. Abb. 1.1).

Unser Unternehmen ← Nachfrager → Konkurrenz

Abb. 1.1 Grundmodell des Marktes. (Quelle: eigene Erstellung)

Unklar bleibt zunächst, wer oder was alles die „Konkurrenz" umfasst. Dies kann ein vergleichbares Unternehmen im Wettbewerb ebenso sein wie ein Unternehmen, das ein deutlich anderes Leistungsportfolio aufweist, allerdings das Bedürfnis des Nachfragers mit diesem anderen Leistungsportfolio ebenso anzusprechen vermag. Auch kann man in bestimmten Fällen alternative Beschaffungswege andenken, bei der Zeitarbeit z. B. Werkvertragsregelungen (siehe auch Muschiol 2012, S. 72 f.; ergänzend Henssler und Grau 2017) oder im Fall der Personalvermittlung auch das Angebot öffentlicher Träger, d. h. der Arbeitsverwaltung.

Zudem ist unklar, wie viele Konkurrenzunternehmen aus Sicht des Nachfragers in Frage kommen. Auch wenn zu den Grundannahmen der Marktwirtschaftslehre der „homo oeconomicus" gehört, der nach streng rationalen Aspekten unter allen Anbietern auswählt, wird man nach einiger Zeit in entsprechender Verantwortung feststellen, dass die allermeisten Anbieter ihre Auswahl unter einer relativ begrenzten Anzahl an Anbietern treffen, die anhand weniger, mehr oder weniger genau definierter Kriterien ausgewählt werden, was eine vertiefte Beschäftigung mit den konkreten Nachfragebedingungen (in Kap. 3) nahe legt.

Da in den meisten Fällen der Marktbearbeitung und ganz besonders im Fall der Personaldienstleistungen auch Interessen Dritter in die Arbeit des Unternehmens hinein spielen, ist es sinnvoll, das Grundmodell zu erweitern. Dazu können verschiedene Ebenen einen Einfluss auf das Marktmodell ausüben.

Auf der ersten Ebene steht der Markt im engeren Sinne, als die Nachfrager und die faktischen Wettbewerber. Sie sind die Marktpartner. Dabei kann in größeren Unternehmen auf der Nachfragerseite neben dem Unternehmen selbst auch der unternehmenseigene Betriebsrat in die Entscheidungsfindungen eingreifen, über Betriebsvereinbarungen (siehe Hamm 2014, S. 3 ff.) oder auch Einzelfallentscheidungen.

Auf der zweiten Ebene sehen wir den Staat, der über seine Gesetzgebung und die gerichtliche Auslegung des Rechts in die Ausgestaltung der Marktbeziehungen eingreift. Gerade das Feld der Personaldienstleistungen war in Deutschland lange eng reglementiert (siehe hierzu Dincher und Gaugler 2002, S. 5 ff.; ausschnittsweise für das Feld der Zeitarbeit auch Dahl 2009, S. 41 ff.; Gutmann und Kilian 2011, S. 76 ff.; Pollert und Spieler 2011, S. 2 ff.) und wurde erst in den letzten 15–20 Jahren deutlich gelockert. Zusätzlich bieten sich in die diversne arbeitsrechtlichen Vorgaben zur Zeitarbeit, wie z. B. dem Arbeitnehmerüberlassungsgesetz in Deutschland (AÜG); in Österreich über das Arbeitskräfteüberlassungsgesetz (AÜG; in der Schweiz über das Arbeitsvermittlungsgesetz (AVG), für Teile der Zeitarbeit enge Schranken. Schließlich schaltet sich der Staat in Deutschland über den „Aktivierungs- und Vermittlungsgutschein" (AVGS nach § 45 SGB III, im Folgenden nur noch als „Vermittlungsgutschein" bezeichnet) in die Finanzierung von Personaldienstleistungen ein.

Der Staat seinerseits nimmt dabei in seinem Handeln Rücksicht auf das gesellschaftliche Umfeld, das in Form der Arbeitnehmer und ihrer Interessensvertretungen (Gewerkschaften), der Arbeitgeberverbände und der Medien auftritt. Diese formulieren ihre Erwartungen an die Marktpartner und ihre Verhaltensweisen, was man z. B. im Sitzungsprotokoll des Bundestagsausschusses für Arbeit und Soziales vom 21.03.2011 (BT-Drucksache 17/56, 752–2401), im Zwölften Bericht der Bundesregierung über die Anwendung des Arbeitnehmerüberlassungsgesetzes (BT-Drucksache 18/673), im IAB-Kurzbericht 13/2014 (vgl. Haller und Jahn 2014) oder verschiedenen Sammelwerken zur Zeitarbeit (vgl. Dinges et al. 2012; Reufels 2018; Schwaab und Durian 2009; Truchseß und Brandl 2017) sehr gut nachvollziehen kann. Analog steht das Personalleasing auch in Österreich immer wieder in einem kritischen Licht, obwohl die Anstellungsbedingungen aufgrund eines eigenen „Kollektivvertrags" (d. h. eines eigenen Tarifvertragswerkes) als relativ gut gelten (vgl. o. V. 2015). Inwiefern der übergeordnete Rechtsrahmen des Europarechts, in Gestalt der Richtlinie 2008/104/EG (siehe beispielhaft BAP 2014; Barth 2013, S. 140 f.) speziell für das deutsche und österreichische Recht der Arbeitnehmerüberlassung diesen Rahmen in Zukunft enger oder weiter stecken wird, bleibt abzuwarten und soll hier nicht näher verfolgt werden.

Aber auch die Stellungnahmen von Verantwortungsträgern aus der Personaldienstleistungsbranche (siehe beispielhaft Biedenbach 2011; Dinges et al. 2012) und gewerkschaftsnaher Vertreter (z. B. Promberger 2012) zeigen eine intensive, teilweise auch emotional beladene Diskussion auf. Anhand konkreter Beispiele, wie z. B. der Berichterstattung über die Zeitarbeitsverhältnisse beim 2012 liquidierten Drogerie-Händler Schlecker (vgl. Hess 2013, S. 62; o. V. 2010; Schlautmann und Creutzburg 2010; Schlesinger et al. 2009) bzw. beim Online-Händler amazon (vgl. Langenau 2013; o. V. 2013a; Schimmel 2013), im Logistik-Lager von adidas (vgl. Kunze 2015, S. 26 f.) oder auch aufgrund allgemeiner Studien (z. B. Promberger 2012), der Möglichkeit zur Umgehung von Arbeitskämpfen im Beispiel kik (vgl. o. V. 2014a) und Eindrücke (vgl. Esslinger et al. 2013, S. 21; Schuhmacher und van den Broek 2014), wird man immer wieder ablesen können, wie das öffentliche Meinungsbild sich früher oder später auf gesetzliche Eingriffe auswirken wird (siehe auch Creutzburg 2010, S. 14 f.; o. V. 2014b). Andererseits stellt man eine inzwischen deutlich positivere Wahrnehmung der Zeitarbeit als Karrieresprungbrett fest, wie es sich z. B. im „Focus"-Sonderheft „Karriere" vom Juni/Juli 2014 zeigt. Dort wird Zeitarbeit im Bereich qualifizierter Tätigkeiten sozusagen als Geheimtipp für den erfolgreichen Berufseinstieg gehandelt (vgl. Neumann 2014, S. 92–95).

Ein Arbeitspapier des Randstad-Managers Alexander Sperrmann greift diese ambivalente Wahrnehmung durch Öffentlichkeit und Sozialpartner dezidiert auf (vgl. ebd. 2013, S. 4 ff., ähnlich der Vorsitzende des Vorstands der Job AG, Biedenbach 2011). Nebenbei: in anderen Ländern, in denen für Zeitarbeitnehmer deutlich bessere Anstellungsbedingungen gelten, scheint auch die Wahrnehmung der Zeitarbeit selbst deutlich besser zu sein (vgl. Endres 2014; auf Österreich bezogen Innerhofer 2014).

Nicht zuletzt agiert der Staat durch die Arbeitsverwaltung als Marktpartner, der bestimmte Personaldienstleistungen wahrnimmt, abgeleitet aus einem öffentlichen Auftrag der Existenzsicherung (vgl. Weise und Deinzer 2013, S. 30 ff.). Diese Tätigkeiten umfassen

```
1. Ebene        Unser Unternehmen  ←  Markt  →  Konkurrenz
                                      ↕
2. Ebene        Staat (Gesetzgeber und Rechtsprechung)
                - arbeitsrechtlicher Rahmen
                - Wirtschaftsrecht als Rahmen
                - ggf. Subventionen oder zusätzliche Abgabenbelastung
                                      ↕
3. Ebene        Gesellschaftliches Umfeld (Arbeitnehmer, Medien,...)
                - Umfang der Akzeptanz
                - Umfang allgemeiner Unterstützung
```

Abb. 1.2 Erweitertes Grundmodell des Marktes. (Quelle: eigene Erstellung)

auf die deutsche Arbeitsverwaltung bezogen u. a. Arbeitsvermittlung und Berufsqualifizierung in verschiedenen Stadien, aber auch Maßnahmen der Qualitätssicherung bei bestimmten Personaldienstleistungen, in Form des AZAV-Siegels (vgl. Bundesagentur für Arbeit 2012). Ähnliches gilt für Österreich mit dem Arbeitsmarkt-Service und für die Schweiz mit der SECO-Direktion für Arbeit/Schweizerische Arbeitsmarktbehörde.

Die Abb. 1.2 stellt diese Einflussgrößen schematisch vor.

Marketing bezieht sich als Denkhaltung auf alle Einflussgrößen des Marktes, ihre Interessen an den Angeboten des Unternehmens und die Mitwirkung im Markt. Dabei kommt es auch darauf an, in welcher Form das jeweilige Unternehmen in der Lage ist, eine eigenständige Wettbewerbsposition zu erarbeiten, was im nächsten Abschnitt näher aufgegriffen wird.

1.2 Marketing als „Denken in Problemlösungen"

Aus Nachfragersicht sind v. a. die Angebote interessant, die in einem besonderen Ausmaß in der Lage sind, das Bedürfnis des Nachfragers zu erkennen, genau zu bestimmen und ein darauf ausgerichtetes Angebot zu unterbreiten. Man geht davon aus, dass Bedürfnisse immer dann entstehen, wenn ein Nachfrager ein Problem sieht (z. B. fehlende Ressourcen im eigenen Unternehmen) und dieses Problem mit Hilfe externer Ressourcen (die der Anbieter) lösen will. Dazu werden die Dienstleistungen der Anbieter miteinander verglichen und das am besten geeignete Angebot ausgewählt. Anders formuliert, es ist die besondere Fähigkeit eines erfolgreichen Unternehmens, ein Problem des Nachfragers zu lösen. Die Ressourcen des Unternehmens, in Form von Wissen und Arbeitskraft, können für den Kunden zur Lösung seiner spezifischen Anforderungen in einen Nutzen umgewandelt werden (vgl. Malik 2011, S. 86 f.). Marketing wird damit ein „Denken in Problemlösungen" (Backhaus und Voeth 2009, S. 17), die Fähigkeit zur Problemlösung, zum Schaffen von Kundennutzen als zentrales Anliegen, als Zweck des Unternehmens. Die Erzielung von nachhaltigen Werten für die Eigentümer ist demgegenüber kein Ziel des Unternehmens, sondern ein Ergebnis besonders guter, am Markt und seinen Bedürfnissen ausgerichteter Unternehmensführung

1.2 Marketing als „Denken in Problemlösungen"

(vgl. Malik 2011, S. 86 f.). Dass ein Eigenkapitalgeber dies anders sieht und vor allem auf eine langfristig hohe Verzinsung seines eingesetzten Kapitals achten wird, muss dem nicht entgegen stehen.

Die Problemlösung kann sich im Bereich der Personaldienstleistungen z. B. darstellen als:

- Das Versprechen eines Outsourcing-Partners, dem Kunden alle Aufgaben rund um die Personalverwaltung abzunehmen
- Das Angebot einer Unternehmensberatung für Personalstrategie und Personalentwicklung, mit allen Dienstleistungen den Wert der Human Ressources und damit die Leistungsfähigkeit zu steigern und zu pflegen
- Das Vermögen eines Headhunters, begehrte Fachkräfte auch bei Konkurrenzunternehmen abzuwerben, ohne dass der Auftraggeber damit direkt gegen das Wettbewerbsrecht verstößt und damit haftbar wird
- Die Fähigkeit eines Full-Service-Dienstleisters, Vakanzen beim Kunden jederzeit ausgleichen zu können, durch Arbeitnehmerüberlassung, Personalvermittlung oder Personalberatung

Die Problemlösung muss aber nicht in allen Dimensionen die beste im Wettbewerb sein. Vielmehr kommt es darauf, neben bestimmten grundlegenden Qualitäten (Angebotsmengen, Angebotsqualität, Service etc.) und vielleicht einem besonderen Wettbewerbsmerkmal auch das aus Nachfragersicht akzeptable Preisniveau zu treffen. Jedes Unternehmen, sowohl auf Anbieter- als auch auf Nachfragerseite, hat nur begrenzte Ressourcen zur Verfügung, die es einsetzen kann. Folglich wird das Preis-Leistungs-Verhältnis ein entscheidender Parameter sein.

Zudem können weitere Aspekte in die Auswahlentscheidung eintreten, wie z. B. eine schon hinlänglich bekannte und bewährte Kundenbeziehung. Bei vielen Nachfrageentscheidungen wird der Nachfrager das Risiko senken wollen, ob der Anbieter tatsächlich in der Lage ist, ein bestimmtes Angebot wie versprochen zu erfüllen. Gerade bei industriellen Nachfrageentscheidungen (Lieferung von Rohstoffen und Vorprodukten, aber auch Bereitstellung von Leiharbeitskräften) greifen die bereit gestellten Angebote sehr stark in die Leistungsfähigkeit des Nachfragers ein. Kommen die versprochenen Vorprodukte nicht pünktlich oder sind die vom Personaldienstleister vermittelten Arbeitskräfte fachlich nicht in der Lage, bestimmte Produktionsschritte zu bewältigen, wird der Nachfrager sehr schnell in seiner Leistungsfähigkeit gefährdet werden. Von daher können oftmals erprobte und damit risikoärmere Lieferbeziehungen den Ausschlag geben vor kostengünstiger erscheinenden Angeboten.

Halten wir an dieser Stelle fest: Marketing ist eine marktorientierte Arbeitsweise unter dem Aspekt der Problemlösung an, wobei

- Der potenzielle Nachfrager ein „Problem" (= Bedürfnis, das zu befriedigen ist) hat
- Unser Angebot eine mögliche Problemlösung darstellt, so wie auch die Wettbewerber eine Problemlösung unterbreiten

- Der Kunde die Problemlösung bevorzugt, die hinsichtlich der Qualitätsanforderungen, des Preis-Leistungs-Gefüges, bestimmter Zeitparameter und weiterer Aspekte (z. B. bereits erprobte Zusammenarbeit) sich als nutzenoptimal darstellt

Dazu sind sowohl strategische Aspekte, also längerfristige Grundlagen der unternehmerischen Arbeit (hier in Kap. 2 dargelegt), als auch operative Ansatzpunkte (v. a. in Kap. 4 behandelt) zu beachten. Um die Befähigung zur Problemlösung besser bestimmen zu können, wird man sich näher mit der Frage beschäftigen, mit wem ein Unternehmen am Markt in Austausch tritt.

1.3 Die Rolle der Marktpartner

Als Marktpartner werden alle Beteiligten verstanden, die in die Problemlösung einbezogen werden müssen. Dazu zählen für Personaldienstleister

1. Der Kunde als solcher, also das „zahlende Unternehmen", der über eine Entscheidung zur Personaldienstleistung eine Nachfrage auslöst und entsprechend spezifiziert
2. In bestimmten Fällen auch ein Arbeitnehmer, der Personaldienstleistungen nachfragt und teilweise auch privat finanziert, insbesondere bei Coaching, Karriereberatung oder Personalvermittlung;
3. Ergänzend auch die Arbeitnehmervertretungen (Betriebsräte bzw. Mitarbeitervertretung, Gewerkschaften), die über Tarifverträge und politische Lobbyarbeit die Ausgestaltung bestimmter Personaldienstleistungen mit beeinflussen oder auch über Betriebsvereinbarungen Rahmenbedingungen für die Nachfrage setzen (vgl. Hamm 2014, S. 3 ff.; ausführlich bei Meyer 2013)
4. Die „öffentliche Hand", in Gestalt des Gesetzgebers und der zuständigen Aufsichtsbehörden wie Arbeitsagentur bzw. Arbeitsgemeinschaft (bei Personalvermittlung nach Vermittlungsgutschein), sehr gut abzulesen an den Erörterungen bei Haller und Jahn (2014, S. 1 ff.), sowie der Rechtsprechung, die über bestimmte Urteile Vorgaben schafft, zu denken ist z. B. an das BAG-Urteil vom 21.02.2017 zur Behandlung von Rotkreuz-Schwestern als Leiharbeiterinnen, soweit sie Dienste in Krankenhäusern verrichten (Az. 1 ABR 62/12), vgl. auch o. V. 2017a)
5. Indirekt die Gesellschaft, die über Personaldienstleistungen Arbeitsplätze, Steuern, und Sozialabgaben erhält, aber auch über moralische Bewertungen die Akzeptanz bestimmter Personaldienstleistungen diskutiert, was man v. a. regelmäßig bei der Diskussion über Zeitarbeitsverhältnisse sieht (siehe hierzu Eckert 2016; o. V. 2017b)

Diese Kreise werden als Marktpartner bezeichnet, da die Austauschbeziehung zwischen Anbieter und Nachfrager als partnerschaftliche Austauschbeziehung gesehen wird. Der Austausch kann dann erfolgreich und möglichst dauerhaft angelegt werden, wenn beide

Seiten das Gefühl haben, eine faire Gegenleistung für ihre eigenen Beiträge zu erhalten. Um die Personaldienstleistung optimal auszugestalten, wird man sich daher mit zwei Fragen beschäftigen:

- Welche Interessen haben die Marktpartner?
- Und wie kann ein Interessensausgleich zwischen uns und den Marktpartnern herbeigeführt werden?

Aufbauend auf den spezifischen Antworten kann ein Marktleistungsprogramm entwickelt und ausgeführt werden, das den Anforderungen des Marktes entspricht. Der Aufbau des Marktleistungsprogramms kann z. B. anhand der Architektur des Marketing-Hauses erfolgen, das im nächsten Abschnitt vorgestellt wird.

1.4 Der Aufbau des Marketingprozesses

Der Marketingprozess ist ein systematisch aufgebautes Verfahren zur Gestaltung der Marktprozesse. Man unterscheidet dabei strategisch angelegte Elemente von operativ angelegten Elementen.

Strategische Elemente sind auf lange Frist angelegt. Ausgehend von der Vision eines Unternehmens (z. B. Angebot von Personalberatung, aufgrund eines besonderen Kontaktnetzwerkes oder bestimmter Branchenkenntnisse) werden strategische Festlegungen getroffen, insbesondere die Bestimmung von Zielmärkten und Zielgruppen sowie Kernkompetenzen.

Im operativen Bereich sind die Handlungsparameter des Marketing-Mix angesiedelt. Es handelt sich um die Produkt- bzw. Angebotspolitik, Preis- bzw. Beitragspolitik, Distributionspolitik und Kommunikationspolitik sowie Personalpolitik. Gerade bei Dienstleistungen sind die Mitarbeiter als Träger der angebotenen von zentraler Bedeutung und sollen in Aufgriff von Judd (1987) als fünfter Parameter gesehen werden. Ergänzend kommt die regelmäßige Evaluierung der Marketingarbeit hinzu, als Marketing-Controlling bezeichnet.

Marktforschung kann sowohl in der strategischen als auch in der operativen Perspektive wichtige Informationen liefern, zu den konkreten Marktbedingungen und Nachfragerbedürfnissen sowie zur Marktentwicklung. Die dabei gewonnenen Erkenntnisse helfen bei einer marktorientierten Unternehmensführung. Sie ist daher als Verbindung zwischen beiden Ebenen anzusehen.

Die neuere Marketinglehre (siehe beispielhaft Bruhn 2011; Pepels 2011; Tropp 2011; Zerfaß 2010) zeigt die zunehmende Bedeutung des Bereichs Kommunikation auf. Sie speist sich nicht zuletzt aus einer philosophischen Überlegung: Mit den Parametern der Angebotsgestaltung, der Preisgestaltung, der Distribution und der Personalpolitik nimmt ein Unternehmen, ausgehend von eigenen Kompetenzen und Erkenntnissen, eine Anpassung an die definierten Marktbedürfnisse vor. Mit der Kommunikationsarbeit hingegen wird der Nachfrager angesprochen und seinerseits zu Aktion und Adaption aufgefordert. Es ist daher durchaus sinnvoll, die Kommunikationspolitik separat von den anderen Elementen des Marketing-Mixes zu betrachten, was sich auch in der aufgeteilten Behandlung in Abschn. 1.4 bzw. 1.5 dieses Werkes niederschlägt und zur Illustration in Abb. 1.3 aufgezeigt wird.

Als Zwischenfazit lässt sich festhalten, dass eine am langfristigen Erfolg orientierte Marketingarbeit sich zunächst an den Bedürfnissen des Marktes orientiert. Das Unternehmen wird daher die Parameter Angebot, Preis, Distribution und Personal deklinieren, bevor es das fertige Angebot am Markt kommuniziert.

In dieser Darstellung wird erkennbar, dass sich die operativen Elemente den strategischen Elementen unterordnen und die Vision des Unternehmens das gemeinsame Dach für alle Aktivitäten bildet. Einige Beispiele aus der Branche lauten:

- Kienbaum sieht sich als ganzheitlich orientiertes Beratungsunternehmen, das klassische Management- mit Personalberatung verbindet (vgl. Kienbaum 2014)
- Adecco sieht sich als größter Personaldienstleister weltweit, mit dem Anspruch, Individuen und Organisationen dabei zu helfen, effizienter und effektiver zu werden und dabei stets ein breiteres Spektrum an Möglichkeiten anzubieten (vgl. adecco 2014)
- Der in Crailsheim beheimatete Personaldienstleister Franz & Wach GmbH bietet Komplettlösungen rund um die Personaldienstleistung an und möchte v. a. in der Region als Qualitätsführer überzeugen (vgl. Franz und Wach 2014)
- Der weltweite Personalberatungsverbund Shilton Sharpe Quarry ist spezialisiert auf die Suche nach Anwälten und der Begleitung von Zusammenschlüssen von Anwaltssozitäten, entsprechend möchte man auch eine besondere, unvergleichliche Dienstleistung anbieten, die auf Ehrlichkeit, Verlässlichkeit und Transparenz beruht (vgl. Shilton Sharpe Quarry 2014)
- Die in Münster/Westf. ansässige Tuja Holding verweist ebenfalls auf überdurchschnittliche Qualität und sucht dies v. a. durch ein ausgewogenes Verhältnis zwischen den Bedürfnissen der Mitarbeiter und der Kunden zu beweisen (vgl. Tuja 2014)
- Der Ingenieurs- und Personaldienstleister Brunel GmbH mit Hauptsitz in Bremen, eingebunden in ein internationales Netzwerk, versteht sich als Spezialist rund um verschiedene technische Angebote wie Zeitarbeit, Werkvertragsanbieter und Personalvermittlung (vgl. Brunel 2014)
- Die Autovision GmbH, Wolfsburg, ist als 100 %ige Tochter des Volkswagen-Konzerns v. a. auf den Automotive-Sektor konzentriert und bietet dazu alle Personaldienstleistungen an, die mit Zeitarbeit, Personalvermittlung etc. verbunden sind (vgl. Autovision 2014)

In der Abfolge der einzelnen Arbeitsschritte entsteht ein Kreislauf – der Marketingprozess wird damit zu einem dynamischen Prozess, der sich je nach Ergebnis einzelner Prozessschritte wechselseitig beeinflusst. Neue Wettbewerber, veränderte Kundenbedürfnisse, Gesetzesänderungen oder auch Veränderungen der Marktvolumina können Anpassungen

1.4 Der Aufbau des Marketingprozesses

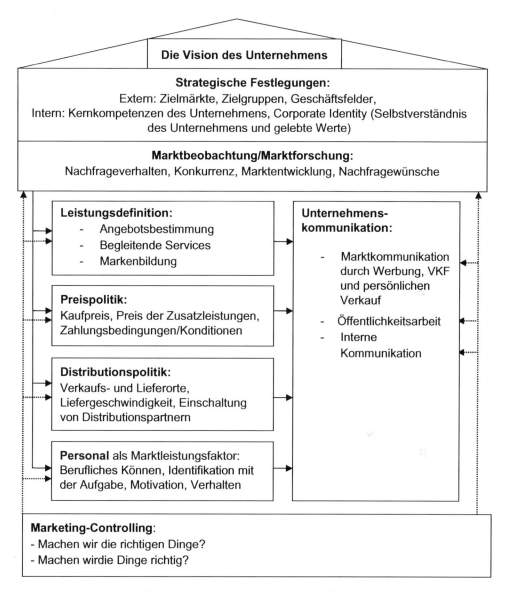

Abb. 1.3 Das Marketing-Haus der Personaldienstleistung. (Quelle: eigene Erstellung)

und Veränderungen ebenso erzwingen wie ein wie auch immer verursachter Unterschied zwischen der ursprünglich konzipierten Leistung und der tatsächlich am Markt erbrachten Leistung – und der damit verbundenen Enttäuschung der Kunden (oder im besseren Fall der Übererfüllung von Kundenwünschen). Entsprechend dokumentierte Ergebnisse aus der Marktbearbeitung dienen zur Anpassung von operativen Instrumenten ebenso wie die Evaluierung der Instrumente und der damit erzielten Ergebnisse, also dem „Marketing-Controlling". In bestimmten Fällen wird man auch zu ausführlicherer Marktforschung motiviert und vielleicht auch zur Adaption der strategischen Vorgaben. Von daher kann Abb. 1.4 diese wechselseitige Beziehung ausdrücken:

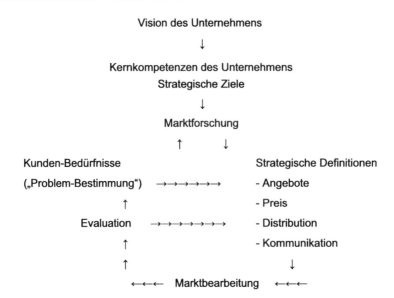

Abb. 1.4 Der Marketing-Kreislauf. (Quelle: eigene Erstellung)

Je nach Arbeitsschwerpunkt und Selbstverständnis des Unternehmens werden dabei unterschiedliche Leistungen dem Markt offeriert. Dies zeigt der nachfolgende Abschnitt.

1.5 Allgemeines Schema der Personaldienstleistungen

Personaldienstleistungen umfasst ein breites Bündel an verschiedenen Dienstleistungen rund um den Einsatz der Ressource Personal. diese können auf kurze Zeiträume oder auf längere Zeiträume ausgelegt sein, eher Arbeitgeber oder Arbeitnehmer fokussieren und für den Auftraggeber einen unterschiedlichen Grad an Integration bedeuten. Je nach Zielgruppe und Interventionsgrad beim Auftraggeber unterscheiden wir einerseits in arbeitgeber- bzw. arbeitnehmerorientierte Dienstleistungen einerseits und beratende bzw. assistierende Dienstleistungen andererseits (vgl. Hillebrecht 2011, S. 1491 f.).

Vor allem die Unterscheidung zwischen beratender und assistierender Personaldienstleistung muss näher beschrieben werden. Bei **beratenden Personaldienstleistungen** kann man davon ausgehen, dass das Personaldienstleistungsunternehmen mit kurz- oder mittelfristigen Auftragszeiträumen fachliche Expertise und ähnliches einbringt und die Zusammenarbeit als Projekt oder in projektähnlicher Form erfolgt. Der Auftraggeber sieht, dass die im Hause vorhandene Kompetenz zur Lösung eines Problems nicht oder zumindest nicht in ausreichendem Maße vorhanden ist (siehe auch Hillebrecht 1998, S. 44). Die Intervention wird von vornherein befristet, wenngleich Anschlussaufträge meistens willkommen sind. Daraus ergibt sich eine terminierte, projektorientierte Beziehung mit entsprechender Angebotsgestaltung. Der Kunde kauft wissens- bzw. prozessorientierte Ressourcen auf absehbare Zeit ein, v. a. Know how im Umgang mit Personal (Personalstrategie, Personalentwicklung Personalbeurteilung, Vertragsgestaltung, Vergütungsberatung), Daten aus Datenbanken und

1.5 Allgemeines Schema der Personaldienstleistungen

Bewerberpools, vielleicht auch die Übernahme von „dirty jobs", z. B. der Kündigung von Mitarbeitern mit erhöhtem Kündigungsschutz oder aber auch das Abwerben von Mitarbeitern der Konkurrenz. Letzteres kann bei direkter Ansprache durch das suchende Unternehmen einen Verstoß gegen das Wettbewerbsrecht darstellen. Einzelne Arbeitsaufgaben, die eine juristische Beratung betreffen, können aufgrund des seit 2008 gültigen Rechtsdienstleistungsgesetz (davor galt das „Rechtsberatungsgesetz") Rechtsanwälten, Notaren, Steuerberatern etc. vorbehalten sein.

Bei assistierenden Personaldienstleistungen hingegen ist das PDL-Unternehmen ein Service-Partner, der bestimmte Personalprozesse für den Auftraggeber übernimmt. Beide Vertragsparteien gehen eine mittel- oder längerfristige, möglichst sogar dauerhafte Beziehung ein. Der Kunde kauft dabei arbeitsorientierte Ressourcen ein, in Gestalt von Arbeitskapazitäten bzw. „(Wo)Manpower". Auch hier setzt das Arbeitnehmerüberlassungsgesetz (AÜG) einen gewissen Rahmen, weil es in § 1 die gewerbliche Überlassung von Arbeitnehmern (also gegen Entgelt gleich welcher Höhe) an eine gewisse Zuverlässigkeit als Arbeitgeber per se und eine entsprechende Genehmigung durch die zuständige Agentur für Arbeit knüpft (siehe auch Pollert und Spieler 2011, S. 71 ff.; Reufels et al. 2012, S. 82 ff.). Diese Ausführungen gelten analog für Österreich über § 1 des Arbeitskräfteüberlassungsgesetzes (AÜG) und für die Schweiz über Art 12 ff. des Gesetzes über die Arbeitsvermittlung und den Personalverleih (AVV).

Diese Unterscheidung ergibt sich nicht zuletzt aus der Tatsache, dass bei beratenden Dienstleistungen das Herbeiführen einer Lösung als solcher intendiert ist, wobei der Prozess zum Herbeiführen der Lösung in einer gewissen Freiheit des Personaldienstleisters steht. Der Personaldienstleister steht bildhaft gesprochen auf gleichem Niveau wie der der Auftraggeber. Bei assistierenden Personaldienstleistungen hingegen muss sich der Personaldienstleister viel stärker in die Arbeitsprozesse des Auftraggebers einfügen. Er ist damit viel stärker weisungsgebunden und wird damit auch hierarchisch unter den Auftraggeber gestellt. Damit sind der Kreativität in der Prozessdurchführung viel engere Grenzen gesteckt.

Des Weiteren muss man sehen, wer für die Personaldienstleistung den Auftrag erteilt und die Finanzierung übernimmt. In den meisten Fällen wird dies ein Unternehmen sein. Allerdings gibt es auch Personaldienstleistungen, die sich in den Dienst von Arbeitnehmern stellen und von ihnen beauftragt werden. Sei es ein unabhängiges Coaching oder eine Karrierevermittlung, sei es eine Rechtsberatung in arbeitsrechtlichen Fragen oder ein Auftrag zur Personalvermittlung , hier wird der Arbeitnehmer initiativ und übernimmt – sofern nicht der Vermittlungsgutschein der Bundesagentur für Arbeit eingesetzt wird – auch die Kosten für die Dienste. Folglich wird der Personaldienstleister sich hauptsächlich an diesen Kundenkreis wenden.

Diese Unterscheidung liegt aufgrund ihrer spezifischen Leistungsmerkmale und der damit verbundenen Interaktion zwischen Kunde und Personaldienstleister nahe. Die nachfolgende Abb. 1.5 zeigt die Bandbreite der Personaldienstleistungen in der genannten Schematisierung auf.

Jedes Personaldienstleistungsunternehmen kann sich aus der Fülle dieses Angebots und ggf. unter Einbezug ergänzender Dienste (z. B. Publikationen zu HR-Themen, Schulungsangebote zur persönlichen Entwicklung) ein individuelles Leistungsprofil geben.

Beratende Personaldienstleistungen	Assistierende Personaldienstleistungen
Zielgruppe Unternehmen („Unternehmen zahlt")	Zielgruppe Unternehmen („Unternehmen zahlt")
<ul><li>Executive Search („Headhunting"): Suche von Fach- und Führungskräften</li><li>Private Arbeits-/Personalvermittlung nach § 296 ff. SGB III, in CH nach Art. 2ff. AVG</li><li>Gehalts- und Vertragsberatung*</li><li>Personalbeurteilung und Potential-analyse</li><li>individuelle und kollektive Personal-entwicklung (Coaching, Mentoring, HR-bezogene Schulungen und Trainings, Konzepte, ...)</li><li>strategische Personalberatung</li><li>Konfliktberatung (Moderation/Mediation)</li><li>personalbezogene Rechtsberatung*</li><li>Outplacement</li><li>Transfermaßnahmen nach § 110 SGB III</li></ul>	<ul><li>Gewerbliche Arbeitnehmerüberlassung (auch „Personalleasing", „Zeitarbeit", „Temporärarbeit")</li><li>Interims-Management (synonym: Management auf Zeit, On-Site-Management)</li><li>Outsourcing von Personalverwaltung (Lohn-/Gehaltsbuchhaltung, Reise-kostenabrechnung, Zeugniserstellung, Bewerbermanagement, ...)</li></ul>
Zielgruppe Arbeitnehmer („Arbeitnehmer zahlt", tw. unter Beteiligung Dritter, z. B. Arbeitsagentur)	Zielgruppe Arbeitnehmer (AN trägt seine Arbeitsleistung bei)
<ul><li>Personalvermittlung (§ 421g SGB III, SGB IX/§ 18 SGB III/§ 2 SGB IX), in CH nach Art. 2ff. AVG</li><li>Gehalts- und Vertragsberatung*</li><li>Potentialanalyse und Entwicklungs-beratung</li><li>Karriere- und Bewerbungsberatung</li><li>Personalbezogene Rechtsberatung*</li><li>individuelle PE (Coaching, Mentoring, Schulungen und Trainings)</li></ul>	<ul><li>*bei Gewerblicher Arbeitnehmerüberlas-sung bietet das PDL-Unternehmen als Arbeitgeber Arbeit, Berufserfahrung/-chancen und Gehalt gegen Mitarbeit an; was inhaltlich-systematisch nicht direkt dem Marketing-Prozess zugerechnet wird*</li></ul>

*) kann in D tw. auf bestimmte Personenkreise beschränkt sein, aufgrund des Rechtsdienstleistungsgesetzes

Abb. 1.5 Allgemeines Schema der Personaldienstleistungen. (Quelle: eigene Erstellung, auf Basis von Hillebrecht 2011, S. 1492 f.)

Die Orientierung am Markt und die Verbindung von Marktbedürfnissen mit eigenen Kompetenzen bestimmen dabei den Markterfolg. Grundsätzlich wird dazu zunächst eine langfristige Ausrichtung („Strategie") vorgenommen und darauf aufbauend einzelne Aktivitäten definiert. Dabei sind nicht zuletzt einige Besonderheiten zu beachten, die sich aus dem besonderer Charakter der Personaldienstleistungen als Dienstleistung ergibt.

1.6 Besonderheiten des Dienstleistungsmarketings

Dienstleistungen sind durch einige Besonderheiten gegenüber Produktleistungen gekennzeichnet. Dies betrifft insbesondere (siehe auch Beste et al. 2013, S. 346 ff.; Kotler et al. 2007, S. 545 ff.; Meffert und Bruhn 2006, S. 13 ff.):

1.6 Besonderheiten des Dienstleistungsmarketings

- Den immateriellen Charakter der Dienstleistung, die sich „nicht speicherbar" macht, d. h. sie kann nicht auf Vorrat produziert und dann vom Lager abgerufen werden, vielmehr muss sie in der konkreten Bedarfssituation bereit gestellt werden, für eine Nachfrage muss also ein Leistungspotenzial bereit gestellt werden
- Die Interaktion zwischen Anbieter und Nachfrager, die sich aus der Immaterialität ergibt und dazu führt, dass der Nachfrager sich selbst oder zumindest wesentliche Teile von sich selbst bereit stellen muss (bei einem Friseurbesuch den eigenen Kopf, bei einer Autoreparatur das eigene Auto, bei einer Personaldienstleistung wesentliche Einblicke in das eigene Unternehmen, zum konkreten Bedarf), und die letztendlich einen Leistungsprozess zum wesentlichen Leistungsgegenstand macht;
- Eine begrenzte Standardisierbarkeit, da die Interaktion in der jeweiligen Situation zu gewissen Adaptionen zwingt und auch das Leistungspotenzial des beauftragten Personals gewissen Schwankungen unterliegt, die größer sein können als die durch Normen in der Industrieproduktion zulässigen Abweichungen (und es auch regelmäßig sein werden)
- Die Dominanz an Erfahrungs- und Vertrauenseigenschaften, da der Nachfrager das konkrete Leistungsvermögen des Anbieters vor Kauf nicht überprüfen kann (was insbesondere bei Sucheigenschaften gegeben ist) und sich die Leistungsqualität jeweils im Leistungsprozess ergibt

Wesentlich für den Anbieter von Personaldienstleistungen ist es daher, bereits im Vorfeld der Nachfrageentscheidung die Kundenerwartungen mit entsprechenden Signalen positiv zu beeinflussen (siehe Abschn. 3.4) und während und nach der Nachfrageentscheidung durch geeignete Instrumente das Vertrauen in die Leistungsfähigkeit zu bestätigen (siehe auch Abschn. 4.24.5). Zu den Unsicherheiten tragen übrigens nicht zuletzt die auf beiden Seiten wahrgenommenen Informationsasymmetrien bei (siehe auch Schwarz 2010, S. 33 ff.). So weiß man als Personalberater selten, ob der Kunde nicht noch einen oder mehrere andere Berater beauftragt hat. Das sorgt insbesondere bei der Vereinbarung eines Erfolgshonorars für Unsicherheit. Wer hierbei als Personaldienstleister nicht schnell genug die Lösung erzielt, wird mit seinen Bemühungen am Ende ohne Honorar bleiben. Genauso weiß auch der Auftraggeber nicht, ob der beauftragte Personalberater die gewonnenen Kenntnisse über bestimmte Kandidaten nicht noch einem anderen Kunden anbietet und er sozusagen die Vorarbeit für einen anderen Auftrag bezahlt.

> **Fazit**
> Personaldienstleistungen umfassen ein breites Bündel an unterschiedlichen Angeboten, die sich sowohl an Arbeitgeber als auch Arbeitnehmer wenden können. Generell unterscheidet man zwischen beratenden Personaldienstleistungen, die einen relativ großen Freiraum in der Durchführung beinhalten, und assistierenden Dienstleistungen, die relativ eng an die Weisungen des Auftraggebers gebunden sind. Auf die Rahmenbedingungen nehmen neben den beiden Marktpartnern auch weitere Beteiligte Einfluss, insbesondere die Politik und die Gesamtgesellschaft.

Literatur

Adecco (2014) Who we are and what we do. www.adecco.com/About//default.aspx. Zugegriffen am 28.05.2014

Autovision GmbH (2014) Über uns – Philosophie. www.autovision-gmbh.com/ueber-uns.html. Zugegriffen am 04.05.2014

Backhaus K, Voeth M (2009) Industriegütermarketing, 9. Aufl. Vahlen, München

BAP Bundesarbeitgeberverband der Personaldienstleister (2014) Zeitarbeit in Europa. Eigenverlag, Berlin

Barth T (2013) Tarifverträge in der Zeitarbeit. Herbert Utz, München

Beste J et al (2013) Personaldienstleistungskaufleute – 2. Ausbildungsjahr. Bildungsverlag eins, Köln

Biedenbach W (2011) Anders denken, handeln, zusammenarbeiten. Haufe, Freiburg

Bruhn M (2011) Unternehmens- und Marketing-Kommunikation, 2. Aufl. Vahlen, München

Brunel (Hrsg) (2014) Unternehmensdarstellung. www.brunel.de/unternehmen.php. Zugegriffen am 13.01.2014

Bundesagentur für Arbeit (Hrsg) (2012) Häufig gestellte Fragen zur Zulassung von Trägern und Maßnahmen ab dem 01.04.2012, Beitrag vom 06.09.2012. www.arbeitsagentur.de/zentraler-Content/a05-Berufl-Qualifizierung/A052-Arbeitnehmer/Publikation/pdf/FAQ-Zulassung-Traeger-Massnahmen.pdf. Zugegriffen am 13.12.2013

Creutzburg D (2010) Giftige Pille für die Zeitarbeit. Handelsblatt 189:14–15

Dahl H (2009) Arbeitnehmerüberlassung. In: Dahl H et al (Hrsg) Personaldienstleister in Deutschland. Haufe, Freiburg, S 39–79

Dincher R, Gaugler E (2002) Personalberatung bei der Beschaffung von Fach- und Führungskräften. Forschungsstelle für Betriebswirtschaft und Sozialpraxis, Mannheim

Dinges A et al (Hrsg) (2012) Zukunft Zeitarbeit. Gabler, Wiesbaden

Eckert D (2016) Warum das Geschäft mit Leiharbeit boomt, Beitrag vom 12.09.2016. www.welt.de/wirtschaft/article158063347/Warum-das-Geschaeft-mit-der-Leiharbeit-boomt.html. Zugegriffen am 13.09.2016

Endres H (2014) Jeder zweite Leiharbeitnehmer will weg. www.spiegel.de/karriere/berufsleben/zeitarbeit-ist-in-deutschland-laut-studie-unbeliebt-a-943248.html. Zugegriffen am 15.01.2014

Esslinger D et al (2013) Hier wächst der Unterschied zwischen unten und oben. Süddeutsche Zeitung, S 136

Franz & Wach (2014) Leitbild der Franz & Wach-Gruppe. http://www.franz-wach.com/de/gruppe/leitbild.php?thisID=26. Zugegriffen am 04.05.2014

Gutmann J, Kilian S (2011) Zeitarbeit, 2. Aufl. Haufe, Freiburg

Haller P, Jahn EJ (2014) Hohe Dynamik und kurze Beschäftigungsdauer. IAB-Kurzber 13:1–12

Hamm I (2014) Leiharbeit – Betriebs- und Dienstvereinbarungen. Bund, Frankfurt/Main

Henssler M, Grau T (2017) Arbeitnehmerüberlassung und Werkverträge. DAV, Bonn

Herold I (2002) Personalberatung und Executive Search. Wissenschaft & Praxis, Berlin

Hess D (2013) Zeitarbeit hat an Attraktivität verloren. Personalführung 11:60–63

Hillebrecht S (1998) Grundlagen der Unternehmensberatung Akademie. Z Führungskräfte Verwalt Wirtsch 43(2):42–45

Hillebrecht S (2011) Personaldienstleistungen. wisu Wirtsch 40(11):1491–1495

Hofmann D, Steppan R (2010) Headhunter – Blick hinter die Kulissen einer verschwiegenen Branche. Gabler, Wiesbaden

Innerhofer JE (2014) Lebenslang auf Zeit. www.zeit.de/2014/04/oesterreich-leiharbeit-norm. Zugegriffen am 20.01.2014

Judd VC (1987) Differentiate with the 5th P: people. Ind Market Manage 16:241–247

Kienbaum Management Consultants GmbH (2014) Beratungsverständnis. www.kienbaum.de/desktopdefault.aspx/tabid-317/458_read-667/. Zugegriffen am 04.05.2014

Kinnear A (2013) Headhunting. Schartzkopf & Schartzkopf, Berlin

Kotler P et al (2007) Marketing-management, 12. Aufl. Pearson Education, München

Kunze A (2015) Vier Menschen gegen drei Streifen. In: Die Zeit, Nr. 21 vom 21.05.2015, S 26–27

Langenau L (2013) amazon im Shitstorm, Beitrag vom 15.02.2013. www.sueddeutsche.de/wirtschaft/ard-dokumentation-ueber-leiharbeiter-amazon-im-shitstorm-1.1600543. Zugegriffen am 29.12.2013

Malik F (2011) Strategie – Navigieren in der Komplexität der neuenWelt. Campus, Frankfurt/Main

Meffert H, Bruhn M (2006) Dienstleistungsmarketing. Gabler, Wiesbaden

Meyer D (2013) Gewerkschaften und Leiharbeit – über den aktiven Umgang mit Leiharbeit bei der IG Metall. transcript, Bielefeld

Muschiol T (2012) Werkvertrag statt Leiharbeit? Personalmagazin 4:72–73

Neumann P (2014) Professionelle Pallette. focus, Sonderheft „Karriere" Juni–Juli:92–95

o. V. (2010) Empörung über Minilöhne bei Schlecker, Betrag vom 11.01.2010. www.focus.de/finanzen/zeitarbeit-empoerung-ueber-miniloehne-bei-schlecker_aid469604.html. Zugegriffen am 29.12.2013

o. V. (2013a) Von der Leyen nimmt Amazon ins Visier, Beitrag vom 17.02.2013. www.handelsblatt.com/unternehmen/handel-dienstleister/arbeitsbedingungen-von-der-leyen-nimmt-amazon-ins-visier/7797150.html. Zugegriffen am 29.12.2013

o. V. (2013b) Der Gang zum Mediator kann sich oftmals lohnen, Beitrag vom 27.09.2013. www.welt.de/120431400. Zugegriffen am 29.12.2013

o. V. (2014a) Textildiscounter kontert mit Zeitarbeit, Beitrag vom 30.11.2014. www.handelsblatt.com/unternehmen/handel-konsumgueter/streik-bei-kik-textildiscounter-kontert-mit-zeitarbeitern/11054430.html. Zugegriffen am 30.11.2014

o. V. (2014b) Leiharbeit wird Nahles' nächstes Prestigeprojekt, Beitrag vom 14.07.2014. www.welt.de/130187389. Zugegriffen am 30.11.2014

o. V. (2015) Arbeitsmarkt – Zeitarbeiter und Ausländer im Abseits, Beitrag vom 13.02.2015. http://derstandard.at/2000011685063/AK-OOe-ChefLeiharbeit-fo. Zugegriffen am 27.02.2015

o. V. (2017) DRK-Schwestern gelten ab jetzt als Leiharbeiterinnnen, Beitrag vom 21.02.2017. www.spiegel.de/karriere/bundesarbeitsgericht-drk-schwestern-als-leiharbeiterinnen-eingestuft-a-1135656.html. Zugegriffen am 22.02.2017

o. V. (2017b) Leiharbeiter sind länger krank als Festangestellte, Beitrag vom 10.08.2017. www.zeit.de/karriere/beruf/2017-08/krankenkasse-studie-leiharbeiter-festangestellte-techniker-krankenkasse. Zugegriffen am 11.08.2017

Pepels W (2011) Marketingkommunikation, 2. Aufl. Konstanz/UVK, Stuttgart

Pichler M (2013) Aufbruchstimmung bei den Mediatoren. WirtschWeiterbild 24(2):36–38

Pollert D, Spieler S (2011) Die Arbeitnehmerüberlassung in der betrieblichen Praxis. Rehm, München

Promberger M (2012) Topographie der Leiharbeit – Flexibilität und Prekarität einer atypischen Beschäftigungsform. edition sigma, Berlin

Reufels M (2018) Personaldienstleistungen, 2. Aufl. C. H. Beck, München

Reufels M et al (2012) Personaldienstleistungen. C. H. Beck, München

von Rundstedt S (2009) Outplacement. In: Dahl H et al (Hrsg) Personaldienstleister in Deutschland. Haufe, Freiburg, S 191–220

Schimmel SP (2013) Nicht nur bei Amazon sind Bedingungen für Leiharbeiter unwürdig, www.focus.de/finanzen/news/arbeitsmarket/tid-295. Zugegriffen am 19.02.2013

Schlautmann C, Creutzburg D (2010) Schlecker gibt Gewerkschaften Rückenwind. www.handelsblatt.com/politik/deutschland/zeitarbeit-schlecker-gibt-gewerkschaften-rueckenwind/3344656.html. Zugegriffen am 13.01.2010

Schlesinger K et al (2009) Wie Unternehmen ihre Beschäftigten in Leiharbeiter verwandeln, www.wiwo.de/unternehmen/zeitarbeit-wie-unternehmen-ihre-beschaeftigten-in-leiharbeitnehmer-verwandeln.seite3/5145084-3.html. Zugegriffen am 19.02.2013

Schuhmacher H, van den Broek J (2014). Kritik an der Zeitarbeit ist paradox, Beitrag vom 24.06.2014. http://www.wiwo.de/unternehmen/dienstleister/randstad-chef-jacques-van-den-broek-kritik-an-der-zeitarbeit-ist-paradox-seite-all/10075444-all.html. Zugegriffen am 26.11.2014

Schwaab O, Durian A (2009) Zeitarbeit. Gabler, Wiesbaden

Schwarz T (2010) Externes executive recruiting. Grin, München

Shilton Sharpe Quarry (2014) Welcome to Shilton Sharpe Quarry. http://ssq.com/. Zugegriffen am 15.01.2014

Tropp J (2011) Moderne Marketingkommunikation. Springer VS, Wiesbaden

Truchseß N, Brandl M (2017) Zeitarbeit erfolgreich verkaufen. Springer Gabler, Wiesbaden

Tuja Holding GmbH (2014) Philosophie. www.tuja.de/de/tuja/philosophie/. Zugegriffen am 04.05.2014

Vosberg D (2003) Der Markt für Personaldienstleistungen. Gabler, Wiesbaden

Weick C (2008) Executive search. Weick Media, Titisee-Neustadt

Weise FJ, Deinzer R (2013) Den sozialen Aufstieg fest im Blick. Organisationsentwicklung 32(4):30–36

Zerfaß A (2010) Unternehmensführung und Öffentlichkeitsarbeit, 3. Aufl. Springer VS, Wiesbaden

Strategische Fragen 2

> **Zusammenfassung**
>
> Die Unternehmensführung basiert auf strategischen Vorgaben, die das Selbstverständnis des Unternehmens betreffen und längerfristig angelegt sind. Hierzu sind Ziele aufzustellen und anhand einer umfassenden Analyse von Markt- und Unternehmensbedingungen zu konkretisieren: Ziele sind messbare Zustände zu einem Zeitpunkt, die nach bestimmten Kriterien aufgestellt werden.

2.1 Grundsätze der strategischen Planung

Als Strategie wird eine Vorstellung von dem bezeichnet, wo ein Unternehmen sich längerfristig sehen möchte (vgl. Kotler et al. 2007, S. 87 ff.). Damit werden Handlungen für die Zukunft ermöglicht, ohne bereits konkrete Vorstellungen über die Zukunft zu haben (vgl. Malik 2011, S. 19 ff.). Als längerfristig gilt gemeinhin ein Zeitraum von maximal 5 Jahren. Von der Strategie werden Taktik (= mittelfristiges Planen und Arbeiten, in der Regel auf mehrere Monate bis maximal ein Jahr begrenzt) und operatives Arbeiten (kurzfristig, sozusagen im Alltagsgeschäft) unterschieden.

Der Ausgangspunkt ist die Vision eines Unternehmens, was man als Selbstverständnis des Unternehmens definieren kann, als eine Vorstellung von der besonderen Rolle, die man im Markt spielen kann. Sie ist nichts anderes als die Begründung der eigenen Existenz mit ihren allgemeinen Festlegungen und damit eine conditio sine qua non. Für ein Unternehmen der Automobilindustrie wird es die Gewährleistung von individueller Mobilität sein, für ein anderes Unternehmen der Automobilindustrie das Angebot einer besonderen technischen Leistung in der Fortbewegung. Analog können Unternehmen der Personaldienstleistungsbranche als Vision die Verbindung von Arbeitgebern mit Vakanzen auf der einen Seite und Arbeitnehmern auf der Suche nach neuen Herausforderungen anderseits sehen.

Eine derartige Definition hat den Vorteil, dass sie ein Prinzip verkörpert und nicht ein bestimmtes Angebotsportfolio. Das Gegenbeispiel ist ein Unternehmen, das als Vision die Personalvermittlung ansieht und damit ein ganz bestimmtes, sehr eng gefasstes Angebotsportfolio automatisch festlegt. Analog kann man beim Thema Outsourcing in einer sehr umfassenden Vision die Bereitstellung von Know how und Prozessen zur Entlastung von Arbeitnehmern sehen, oder als Antonym die Vision, Personalverwaltung zu übernehmen. Die erstgenannte Vision sieht also eine allgemeine Begleitung von Arbeitgebern vor, die sich entsprechend den Marktbedingungen anpassen kann. Die zweite Vision stellt hingegen schon auf sehr konkrete Dienstleistungsangebote ab, die bei einer ungünstigen Marktentwicklung schnell obsolet werden kann. Von daher sollte die Definition einer Unternehmensvision sehr sorgfältig erfolgen und darauf abstellen, was man eigentlich will. Dazu können drei Prüffragen nach Malik (2011, S. 89 f.; ähnlich auch Grant und Nippa 2006, S. 129 ff.) helfen:

- Was ist der Unternehmenzweck?
- Welche Ressourcen werden zum Nutzen eingesetzt?
- Wer sind die Kunden? Wer sollen wer können sie sein, und wer sollen sie nicht sein?

Die Antworten auf diese Fragen helfen, eine konkrete „Business Mission " (Malik 2011, S. 90 f.) zu definieren. Diese beinhaltet:

- Die Bestimmung des Kundenbedarfs (Wofür bezahlt der Kunde?)
- Die Bestimmung der eigenen Stärken (Was kann unser Unternehmen besser als andere?), in Abschn. 2.5. vertieft
- Die eigenen Überzeugungen (woher kommt unsere Kraft bzw. Motivation?)

Strategische Planung gilt als das Abbild einer Vorstellung von Zukunft. Hierbei werden denkbare Entwicklungsszenarien (Marktentwicklung, Veränderungen bei den Nachfragerbedürfnissen und den Wettbewerbern) durchgespielt und in die eigene Unternehmensvision integriert (siehe auch Bruhn und Hadwich 2006, S. 61 ff., 83 ff.). Das Unternehmen wird also überlegen, wie sich längerfristig die eigene Vision am Markt umsetzen lässt. Dabei gilt unter Berücksichtigung institutionenökonomischer Erkenntnisse, dass Personaldienstleistungen immer dann nachgefragt werden, wenn sie für den Nachfrager ein insgesamt vorteilhaftes Leistungsverhältnis ergeben. Anders ausgedrückt, die Überlegung eines „make or buy" fällt unter Abwägung aller Vorteile und Risiken zugunsten des Personaldienstleisters aus (siehe hierzu Vossberg 2003). Entsprechend kann man eigene Marktchancen und – bedrohungen definieren und einen Handlungsplan entwickeln.

Der strategische Plan schließt ein:

- die Definition von Zielen
- die Umfeldanalyse mit der Bestimmung von Zielgruppen und Zielmärkten

2.1 Grundsätze der strategischen Planung

- Die Definition von geeigneten Geschäftsfeldern
- Die Festlegung der eigenen Wettbewerbsvorteile und deren sorgfältige Pflege

In der Marketing-Systematik des Marketinghauses wird mit den strategischen Festlegungen bildhaft das Dach erstellt, das den nachgeordneten Marketing-Parametern als Orientierung dient, wie Abb. 2.1 hervor gehoben wird:

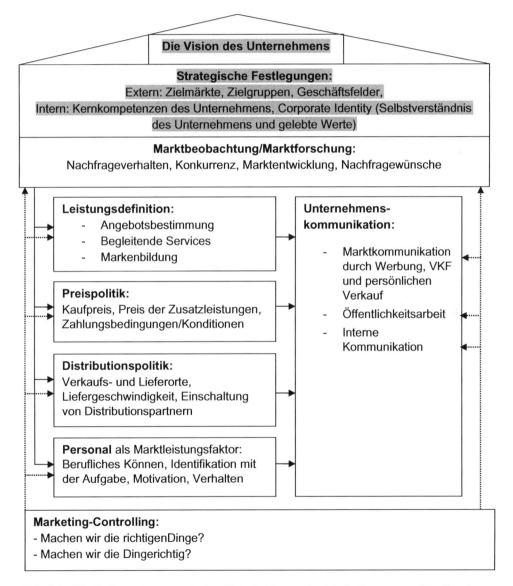

Abb. 2.1 Die Stellung der strategischen Entscheidungen im Marketingprozess. (Quelle: eigene Erstellung)

Entsprechend dieser Darstellung wird die Vision, das Selbstverständnis eines Unternehmens, alle weiteren Aktionsfelder der Marketingarbeit übergreifen. Aus der Vision leiten sich besonders naheliegende Zielmärkte und Zielgruppen sowie die Geschäftsfelder eines Unternehmens ab. Die Definition und Pflege der Kernkompetenzen wird stets in einem nahtlosen Zusammenhang mit der Vision zu sehen und von ihr beeinflusst sein.

2.2 Die strategische Zielbildung

Ziele gelten gemeinhin als objektiv beschreibbare Zustände zu einem bestimmten Zeitpunkt. Als Musterbeispiel wird regelmäßig auf John F. Kennedy's „man on the moon-adress" verwiesen. Der US-Präsident erklärte am 25. Mai 1961 vor dem US-Kongress: „… First, I believe that this nation should commit itself to achieving the goal, before this decade is out, of landing a man on the Moon and returning him safely to the Earth." (ebd. 1961).

Dieses Beispiel enthält alle Elemente eines guten Zieles. Es ist nach der AROMA-Regel aufgebaut:

- Aktivierend, d. h. es fordert zu Handlungen und Beteiligungen auf
- Realistisch, d. h. es erscheint umsetzbar
- Optimistisch, es ist als eine positive Richtung enthalten
- Messbar, d. h. das Ergebnis kann konkret nachvollzogen werden
- Akzeptabel, also für die Mitarbeiter auch tatsächlich mitzutragen

Dass die USA zum damaligen Zeitpunkt kaum über die erforderlichen Technologien verfügten, wird in der Literatur selten beachtet, wenngleich Kennedy vier Absätze vorher genau das Gegenteil behauptete. Viel wichtiger war die Aktivierung der Nation, unter den Bedingungen und Bedrohungen des Kalten Krieges eine unvergleichliche technologische Leistung zu vollbringen, die nicht nur den Wettlauf zum Erdtrabanten erfolgreich finalisierte, sondern auch einige Basisinnovationen wie z. B. den Personal Computer initialisierte. Und die das Ergebnis auch tatsächlich kurz vor Ende des gesetzten Zeitraums am 21. Juli 1969 erreichte.

Eine Nebenbemerkung zum fünften Element der Zielbildung: Gerade dieses war bei Kennedy's Ziel für die betroffenen Astronauten sehr wichtig. Auch wenn für die Teilnehmer an den Mond-Missionen kaum eine Garantie für eine sichere Rückkehr enthalten war, zumindest gab es solide Chancen auf eine sichere Rückkehr, und genau darauf kam es vermutlich den mitfahrenden Astronauten an – wer will schon von Anfang an davon ausgehen, dereinst als ewiger Satellit eingetrocknet in einer Metalldose um die Erde kreisen? Und ähnliches gilt auch für weniger anspruchsvolle Ziele: Nur wenn die Mitarbeiter das Ziel mittragen, weil sie für sich eine kalkulierbare Chance der Realisation und des eigenen Profitierens erkennen, wird eine Strategie erfolgreich umgesetzt werden können.

2.2 Die strategische Zielbildung

Für die Zieldefinition können verschiedene Zieldimensionen gesehen werden (vgl. Carl und Kiesel 2002, S. 21 ff.):

- Sachliche Ziele: Beschaffungs-, Produktions-, Personal-, Absatz- und Finanzziele (z. B. „Beschaffung von mindestens 30 qualifizierten Kandidatinnen für Aufsichtsratsmandate, aufgrund gesetzlicher Vorgaben zu Frauenquoten, um damit eine führende Marktstellung im Bereich Personalberatung für Aufsichtsräte zu erzielen")
- Zeitliche Ziele: kurz-/mittel-/langfristige Terminierung der Erreichung (z. B. bis Ende des Quartals, bis Jahresende, innerhalb der nächsten 12 Monate, innerhalb der nächsten fünf Jahre)
- Prozessziele: Bewältigung bestimmter Aufgaben in qualitativen und quantitativen Maßstäben (z. B. Reduktion der Rücknahmequote bei Leiharbeitnehmern um 10 %)
- Budget-/Ressourcenziele, also der Verbindung mit unternehmensinternen Zuweisungen an Ressourcen (Deckelung der Kosten pro direct search-Auftrag auf maximal 4500 €, da sich am Markt nur ein Honorar von 5000 € durchsetzen lässt, und wir mit den Aufträgen in der Regel einen Deckungsbeitrag erzielen wollen)

Entsprechend den Unternehmensvorstellungen werden konkrete, d. h. objektiv messbare Werte bestimmt. Sofern ein hypothetisches Konstrukt wie „Marktführer" oder „Premiumanbieter" gebildet wird, ist dies mit messbaren Kriterien zu hinterfangen. Marktführer kann z. B. durch Umsatzziele oder durch die Zahl der Aufträge abgebildet werden. Premiumanbieter rekurriert auf ein bestimmtes Image, das abgebildet werden kann in Umfragen zur gestützten oder ungestützten Bekanntheit, der Einstufung als bevorzugter Anbieter, dem Meinungsbild seitens der Nachfrager zur Wertigkeit der offerierten Services etc. Allerdings werden Menschen gerade das Image unterschiedlich definieren, entsprechend ihrer eigenen Einstufung. Entsprechend sind die gewählten Kriterien offenzulegen und einvernehmlich im Kreis der Entscheidungsträger abzustimmen.

Es ist zudem unerlässlich, eine wirkliche Zieldefinition immer mit einer Zustands- und einer Zeitkomponente zu verbinden. Eine isolierte Bestimmung von sachlichen Zielen, Prozesszielen oder Budget-/Ressourcenzielen – alles drei sind Zustandsbeschreibungen – ohne eine Terminierung – also die zeitliche Dimension – wird immer auf der Ebene einer Absichtserklärung verbleiben, da der Zeitpunkt zur Überprüfung fehlt. Sie würde sich damit niemals konkret einfordern lassen.

Die Zielbestimmung sollte zudem in enger Verzahnung mit den Umfeldbedingungen geschehen, um nicht am Markt und seinen Wettbewerbsbedingungen vorbei zu gehen. Von daher ist es notwendig, ebenso eine Umfeldanalyse durchzuführen. In der Umsetzung dieser Überlegungen kann man Ziele für bestimmte Handlungsfelder der Personaldienstleistung nach folgendem Muster definieren:

- Wir sind in drei Jahren der führende Outsourcing-Partner für ausgelagerte Personalverwaltung in der Branche der Sicherheits- und Wachdienste, in dem wir bewährte und kostengünstige Standard-Prozesse anbieten, die alle wesentlichen Funktionalitäten abdecken (als Betonung von ressourcenorientierten Zielen des Auftraggebers: Kostenersparnis)

- Wir werden in drei Jahren die führende Personalberatung für die Medienwirtschaft sein, weil wir Zugriff zu einem umfassenden Bewerberpool für redaktionelle, herstellerische und medienwirtschaftliche Berufsfelder haben und damit 90 % unserer Aufträge aus einer vorhandenen Bewerberkartei abwickeln – damit sparen wir unseren Auftraggebern erhebliche Suchkosten (z. B. Anzeigenschaltung) und können Stellenbesetzungen schneller als die Mitbewerber abwickeln (ebenfalls als Betonung von ressourcenorientierten Zielen des Auftraggebers: Kosten- und Zeitersparnis, damit auch Prozessbetonung)

Die individuelle Definition im konkreten Einzelfall wird erfolgen anhand der Zukunftsträchtigkeit der Branche und der Angebotsfelder, der Nachfragerbedürfnisse und der eigenen Kompetenzfelder. Hierzu sind weitere Analyseschritte erforderlich.

2.3 Die Umfeldanalyse

Bei einer Umfeldanalyse wird geprüft, inwieweit die Rahmenbedingungen am Markt die Erreichung der Ziele unterstützen oder eher behindern werden. Hierbei beachtet man insbesondere (vgl. Carl und Kiesel 2002, S. 29 ff.; siehe auch Böhler 2011, S. 96 f.):

- Wirtschaftliche Faktoren (Volkswirtschaftliche Entwicklungen, Inflationsrate, Branchenentwicklungen, etc.)
- Soziokulturelle Faktoren (Bevölkerungsentwicklung, Arbeits- und Freizeitverhalten der Bevölkerung, Spar- und Konsumverhalten der Bevölkerung, Bildungsniveau, Mode, etc.)
- Politisch-rechtliche Faktoren (politische Stabilität, Gesetzgebung, …)
- Technologische Entwicklungen (Produktinnovationen und Prozesstechnologien, Umwelttechnologien, Substitutionstechnologien)

Wirtschaftliche Faktoren sind wie bereits benannt v. a. in den volkswirtschaftlichen Indikatoren wie der Konjunktur und der Entwicklung einzelner Branchen zu sehen. So leidet v. a. die Zeitarbeitsbranche sehr stark unter konjunkturellen Einflüssen, da Zeitarbeitnehmer von Unternehmen mit nachlassender Nachfrage als erstes frei gesetzt werden (vgl. Smolka et al. 2012; Willenbrock 2005, S. 96 ff.; vertiefend bei Haller und Jahn 2014, S. 4 ff.; IW 2011, S. 9 ff.; Vanselow 2009; am Beispiel Brexit o. V. 2016a), bei guter Wirtschaftslage aber auch schnell von zunehmenden Aufträgen profitieren (vgl. o. V. 2014; allgemeiner Müller 2011; Schneider 2013, S. 155–157). Aber auch die Personalberatung wird relativ schnell von Konjunkturzyklen eingeholt, da die Zahl der Suchaufträge eng mit der Wirtschaftsentwicklung verbunden ist – in Zeiten einer guten Nachfrage werden mehr Fach- und Führungskräfte benötigt, in Zeiten einer nachlassenden Nachfrage wird hingegen eher auf Neueinstellungen verzichtet. Dass Sondereinflüsse für einzelne Sparten einen eigenen konjunkturellen Verlauf bedingen (siehe Sommer 2012), schließt die allgemeine

2.3 Die Umfeldanalyse

Koppelung der Personaldienstleistung an die Wirtschaftsentwicklung nicht aus. Dies wird auch Konsequenzen im Gefolge der Digitalisierung nach sich ziehen, wenn z. B. Coachingleistungen in Zukunft teilweise von Social Bots angeboten werden (vgl. Porath und Pichler 2019, S. 18 ff.) oder externe Fachkräfte auf Zeit neue Beschäftigungsmöglichkeiten außerhalb der klassischen Zeitarbeit bzw. dem herkömmlichen Interim Management suchen (vgl. Overesch und Haupt 2019, S. 46 ff.).

Auf der anderen Seite muss man dennoch den rasanten Anstieg der wirtschaftlichen Bedeutung von Personaldienstleistungen sehen. Wurden 2005 noch ca. 400.000 Arbeitnehmer in Zeitarbeitsverhältnisse gezählt (vgl. Willenbrock 2005, S. 96), so geht die Bundesagentur für Arbeit in einer eigenen Auswertung für Ende 2011 von ca. 860.000 Zeitarbeitskräften aus (vgl. Bundesagentur für Arbeit 2012, ergänzend Flügel et al. 2012, S. 14 ff.), für Juni 2013 von ca. 822.000 Zeitarbeiternehmern (vgl. Bundesagentur für Arbeit 2013). Im Jahr 2018 wurden bereits über eine Million Zeitarbeitskräfte allein in Deutschland registriert (vgl. PWC 2018). Dabei zeigen sich insbesondere steigende Bedarfe im Bereich der Vorqualifikation von zu vermittelnden Personen, was das Betätigungsfeld von Personaldienstleistern beeinflusst. Recruiting und Qualifizierung scheinen zu den erfolgskritischen Faktoren zu werden (vgl. Flügel et al. 2012, S. 20 ff.). Und auch in anderen Bereichen wird man für die letzten zehn Jahre eine zum Teil erhebliche Auswertung an Beschäftigtenzahlen und Umsatz feststellen. Von daher kann man durchaus davon ausgehen, dass die Veränderung in der Dienstleistung auch zu Konzentrationen bzw. Unternehmensübernahmen führen kann (vgl. Flügel et al. 2012, S. 20 ff.), die ihrerseits die Wettbewerbsverhältnisse verändern können. Von daher ist es klug, dabei insgesamt auf die Branchenattraktivität zu achten (siehe auch Grant und Nippa 2006, S. 101 f.).

Auch im Bereich der Ingenieursdienstleistungen, einem hochwertigen Angebot im Schnittfeld von Zeitarbeit und Industriedienstleistung , erkennt man inzwischen eine vermehrte Nachfrage. Diese resultiert zum einen aus dem zunehmenden Fachkräftemangel, zum anderen aus dem Wunsch vieler Industrieunternehmen, wichtige Arbeitsschritte in der Entwicklung an externe Dienstleister auszulasten (vgl. Dürand 2008; Lünendonk 2013).

Zu den soziokulturellen Faktoren zählen die Bevölkerungsentwicklung und die Lebens- und Konsummuster der Bevölkerung sowie ihre Werteeinstellung. Wenn z. B. die Zunahme von Leiharbeitsverhältnissen als Folge schlechterer Arbeitsbedingungen ausgemacht werden (z. B. bei Malcher 2012, S. 41 ff.; ähnlich Kwasniewski 2012; o. V. 2012a), so muss man davon ausgehen, dass ein derartiges Image auch zu einer negativen Attraktivität der Zeitarbeitsunternehmen als Arbeitgeber beiträgt. Ebenso erkennt man in der verstärkten Präsenz vieler Arbeitnehmer in sozialen Netzwerken wie xing, LinkedIn und Experteer auch eine zunehmende Bedrohung für die Dienstleistung der Personalberater. Wenn Personalabteilungen ohne großen Aufwand interessierte Kandidaten selbst recherchieren und ansprechen können (siehe hierzu z. B. Steinmetz und Scherl 2012, S. 27 ff.), wird diese Funktion zumindest in den mittleren Gehaltsebenen bis ca. 100.000 € vermutlich über kurz oder lang entbehrlich werden, zumindest aber deutlich nachlassen (vgl. Kewes und Ensser 2017, S. 14 f.; Kummert 2018).

Die politisch-rechtlichen Faktoren ergeben sich für Personaldienstleistungsunternehmen insbesondere aus der Gesetzgebung und der Rechtsprechung bezüglich ihrer Angebote. Zeitarbeit unterliegt europaweit der Richtlinie 2006/123/EG und 2008/104/EG. Diese wurden in Deutschland bereits weitgehend über das Arbeitnehmerüberlassungsgesetz umgesetzt (vgl. Bundesregierung 2010, S. 8 ff.) und für Österreich im Arbeitskräfteüberlassungsgesetz ähnlich geregelt. In der Schweiz, die nicht der EU angehört, sind die einschlägigen Bestimmungen des Arbeitsvermittlungsgesetzes anzuwenden.

So ist die gewerbliche Arbeitnehmerüberlassung in Deutschland nach § 17 AÜG durch die Bundesagentur für Arbeit genehmigungspflichtig (siehe auch DGFP 2011, S. 7), in der Schweiz nach Art. 2 AVG. In Österreich gibt es über § 17 AÜG keine direkte Genehmigungspflicht , aber zumindest die Möglichkeit der Untersagung bei Pflichtverstössen. Die Genehmigungspflicht ist vielmehr über §§ 94 S. 1, 97 und bei Personalberatung über § 136 GewO als sog. „reglementiertes Gewerbe" geregelt. Eine Allgemeinverbindlichkeitserklärung von Mindestlöhnen (z. B. für die Schweiz in Form des Gesamtarbeitsvertrags für den Personalverleih vom 11.12.2011) bzw. die Vereinbarung von „equal pay"-Regelungen bei Zeitarbeitnehmern in Deutschland (vgl. Fasse 2012) werden hierzu ebenso zu zählen sein wie eine Genehmigungspflicht für Arbeitnehmerüberlassung oder die Regelungen zum Vermittlungsgutschein bei Personalvermittlung nach § 421 g SGB III (siehe hierzu u. a. Bundesagentur für Arbeit 2011). Auch Überlegungen, die Regelungen zum Kurzarbeitergeld auf die Zeitarbeitsbranche auszudehnen (vgl. El-Sharif et al. 2012, zu den Erwägungen des Gesetzgebers vgl. Bundesregierung 2010, S. 14 f.), können hierunter subsumiert werden.

Aber auch indirekte Effekte sind zu sehen. Werden z. B. für die Besetzung von Aufsichtsräten bestimmte Quoten für Frauen vorgeschrieben, können Personalberatungsunternehmen davon deutlich profitieren. Sie verfügen möglicherweise über die Kompetenzen und die Netzwerke, geeignete Kandidatinnen zu identifizieren und anzusprechen, um damit Unternehmen relativ schnell eine angemessene Antwort auf neue gesetzliche Anforderungen zu erlauben (siehe o. V. 2013b; ähnlich Kuhr 2015, S. 46; Leendertsje 2014, S. 76). Entsprechend hoch sind mögliche Umsatzpotenziale, aber auch Begehrlichkeiten bei Wettbewerbern.

Schließlich sind die technologischen Entwicklungen zu sehen, die à la longue zu einer Freisetzung vieler Arbeitskräfte in bestimmten Branchen und Tätigkeitsbereichen führt und damit auch die Notwendigkeit mit sich bringt, andere Beschäftigungsverhältnisse einzugehen. So kann die Freisetzung im gewerblichen Bereich durchaus dazu führen, dass aufgrund von Rationalisierung oder Marktbereinigung freigestellte Arbeitnehmer nur noch bei Zeitarbeitsunternehmen Beschäftigungschancen finden und von daher den betreffenden Unternehmen mehr Bewerber zur Verfügung stehen. Allerdings muss man auch sehen, dass aufgrund der stärkeren Regulierung der Zeitarbeit anscheinend viele Unternehmen dazu übergehen, im gewerblichen Bereich statt Zeitarbeit lieber stückbasierte Werkverträge zu vergeben und damit die Regulierung der Zeitarbeit unterlaufen (vgl. Flügel et al. 2012, S. 13; ähnlich Schulte 2014, S. 48). Analog muss man auch in den sozialen Medien einen erheblichen Konkurrenzzuwachs für Personalberater und – vermittler erkennen. Sie ermöglichen in bestimmten Zielgruppen (v. a. im kaufmännischen Fach- und Führungsbereich und teilweise auch im Informatiksektor) eine direkte Ansprache interessierter Bewerber durch die Unternehmen, oftmals auch zu deutlich günstigeren Konditionen. Damit wird in vielen Fällen ein externer Dienstleister nicht mehr benötigt (siehe auch Demmler 2014, S. 17 ff.).

Entsprechend dieser Ergebnisse kann man anhand einer Stärken-Schwächen-Analyse (Abschn. 2.5.) die strategische Umsetzung weiterführen. Zudem erhält man Hinweise für bestimmte besonders interessante Geschäftsfelder und für die Entwicklung von Innovationen im Angebotsportfolio.

2.4 Die Definition von strategischen Geschäftsfeldern

Aufbauend auf eigene Ziele und die Umfeldbedingungen wird man mögliche Geschäftsfelder definieren. Strategische Geschäftsfelder sind „Markt-Produkt-Kombinationen" (Macharzina und Wolf 2005, S. 276; ähnlich Grant und Nippa 2006, S. 159 ff.). Anders gesagt: nicht alle Produkte oder Angebote eines Unternehmens werden immer auf die gleichen Nachfrager treffen können. Ein Automobilunternehmen, das Kleinwagen, Familienvans, Sportwagen und Transporter anbietet, kann zwar damit auf den gleichen Unternehmer treffen (wir schnitzen der Anschaulichkeit zuliebe in Stereotypen: für sich kauft er einen SUV, für seine Frau das Cabrio, für seine älteste Tochter den Kleinwagen, für sein Unternehmen den Transporter), aber typischerweise werden sich unterschiedliche Nachfrager ansprechen lassen: Fahranfänger bzw. Zweitwageninteressenten, junge Berufstätige, Familiengründer, Gewerbetreibende usw. Analog kann ein privater Fernsehsender in seinem Programmschema verschiedene Programme für verschiedene Zielgruppen (z. B. Familien, junge Berufstätige, Frauen zwischen 25 und 50 Jahren, nachrichtenaffine Berufstätige) gestalten und damit eine breite Marktabdeckung bei relativ geringen Überschneidungen erreichen und nebenbei vielleicht auch Content durch unterschiedliche Aufbereitung mehrfach nutzen.

Ähnliches gilt für Personaldienstleistungsunternehmen: Die Nachfrager nach Personalvermittlungsleistungen werden andere sein als die Nachfrager nach Zeitarbeit oder Gehaltsberatung. Von daher ist es sinnvoll, möglichst homogene Nachfragergruppen zu definieren, die ähnliche Nachfragerentscheidungen treffen, und diesen Gruppen geeignete Angebote zu konzipieren, die sich mit relativ geringem Modifikationsaufwand am Markt durchsetzen lassen (siehe auch Niedereichholz 2004, S. 63 ff.). Auf den Markt der Personaldienstleistungen bezogen, kann man z. B. folgende Nachfragergruppen erkennen:

- Großunternehmen, die regelmäßig im gewerblichen oder kaufmännischen Bereich Vakanzen ausgleichen müssen
- Klein- und Mittelunternehmen, die keine eigene Personalverwaltung vorhalten wollen
- Arbeitnehmer im Fachkräftebereich, die nach einer neuen Arbeitsstelle suchen
- Unternehmen, die auf diskretem Weg bestimmte Führungspositionen besetzen wollen

Entsprechend der Bedürfnisse dieser Nachfragergruppen lassen sich sehr gut Angebotsschemata definieren, z. B.

- Zeitarbeit/Arbeitnehmerüberlassung im größeren Umfang (d. h. mindestens 10 Zeitarbeitsnehmer pro Auftrag)
- Outsourcing von Personalverwaltung
- Personalvermittlung für Fachkräfte in der medizinischen und Pflegebranche
- Executive Search, ggf. auf Branchen (z. B. Chemie, Medien, Automotive, Maschinenbau) oder Funktionen (Vertriebsleitung, Forschung und Entwicklung) fokussiert; wobei man hier feststellt, dass gerade bei Personalberatungen, die auf eine relativ kleine Branche spezialisiert sind (z. B. Buchverlage und Buchhandlungen oder Gaming-Industrie) die spezialisierte Beratung tendenziell eher für die Suche nach Fachkräften und dem mittleren Management beauftragt wird, die Besetzung von Spitzenpositionen hingegen tendenziell eher von Beratern übernommen wird, die auf herausgehobene Führungskräfte spezialisiert sind.

Insbesondere kann man die eigene Angebotsstruktur entweder auf eigene Arbeitsprozesse abstellen, die man fundiert beherrscht, und die auf Kernkompetenzen (siehe Abschn. 2.7.) aufbauen (vgl. Schrader 2013, S. 62 f.; allgemeiner Grant und Nippa 2006, S. 208 ff., die von „Kernstärken" sprechen), oder aber die auf die Arbeitsprozesse des Nachfragers abstellen, um dem Nachfrager in bestimmten Arbeitsbereichen qualitativ höherwertige oder kostengünstigere Arbeitsprozesse bereit zu stellen. So sieht man am Beispiel der internationalen Personalberatung Michael Page, dass der Pool an hoch qualifizierten Fachkräften auch das Angebot einer höherwertigen Zeitarbeit erlaubt, zur Vertretung von Führungskräften oder zum Überbrücken einer kurzfristigen Vakanz auf mittlerer und oberer Funktionsebene (vgl. Page Personnel 2014).

Eine Übersetzung dieser Überlegungen in eine Tabelle führt zur grafischen Darstellung von strategischen Geschäftsfeldern, wie in Abb. 2.2 musterhaft ausgeführt:

Arbeitsfeld Zielgruppe	Zeitarbeit	Outsourcing von Personalverwaltung	Personalvermittlung	Executive Search
Großunternehmen	Überlassung von Mitarbeitern, ab 10 ZeitAN/Auftrag		Angebot von Fachkräften aus Personalvermittlungsaufträgen	Vermittlung von Führungskräften
Klein- und Mittelunternehmen		Übernahme von Lohn- und Gehaltsbuchhaltung sowie Spesenabrechnung	Angebot von Fachkräften aus Personalvermittlungsaufträgen	
Fachkräfte			Vermittlung von Fachkräften	
Führungskräfte				Karriere- und Gehaltsberatung

Abb. 2.2 Strategische Geschäftsfelder für ein Beispielunternehmen der PDL. (Quelle: eigene Erstellung)

In diesem ausgewählten Beispiel erkennt man insgesamt sieben strategische Geschäftsfelder. Interessanterweise können bestimmte unternehmensinterne Prozesse für mehrere Geschäftsfelder gleich gestaltet und damit Synergieeffekte erzielt werden. So wird die Personalvermittlung für Klein- und Mitteluntenehmen und für Großunternehmen gleich verlaufen. Sie unterscheiden sich höchstens im Akquisitionsaufwand und in der Anzahl der vermittelbaren Arbeitnehmer pro Auftrag und in toto. Von daher können hier Arbeitsprozesse mehrfach genutzt werden.

Als weiterer Synergieeffekt zeigt sich bei den Feldern „Vermittlung von Führungskräften" und „Karriere- und Gehaltsberatung", dass man bei der Beratung von Führungskräften interessante Personaldaten gewinnt, auf die man bei Executive Search-Aufträgen zurück greifen kann. Zudem wird man hier auch Bewerber aus dem Personalvermittlungs-Pool bei Aufträgen des Executive Search-Bereichs einfließen lassen können, wobei hier schon gewisse Grenzen gegeben sind: die Kundschaft für Personalvermittlun g ist eher im Bereich der einfachen und mittleren Arbeitsebenen zu sehen, die für Executive Search eher im Bereich hoch spezialisierter Fach- und höherer Führungskräfte. Zudem wird bei einer Personalvermittlung im Bereich einfacher Tätigkeiten der Vermittlungsgutschein der Arbeitsagentur eine andere Rolle spielen als im Bereich gehobener und höherer Tätigkeiten, bei denen der Personalvermittler bzw. – berater von Haus auf ein Honorar zumindest in oberer vierstelliger, meistens aber deutlich fünfstelliger Summe angewiesen ist (siehe hierzu Abschn. 4.3.2.) und demzufolge der Zuschuss der Arbeitsagentur kaum in Betracht kommt.

Andererseits erfordert jedes Geschäftsfeld das Eingehen auf Besonderheiten, z. B. die Zulieferung größerer Mengen (Großunternehmen werden pro Zeitarbeitsauftrag größere Losgrößen vergeben und andere Einkaufsentscheidungen treffen, als Klein- und Mittelunternehmen). Auch werden in Großunternehmen in aller Regel Betriebsräte mitwirken und oftmals Betriebsvereinbarungen zu berücksichtigen sein. Nicht zuletzt sind vor allem in Großunternehmen Einkaufsregelungen zu beachten, die auch die Beauftragung von Personaldienstleistungen beeinflusst. So können formale Vorgaben (Beachtung von bestimmten Ethikrichtlinien, Garantien zur Rechtssicherheit der angebotenen Dienstleistung) ebenso einfließen wie strategische Gesichtspunkte (nie mehr als 3 Beschaffungsquellen, Bevorzugen örtlicher Anbieter, Möglichkeiten für Gegengeschäfte). Von daher wird es hilfreich sein, hier unterschiedliche Geschäftsfelder zu definieren.

2.5 Die Stärken-Schwächen-Analyse und ihre strategischen Implikationen

Die Stärken-Schwächen-Analyse ist ein Verfahren, bei dem man das eigene Unternehmen hinsichtlich der im Wettbewerb tragenden Stärken und der im Wettbewerb eher hemmenden Schwächen überprüft. Bestandteile der Stärken-Analyse sind insbesondere:

- Ein besonderes Prozesswissen, das Wettbewerbsvorteile generiert (Verfahrensweisen, die Kosten senken können, Durchlaufzeiten verkürzen, die Flexibilität in der Dienstleistungserstellung erhöhen oder die produzierte Qualität verbessern können)
- Der Rückgriff auf besondere Ressourcen, die Wettbewerbsvorteile bringen können (Wissen, Patente, Personal, Finanzen, besondere Informationen und Beziehungen, ...)
- Der bevorzugte Zugang auf einen Markt, durch eine hohe Kundenbindung, gesetzlich gegebene Bevorzugung und ähnliche Umstände
- Ein besonderes, eigenes Wertebild (auch „Corporate Identity" oder „Überzeugung" genannt), das Mitarbeiter und Führungskräfte vereint und motiviert und als Basis gemeinsamer Überzeugungen die Führungsarbeit ebenso wie die Marktbearbeitung beeinflusst und vor allem in Krisenzeiten hilft, wieder auf den Erfolgsweg zurück zu kehren.

Stärken bieten die Basis für einen Wettbewerbsvorteil und damit für einen bevorzugten Zugang zu Kunden. Sie zeigen eine besondere Problemlösungskompetenz auf, die – sofern sie aus Kundensicht relevant und dauerhaft sind (zum Auswahlprozess für Zeitarbeit siehe beispielhaft Gutmann und Kilian 2011, S. 150 ff.) – den Ausschlag für eine Nachfragerentscheidung geben und möglicherweise auch einen höheren Angebotspreis („Preispremium") rechtfertigen können. So gelten vor allem in der Personalvermittlung eine besondere Branchenkenntnis und der Rückgriff auf Netzwerke als wichtige Wettbewerbsstärken. Hingegen kann die Unternehmensgröße kaum als Stärke ins Feld geführt werden (vgl. Leendertsje 2014, S. 72 ff.).

Vice versa gilt, dass Schwächen hervorgerufen werden aus:

- Suboptimalen Prozessen (z. B. in der Akquise, in der Leistungserstellung oder im Absatz der Leistung)
- Ungenügender Ausstattung mit marktrelevanten Ressourcen (z. B. unzureichender Bewerberpool, fehlende Branchenkenntnisse, unzureichende finanzielle Ausstattung)
- Einschränkungen im Marktzugang (z. B. aufgrund gesetzlicher Restriktionen oder in der Unfähigkeit des Unternehmens, am Angebotsort Fuß zu fassen).

Eine ehrliche Analyse der Schwächen kann zum einen zu Verbesserungspotenzialen führen, zum anderen auch zur Einsicht, dass man damit auch von bestimmten Angebotsfeldern absehen sollte, wenn man trotz aller Optimierung nicht in der Lage ist, ein aus Marktsicht zufriedenstellendes, wettbewerbsfähiges Angebot zu unterbreiten. Dies gilt insbesondere bei den Angebotsmerkmalen, die für eine zufriedenstellende Marktleistung essenziell sind. Kein Unternehmen wird alles gleichermaßen gut und umfänglich anbieten können, so dass dieser Verzicht eher Ausdruck unternehmerischer Vernunft sein wird. Ist die Schwäche hingegen eher in einer aus Kundensicht unwesentlichen Dimension zu finden, wird man damit als Unternehmen zu leben lernen. Vielleicht wird es auch dazu führen, dass man den Kunden in einem vertretbaren Rahmen beim Kaufpreis entgegen kommen wird.

Die Stärken-Schwächen-Analyse wird damit zu einer Analyse des gegenwertigen Zustands eines Unternehmens und bietet die Basis für eine Bewertung der zukünftigen Chancen am Markt, wenn man sie mit einer Analyse von Chancen und Risiken verbindet.

2.6 Die Chancen-Risiken-Analyse und ihre strategischen Implikationen

Chancen sind Marktbedingungen, die dem eigenen Angebot entgegen kommen und auf rege Nachfrage hoffen lassen. Dazu zählen insbesondere:

- steigende Nachfrage in bestimmten Branchen, aufgrund einer Branchenkonjunktur oder, wie z. B. im Gesundheitswesen, durch vermehrtes Outsourcing von Pflegedienstleistungen in Servicegesellschaften und den Mangel an Fachkräften (vgl. Kummert 2016, S. 15); analog der Wunsch mancher Unternehmen, Rationalisierungen durch Auslagerung von Personal in Zeitarbeitsunternehmen zu erleichtern (vgl. Felder 2015, S. 83 f.) oder nach Lösung des Problems der Scheinselbstständigkeit bei der Beauftragung von freien Projektmitarbeitern bzw. „free lancern" (vgl. Peter 2015, S. 58 f.)
- Lockerung gesetzlicher Regelungen
- verbessertes Image, aufgrund bestimmter Investitionen oder Erfindungen, oder auch im Bereich der Zeitarbeit aufgrund verbesserter Gehaltsstrukturen und verbesserter Arbeitsmarkchancen
- Der Wunsch vieler industrieller Nachfrager nach sog. „single-sourcing-Lösungen", also dem Einkauf bei genau einem Zulieferer, der dann die Verantwortung für eine bestimmte Zuliefer- oder Prozesskette im Unternehmen übernimmt 8siehe auch Siemann 2015, S. 41 f.)
- das Wegbrechen von Wettbewerbern durch Liquidation oder anderweitigen Rückzug vom Markt

In Verbindung von Chancen mit Wettbewerbsvorteilen lassen sich Alleinstellungsmerkmale konstruieren und dem Markt vermitteln. So kann z. B. ein besonderes Branchenwissen (z. B. Chemie oder Automotive) in Verbindung mit einer weiteren Ressource (z. B. ein umfangreicher und qualitativ hochwertiger Kandidatenpool von technischen Kräften der Chemie- bzw. der Automobilindustrie) dann besonders interessant werden, wenn in der entsprechenden Branche eine erhöhte Nachfrage entsteht, z. B. aufgrund einer Branchenkonjunktur.

Risiken sind Marktbedingungen, die das eigene Angebot in Frage stellen können. Sie ergeben sich insbesondere aus

- zurück gehender Nachfrage in bestimmten Branchen, aufgrund struktureller Veränderungen oder konjunktureller Einbrüche, wie sie die Zeitarbeitsbranche beispielhaft im Herbst 2012 sieht (vgl. o. V. 2012d)

- neue gesetzliche Regelungen, die Angebotsgestaltung oder – umfang einschränken oder gar untersagen; analog Reglementierungen, die zu höheren Kosten führen; analog auch Branchenvereinbarungen zur Gehaltsstruktur, wie sie z. B. diverse DGB-Gewerkschaften mit dem Bundesverband Arbeitnehmerüberlassung im Frühjahr 2012 für fünf Branchen mit den sogenannten Branchenzuschlägen vereinbart haben (vgl. o. V. 2012d) oder tarifvertragliche Regelungen, die den Einsatz von Leiharbeitsnehmern eingrenzen oder gar unterbinden, wie es z. B. im Arbeitskampf des Lufthansa-Kabinenpersonals im Herbst 2012 zu erkennen war (vgl. o. V. 2012b)
- Ähnlich auch die Erwartung vieler Auftraggeber, komplexere Dienstleistungen abzufragen (vgl. Herrmann 2013, S. 124 f.; Lünendonk 2014, S. 15 ff.), die neben der reinen Bereitstellung von Arbeitskräften auch umfassendere Organisations- und Gestaltungsservices umfasst
- Gerade im Hinblick auf das Konzept „Industrie 4.0", das nicht nur von den Unternehmen selbst (vgl. Lemmer 2014, S. 94 ff.), sondern auch von den beauftragten Personaldienstleistungsunternehmen neue Dienstleistungsangebote rund um Personalentwicklung und Bereitstelllung entsprechend qualifizierter Mitarbeiter erfordern wird
- Imageschäden der Branche oder einzelner Anbieter, die zu einem entsprechenden Rückgang führen, wie sich am „amazon-Vorfall" im Februar 2013 beispielhaft ablesen lässt, ausgelöst durch einen Fernsehbericht im Fernsehmagazin „monitor" am 11.02.2013 und am 26.02.2013 bei Phoenix wiederholt (siehe auch Astheimer und Krohn 2013; o. V. 2013a)
- Auftreten neuer Wettbewerber durch Markteintritt bzw. Stärkung von Wettbewerbern durch zusätzliche Gesellschafter, Fusion kleinerer Wettbewerber zu größeren Unternehmen etc.
- Grundsätzliche Erwägungen von Arbeitgebern, die z. B. Zeitarbeit durch Alternativen wie Werkverträge oder befristete Arbeitsverhältnisse ersetzen
- Das Angebot standardisierter Dienstleistungen, z. B. im Bereich der Personalvermittlung , die sich auf Online-Plattformen wie „better heads" oder digitale Stellenmärkte wie stepstone.de stützen und hier v. a. im Auftragsbereich bis 120.000 € Jahresgehalt einen höheren Wettbewerbsdruck und sinkende Nachfrage induzieren (vgl. Leendertsje 2014, S. 78).

Bei der Wettbewerbsstrategie müssen diese Risiken immer beobachtet werden. Unternehmen können, wenn die Risikofaktoren aus Kundensicht entscheidungsrelevant sind, entweder versuchen, sie zu umgehen (z. B. durch Verzicht auf entsprechende Angebote oder zumindest Einschränkungen im Angebot) oder zumindest den Einfluss dieser Risikofaktoren in der Einkaufsentscheidung abzusenken, z. B. durch entsprechendes Pricing oder extensive Marktbearbeitung. Sofern diese Risikofaktoren aus Kundensicht nicht entscheidungsrelevant sind, kann man auch darauf verzichten, sie anzusprechen. Allerdings werden solche Punkte in einer intensiven Wettbewerbssituation schnell dazu führen, dass man beim Preis zu sehr nachgeben muss, so dass es auf Dauer sinnvoller sein dürfte, hier auf die Wettbewerbsteilnahme zu verzichten. Dies liegt nicht nur deswegen nahe, weil man kaum Wettbewerbsvorteile anbieten kann. Dies kann auch auf andere Angebotsfelder ausstrahlen, in denen man vielleicht Wettbewerbsvorteile besitzt, und deren Qualität durch die minderwertige Leistung im schwachen Bereich imagemäßig überlagert wird.

Eine Chancen-Risiken-Analyse ist insgesamt eine Projektion möglicher Marktbedingungen und damit auf die Zukunft gerichtet.

2.7 Die Ableitung von Kernkompetenzen

Das Konzept der Kernkompetenzen oder „core competences" wird auf C.K. Prahalad und Gary Hamel (1990, S. 78 ff.) zurückgeführt und bezeichnet eine besondere Fähigkeit eines Unternehmens (z. B. bestimmte Beschaffungsquellen, Produktionsprozesse oder Absatzwege), die für den Kunden einen besonderen Mehrwert offeriert und damit eine am Markt einzigartige Stellung begründen kann. Dieses besondere Vermögen eines Unternehmens sollte schwierig zu kopieren sein, z. B. durch rechtliche Schranken (Wettbewerbsrecht, Standesrecht), technische Barrieren (besondere Investitionsaufwendungen) oder andere Formen der Abgrenzung. Damit wird das Angebot des Unternehmens aus Nachfragersicht besonders interessant. Im Bereich der Personaldienstleistungen können diese Kernkompetenzen z. B. sein:

- Besondere Personalauswahlverfahren, die eine hohe Vorhersagegüte für die Beurteilung von Bewerbern gewährleisten
- Ein umfangreicher und qualitativ hochwertiger Bewerberpool, der für den Bereich Personalberatung schnell eine Vielfalt an geeigneten Kandidaten offeriert
- Bei der Personalsuche unter ausländischen Fachkräften die Fähigkeit, neben einem guten Kontaktnetzwerk im Ausland auch die Sprache des Landes zu beherrschen, um mit interessanten Kandidaten in ihrer Muttersprache zu reden
- Besonders schnelle Erfüllung von Anfragen, z. B. in der Zeitarbeit ein interessanter Gesichtspunkt, wenn kurzfristige Personalausfälle vom Auftraggeber ausgeglichen werden müssen
- Im Bereich der Personalvermittlung ein besonderes Kontaktnetzwerk, zur schnellen Implementierung von Arbeitnehmern im Berufsleben

Ausgehend von den Überlegungen in Abschn. 2.5. wird ein Unternehmen also eigene Stärken im Hinblick auf die Chancen und Risiken am Markt genauer untersuchen. Sollten eigene besondere Stärken mit Chancen am Markt konform gehen oder zumindest dabei helfen, für sich und für den Kunden Risiken zu vermeiden, lassen sich daraus Kernkompetenzen ableiten. Gerade im Hinblick auf die derzeitigen Entwicklungen in den Personaldienstleistungen bieten sie die Chance, sich als Partner für den Kunden zu empfehlen, mit einer Spezialexpertise im Bereich Personal (vgl. Schrader 2013, S. 62). Dabei sollte man insbesondere sich von den eigenen Wertketten inspirieren lassen, da sie in der Interaktion mit dem Kunden zusätzliche Umsatzpotenziale bietet (siehe auch Böhler 2011, S. 83 ff.).

Besonders deutlich sieht man dies im stetig erweiterten Angebotsportfolio vieler Zeitarbeitsunternehmen, die neben der klassischen Mitarbeiterüberlassung inzwischen auch Personalvermittlung, Interim-Management, Direct Search und HR-Process-Outsourcing anbieten (vgl. Biedenbach 2012, S. 95 ff.).

Allerdings muss man auch sehen, dass neue Technologien und Verhaltensweisen von Marktteilnehmern Angebotsbedingungen erheblich verändern können und damit die eigene Kernkompetenz womöglich nicht mehr entscheidungsrelevant ist. Ein Beispiel zeigt sich in den letzten Jahren im Aufkommen der sozialen Netzwerke als Recrutierungsinstrument für Unternehmen und Personalberater. Gerade in beruflich orientierten Netzwerken wie LinkedIn und Xing stellen viele Personen zum einen ausführliche Daten zum eigenen beruflichen Kenntnisstand ein, was eine erleichterte Suche anhand von bestimmten Stichworten ermöglicht. Der früher übliche aufwändige Research-Prozess ist damit gerade im Bereich der herausgehobenen Fach- und der Führungskräfte auf mittlerer Ebene kaum noch erforderlich. Eine interessierte HR-Abteilung eines Unternehmens kann dies selbst übernehmen und spart sich damit die Kosten für einen externen Dienstleister. Und auch der früher als Asset gepflegte Bewerberpool ist damit quasi obsolet geworden – der Pool pflegt sich selbst und steht Interessierten ohne Umweg über Dienstleister zur Verfügung.

Interessant wird diese Kernkompetenz vor allem dann, wenn sie Zugang zu anderen Märkten bietet. In den drei vorgenannten Beispielen könnte dies sein:

- Die Personalauswahl auch als Beurteilungsverfahren für interessierte Arbeitnehmer, die etwas zu ihren eigenen Entwicklungsmöglichkeiten und – bedarfen erfahren wollen
- Die schnelle Erfüllung von Anfragen als Möglichkeit, aus angestammten Branchen oder Berufsfeldern auch in andere Branchen oder Berufsfelder zu expandieren oder andere, ähnlich gelagerte Personalservices zusätzlich anzubieten
- Das Kontaktnetzwerk auch dazu zu nutzen, Personalberatung anzubieten und damit die andere Marktseite proaktiv anzusprechen

Wichtig ist stets, die Angebotsvorteile aus Kundensicht zu sehen. Nicht jede aus eigener Sicht wahrgenommene Stärke muss auch auf dem Markt als Stärke wahrgenommen werden.

2.8 Die SWOT-Analyse als Zusammenfassung

Eine Kombination der Stärken-Schwächen-Analyse, als Bestandsaufnahme, und der Chancen-Risiken-Analyse, als Zukunftsprojektion, findet sich in der sogenannten SWOT-Analyse (Strengths-Weaknesses-Opportunities-Threats). In diesem Instrument kann man zum einen Perspektiven definieren, zum anderen auch strategische Verhaltensweisen ableiten.

In der nachfolgenden Abb. 2.3 sind die Überlegungen niederlegt, die sich eine Führungskraft aus der Personalwirtschaft notiert hat, als sie die Möglichkeit geprüft hat, sich mit einem Zeitarbeitsunternehmen für Pflegewirtschaft selbständig zu machen. Die Person

2.8 Die SWOT-Analyse als Zusammenfassung

STÄRKEN	SCHWÄCHEN
<ul><li>10 Jahre Personaler-Erfahrung, davon 7 Jahre in Krankenhäusern</li><li>Akademischer Abschluss in der Gesundheits-BWL („freier Beruf"; Anerkennung bei Pflegedirektion)</li><li>besondere Kenntnisse in der Personalentwicklung</li></ul>	<ul><li>Schmale Eigenkapitalbasis</li><li>schwach ausgeprägtes Netzwerk bei Pflegediensten</li><li>eigenes Unternehmen bisher unbekannt bei möglichen Mitarbeitern</li><li>fehlende Qualifizierung im engeren Pflegebereich</li></ul>
CHANCEN	RISIKEN:
<ul><li>Hoher Bedarf an kurzfristig verfügbaren Pflegekräften</li><li>alternde Gesellschaft verlangt mehr Pflegekräfte</li><li>Ausbau der Sozialversicherungen im Hinblick auf Altenpflege (Pflegeversicherung etc.)</li><li>Kostendruck im Gesundheitswesen</li></ul>	<ul><li>unklare Finanzlage bei Pflegekassen</li><li>unklare Bereitschaft, in Zukunft Fremdpflege zu bestellen</li><li>unklare Personalressourcen (Verfügbarkeit ausgebildeter Fachkräfte, Arbeitsbereitschaft zu den Bedingungen der Altenpflege)</li><li>Verlagerung von Seniorenpflege in Niedriglohnländer (Osteuropa, Thailand)</li></ul>

Abb. 2.3 SWOT-Analyse für einen regional orientierten Anbieter Zeitarbeit Pflegeberufe. (Quelle: eigene Erstellung)

war nach einer betriebswirtschaftlichen Grundlagenausbildung (Duales Hochschulstudium zum Betriebswirt, anschließende Zusatzqualifikation Master of Arts in Gesundheits-BWL) langjährig tätig als Personalreferent in Krankenhäusern und Nonprofit-Wirtschaft, mit dem Schwerpunkt Personalentwicklung. Die Beispielkraft sieht sich einem expandierenden Markt gegenüber, da Senioreneinrichtungen und Pflegedienste zunehmenden Bedarf an auch kurzfristig verfügbaren Arbeitskräften haben und zudem auch Berufsrückkehrerinnen nach ihrer Familienzeit von den Arbeitsagenturen und weiteren Dienstleistern auf Tätigkeiten in der Seniorenpflege vorbereitet werden. Andererseits hat die Beispielperson auch erkannt, dass sie aufgrund ihrer bisherigen beruflichen Ausrichtung einige Defizite aufweist und zudem der Markt auch einige Fragezeichen aufwirft. Insbesondere hat die Beispielperson erkannt, dass Familienangehörige durchaus auch bereit sind, bei der Pflege von Senioren die Zuschüsse der Pflegeversicherung persönlich in Anspruch zu nehmen und hierfür dann die Angehörigen von illegal Beschäftigten aus Osteuropa pflegen zu lassen bzw. die Angehörigen gleich in Länder mit deutlich niedrigerem Lohnniveau zu bringen, wie die Tschechische Republik, die Ukraine oder Thailand zu bringen. Diese Überlegungen zeigen sich in der Abb. 2.3 exemplarisch niedergelegt:

Andere Unternehmen werden entsprechend der eigenen Situation (z. B. Dienstleistungsangebot, Unternehmensgröße, Einbindung in eine Unternehmensgruppe etc.) und des zu bearbeitenden Marktes andere Überlegungen anstellen, so dass jedes Management vor der Aufgabe steht, die eigene Situation sorgfältig zu analysieren und mit geeigneten Schlussfolgerungen zu verbinden.

Je nach Dominanz einzelner Felder in der Marktbearbeitung wird man Strategie-Typen ausarbeiten können. Allerdings müssen hierzu einige weitere Fragen geklärt werden, zu denen neben den eigenen Zielsetzungen auch die Wettbewerbslage relevant wird. Anders gefragt:

- Wer ist Wettbewerber?
- Wen kann man damit ausstechen?
- Und wo ist das Alleinstellungsmerkmal?

Hierzu kann man anhand eines einfachen Modells die eigene Positionierung überprüfen.

2.9 Die Wettbewerbspositionierung

Im Wettbewerb werden verschiedene Überlegungen eine Rolle spielen, wie z. B. ein bestimmtes Preisniveau (niedrigeres oder höheres Preisniveau), eine geografische Verteilung (regional oder bundesweite oder gar internationale Verbreitung), die Angebotspalette (Universalanbieter oder Spezialist für bestimmte Felder) etc. Diese Wettbewerbsmerkmale können in eine entsprechende Wettbewerbspositionierung umgesetzt werden, in ein zwei- oder mehrdimensionales Wettbewerbskreuz. Besonderes Merkmal einer entsprechenden Anordnung ist die Dichothomie auf jeder Achse, d. h. dass für jede Ausprägung für sich genommen positive Begriffe genommen werden, die aber in einem Gegensatz zueinander stehen. So kann es durchaus auch von Vorteil sein, die Unternehmensgröße auf wenige Mitarbeiter zu begrenzen, was den Fixkostenblock deutlich absenkt und damit die Bearbeitung von Marktlücken erlaubt, die von größeren Mitspielern nicht wirtschaftlich sinnvoll abzudecken sind (siehe auch Steppan 2012). Genauso gut kann eine Fokussierung auf wenige Branchen klug sein, wie es der mittelgroße Anbieter Job AG aus Fulda aufweist. Dieses Unternehmen bietet verschiedene Personaldienstleistungen wie Zeitarbeit, Personalvermittlung und HR-Services vor allem in den Feldern Industrie, Finanzen/Rechnungswesen, (Mode-)Logistik und Ingenieurkräfte an (vgl. JOB AG 2014; siehe auch Biedenbach 2012, S. 75 ff.). Hierdurch kann man mögliche Kunden durch eine besondere Expertise überzeugen. Oder es bietet sich für einen Personalberater an, aufgrund seiner ethnischen Abstammung sein Recruiting-Angebot speziell auf Diversity-Aufgaben auszurichten (vgl. Klimm 2016, S. 22; ähnlich Kuhr 2015, S. 46).

In der nachfolgenden Abb. 2.4 können anhand einer zweidimensionalen Positionierung die beiden gegensätzlichen Ausprägungen regionale Ausrichtung versus (inter-)nationale Ausrichtung und branchenspezifische vs. branchenübergreifende (bzw. universelle) Fokussierung genannt werden. Im Beispiel steht das PDL-Unternehmen Autovision für einen auf die Autobranche ausgerichteten Anbieter, der neben verschiedenen VW-Standorten auch bei anderen Automobilherstellern in Deutschland aktiv ist. Auf der anderen Seite stehen die international und universell ausgerichteten Anbieter Adecco, Manpower und Randstad, mittelgroße Anbieter mit einer gewissen Branchenfokussierung wie die JOB

2.9 Die Wettbewerbspositionierung

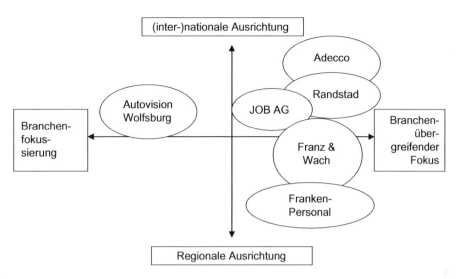

Abb. 2.4 Wettbewerbspositionierung ausgewählter PDL-Unternehmen (Zeitarbeit). (Quelle: eigene Erstellung auf Basis Online-Recherche 06/2014)

AG oder Franz & Wach GmbH sowie kleine, eher regional – z. B. auf Franken ausgerichteten Anbieter wie Franken-Personal.

Jede dieser Wettbewerbspositionierungen kann bestimmte Vor- und Nachteile bieten, die noch aufzugreifen sind. Zunächst einmal dient dieses Instrument aber der Überlegung, ob die Marktlücke, die sich einem bietet, ausreichend spezifisch ist, um eine klare Wettbewerbspositionierung zu erlauben, also im Wettbewerb mit einzigartigen und entscheidungsrelevanten Merkmalen hervor zu ragen. Im nächsten Schritt kann auch geprüft werden, ob die Marktlücke ausreichend groß ist, um einen auskömmlichen Umsatz zu ermöglichen.

Wie bereits angesprochen, können bestimmte Wettbewerbspositionen Vor- und Nachteile in sich tragen. In der Abb. 2.5 werden ausgewählte Eigenschaften gegenüber gestellt.

Die Vorteile einer bestimmten Wettbewerbspositionierung bleiben selten unentdeckt, so dass man relativ schnell Konkurrenz haben wird. Ein auch nur halbwegs funktionierender Markt zeichnet sich durch Dynamik aus, durch das Wechselspiel der verschiedenen Unternehmen und Nachfrager, die sich immer den besonders interessanten Angeboten bzw. Nachfragern zuwenden. Es kommt entsprechend für die dauerhafte Existenz am Markt darauf an, durch entsprechende Kundenkontakte, systematische Marktforschung und die Erarbeitung dauerhafter Wettbewerbsmerkmale den jeweils herrschenden spezifischen Anforderungen gerecht zu werden und so im Wettbewerb vorne zu bleiben. Dazu gehört auch, die Vision des Unternehmens immer an den aktuellen Markterfordernissen auszurichten und neu umzusetzen. Welche Anforderungen sich daraus ergeben, ist u. a. eine Aufgabe der Marktforschung, die in Kap. 3 vorgestellt wird. Zudem kann auch überlegt werden, über nationale Grenzen hinaus zu gehen und eine Strategie der Internationalisierung einzuschlagen, die auch noch kurz anzureißen ist.

	Regionale Ausrichtung	(inter-)nationale Ausrichtung	Branchenfokussierung	Universelle Fokussierung
Vorteile	• Höhere Vertrautheit mit dem Markt	• Größerer Markt, • bessere „economics of scale"	• Bessere Kenntnis bestimmter Anforderungen	• Breiteres Angebotsportfolio • Besserer Ausgleich
Nachteile	• Begrenzter Markt	• Umfassendere Bearbeitung erforderlich, • höherer Kostendruck	• Enge Festlegungen und Konjunkturabhängigkeiten	• Umfassendere Kenntnisse und höhere Flexibilität erforderlich

Abb. 2.5 Vorteile und Nachteile bestimmter Wettbewerbspositionen. (Quelle: eigene Erstellung)

2.10 Die Internationalisierung als strategische Option

Internationalisierungsstrategien dienen in aller Regel der Marktausnutzung (durch breitere Beschaffungsmärkte oder das Erzielen von Synergieeffekten), der Marktausweitung oder der Marktabsicherung, um Konkurrenten abzuschrecken bzw. Beschaffungsmärkte zu sichern. Manchmal kann es sogar erforderlich sein, Schlüsselkunden auf ihrem Internationalisierungsweg zu begleiten, um die Geschäftsbeziehung als solche beizubehalten. Auch für Personaldienstleistungsunternehmen ist Internationalisierung ein interessantes Handlungsfeld, was sich z. B. in der Expansion von Zeitarbeitsunternehmen (Manpower, Adecco – die frühere ADIA Interim/Ecco, Randstad) oder Personalberatern (z. B. Korn-Ferry, Heidricks & Struggles, Kienbaum, Michael Page) zeigt. Internationalisierung, von der Anwerbung interessanter Mitarbeiter in ausländischen Arbeitsmärkten, über die Integration in internationale Netzwerke – v. a. für Personal- und Strategieberatungen interessant (vgl. Guldner 2013, S. 50 f.) – bis hin zum Engagement mit eigenen Niederlassungen in anderen Ländern, ist damit Herausforderung und Chance zugleich (siehe auch Frank 2009, S. 114 ff.).

Als ein aktuelles Beispiel kann das Personaldienstleistungsunternehmen Pro Quality aus Mönchengladbach genannt werden, das für die russische Staatsbahn technische Zeitarbeitskräfte anwirbt und zur besseren Abwicklung vor Ort ein eigenes Tochterunternehmen gründet. Damit gelten die russischen Beschränkungen zum Import von Zeitarbeit nicht mehr, die eine maximale Beschäftigungsdauer von 3 Monaten erlaubten. Jetzt kann Pro Quality seine Zeitarbeitskräfte bis zu drei Jahre lang einsetzen (vgl. Weber 2013, S. 18). Auch für Interim Manager können gerade in mittel- und osteuropäischen Ländern besondere Chancen bestehen (vgl. Hoffmann 2018, S. 43).

Selbstredend wird jedes Land eigene Arbeitsgesetze sowie Usancen im Einsatz von Personal und Personaldienstleistungen haben, die unterschiedliche Marktbedingungen formen (siehe z. B. Frank 2009, S. 115 ff., 46 ff.; Pollert und Spieler 2011, S. 12 ff.; Schröder 2009). Wenn es – nach eigener Anschauung aus einem Auslandsstudium – in den Niederlanden für Hochschulabsolventen durchaus normal ist, zunächst bei einem Zeitarbeitsunternehmen die

Karriere zu beginnen, muss das für ihre deutschen Kommilitonen noch lange nicht gelten – dort ist Zeitarbeit eher eine zu vernachlässigende Karriereoption. Entsprechend zeigt sich, dass drei der größten deutschen Zeitarbeitsunternehmen, nämlich Manpower, Randstad und Adecco, Tochterunternehmen einer US-amerikanischen, niederländischen bzw. Schweizer Muttergesellschaft sind – das hat sicher nicht zuletzt mit einer deutlich höheren Akzeptanz in den dortigen Heimatmärkten zu tun. So konnten alle drei Unternehmen einen Wissens- und Prozessvorsprung erarbeiten und bei ihrer Expansion auf dem deutschen Markt entsprechend einsetzen.

Auch die unterschiedlichen Regelungen zur Vergütung und Regulierung von Personalberatung und Personalvermittlung kann unterschiedliche Nachfragedispositionen bewirken. Schließlich sollte man im Auge behalten, dass eine Internationalisierungsstrategie die eigenen Ressourcen überdehnen kann, durch den erhöhten Kapital- und Organisationsbedarf oder auch durch den Verlust der besonderen Unternehmenskultur beim Überschreiten kritischer Größenstufen.

Internationalisierung kann entsprechend des Grads an Engagement erfolgen als:

- Export von Dienstleistungen, z. B. durch Beratung vor Ort bzw. kurzfristige Entsendung von Leiharbeitnehmern
- Mitgliedschaft in einem international agierenden Netzwerk, v. a. im Beratungsbereich, in dessen Rahmen Kunden weiter vermittelt werden oder aber auch internationale Projekte gemeinsam abgewickelt werden
- Joint Venture mit Unternehmen vor Ort
- Gründung eines eigenen Tochterunternehmens vor Ort
- „Zwischenlösung" aus Joint Venture und Tochterunternehmen auch ein Franchising – oder Partnersystem, bei dem lokale Unternehmer gegen die Bezahlung einer Systemgebühr (z. B. Basisgebühr plus Umsatzbeteiligung) berechtigt sind, auf die zentralen Dienste einer Unternehmensgruppe zurück zu greifen und das Logo des Systems zu verwenden (z. B. beim MRI-Network in der Pesonalberatung)

Die Unternehmensleitung wird die verschiedenen Alternativen hinsichtlich des erforderlichen Kapital- und Know how-Bedarfs und der Attraktivität des Zielmarktes sowie rechtlicher Rahmenbedingungen prüfen. Die einzelnen Kriterien können dabei gleichberechtigt nebeneinander stehen oder auch mit Gewichtungen entsprechend ihrer Bedeutsamkeit versehen werden. Alle Optionen weisen Vor- und Nachteile auf, die in der Abb. 2.6 aufgeführt sind.

Es ist folglich Aufgabe der Unternehmensleitung, strategische Ziele entsprechend der eigenen Ressourcen, Wünsche und Rahmenbedingungen eine sinnvolle Variante zu wählen.

Schließlich ist auch an den umgekehrten Weg als Option zu denken, dem Zukauf von Dienstleistungen aus dem Ausland. Bereits 2008 berichtete das Magazin „capital" von Personalberatern, die Researchleistungen durch indische Fachkräfte erledigen lassen (vgl. Dilk und Littger 2008, S. 164 ff.). Der deutlich günstigere Stundensatz der asiatischen Online-Researcher war hier ein ausschlaggebendes Argument, zumal die örtlichen Fachkräfte ebenso gut und zeitgleich ihre Arbeit verrichten können.

	Export von PDL	Joint Venture mit örtlichem Partner	Gründung Tochtergesellschaft	Franchising-/Partnersystem
Vorteile	• Geringer Kapitalbedarf • Geringer Anpassungsbedarf	• Zusammenarbeit mit ortskundigem Partner • Gute Kontrolle als Miteigentümer • Geteiltes finanzielles Risiko	• Vollständige eigene Kontrolle • Adaption nach örtlichen Usancen	• Hoher Einfluss • Gute Kontrolle • Einheitliches Auftreten
Nachteile	• Wenig Kontrolle über die tatsächliche Verwendung • Handels- und oder arbeitsrechtliche Schranken	• Abstimmungsbedarf mit örtlichem Partner • Begrenzte Gewinnentnahme • Hoher rechtlicher Regelungsbedarf	• Hoher Investitionsbedarf • Risiko ist allein zu tragen	• Hoher rechtlicher Regelungsbedarf • Verlust von Know how bei Ausstieg eines örtlichen Partners

Abb. 2.6 Vor- und Nachteile verschiedener Internationalisierungsstrategien. (Quelle: eigene Erstellung)

2.10.1 Die Definition des Geschäftsmodells

Als Geschäftsmodell versteht man eine vereinfachte Darstellung der Aktivitäten eines Unternehmens (vgl. Wirtz 2013, S. 94). Aufbauend auf der SWOT-Analyse werden dazu sechs Elemente konkreter definiert:

- Dass Marktmodell, mit den beiden Bereichen Wettbewerbsmodell (mit wem stehen wir im Wettbewerb, und was sind unsere dauerhaften Wettbewerbsvorteile?) und Nachfragermodell (an welche Nachfrager wenden wir uns, welche Bedürfnisse haben diese konkret? Welche Verhaltensweisen zeigen sie demzufolge? Ggf. auch Beschränkungen wie bei der Autovision auf den Mutterkonzern Volkswagen)
- Das Beschaffungsmodell (Eigenbeschaffung durch passive Akquise über Ausschreibungen bzw. aktive Akquise durch Datenbankrecherche und Direktansprache, Beschaffung über Dritte wie Arbeitsverwaltung)
- Das Leistungserstellungsmodell (wer ist bei uns in der Leistungserstellung, mit welchen Qualifikationen, welche Anzahl an Mitarbeitern, ggf. Zusammenarbeit mit Dritten in Beraternetzwerken oder nachgelagerter Lieferbeziehung/second tier bei Zeitarbeit)
- Das Leistungsangebotsmodell (Art und Umfang der angebotenen Dienstleistungen, Qualitätsmerkmale)

- Das Distributionsmodell (eigene Standorte: Anzahl und Umfang, bei Zeitarbeit ggf. auch Präsenz im Unternehmen des Auftraggebers durch on-site-Management)
- Das Kapitalmodell, mit den Elementen Finanzierungsmodell (aus Eigen- und Fremdkapital und weiteren Formen wie „cash flow-Finanzierung") und Erlösmodell (Definition von Stunden- und Tagessätzen, Erfolgshonoraren für erfolgreiche Personalvermittlung bzw. Übernahme von Zeitarbeitskräften, definition von Rahmenbedingungen bei Rahmenverträgen)

Wenngleich Wirtz dieses Modell hauptsächlich anhand von Medienunternehmen darstellt, so kann es auch für Personaldienstleistungsunternehmen interessante Überlegungen bieten, wie die nachfolgende Abb. 2.7 aufzeigt.

Die Vorgaben aus den einzelnen Elementen setzen die Rahmendaten für das operative Geschäft am Markt. Anhand dieser Vorgaben werden die absatzpolitischen Instrumente Angebots-, Preis-, Distributions- und Personalpolitik (siehe Kap. 4) ausgestaltet. Das Geschäftsmodell ist nun entsprechend der Marktentwicklung fortlaufend zu überprüfen und ggf. auch weiterzuentwickeln. Dabei kommt der Innovationskraft ebenso eine hohe Bedeutung zu wie den Überlegungen, die eigene Geschäftstätigkeit über nationale Wirtschaftsräume hinaus auszudehnen oder Kooperationen einzugehen.

2.11 Das Innovationsmanagement als strategische Aufgabe

Technologische Veränderungen, das Auftreten neuer Wettbewerber mit neuartigen Lösungsansätzen, veränderte Nachfragebedingungen oder auch veränderte rechtliche Rahmenbedingungen bringen Dynamik in das Marktgeschehen und erzeugen einen ständigen Innovationsdruck. Innovation versteht sich hier als Veränderungen i. S. v. Verbesserungen aller Art in den Abläufen und/oder den Arbeitsergebnissen einer Organisation. Innovation baut damit auf Kreativität i. S. v. Ideen generieren auf und offeriert für aktuelle oder zukünftige Probleme eine Problemlösung mit einem höheren Nutzwert, z. B. schnelleren Prozessen, kostengünstigeren Prozessen oder neuartigen Prozessen mit zusätzlichem Umsatzpotenzial (siehe auch Becker et al. 2008; Hauschildt und Salomo 2007).

Innovationen können auf operativer Ebene stattfinden, z. B. durch eine neuartige Form der Bewerberpräsentation (in Form von Kurzvideos, ergänzend oder an Stelle der klassischen Präsentation über ihre Papierunterlagen), als auch auf strategischer Ebene, durch neuartige Dienstleistungen im Bereich der Beratung und des Services, z. B. Suchstrategien für Bewerber in Social Media-Anwendungen oder durch die Ergänzung der Rekrutierungs-Services durch zusätzliche Beratungsleistungen wie Integration am neuen Arbeitsplatz oder Organisationsberatung zu einer verbesserten Organisationskultur. So stellt sich das Angebot der Schweizer Post zum Outsourcing von Personalverwaltung (vgl. o. V. 2012c) als Innovation dar, da Personalverwaltung für Dritte sicher bis vor kurzem kein originäres Angebotsfeld eines Postunternehmens war. Für Personalberater wiederum kann es interessant sein, neben die klassische Beratung auch

Modellbereich	Beispiel Personalberater	Beispiel Zeitarbeitsunternehmen
Marktmodell .- Wettbewerbsmodell	.- Als Dienstleister für Recruiting	.- Als Dienstleister für kurzfristige Vakanzen im Pflegebbereich, in der Region Würzburg und 100 km+
.- Nachfragermodell	.- Unternehmen, die Fachkräfte im Medienbereich suchen	.- anhand von Rahmenverträgen bei kurz- und mittelfristigen Ausfällen
Beschaffungsmodell	Ausschreibungen (print und online) im Kundenauftrag, Auswertung interner Datenbanken, auswertung Social Media-Kontakte	Aufgrund von Stellenanzeigen und Netzwerken (Empfehlungsmarketing durch eigene Mitarbeiter)
Leistungserstellungsmodell	Eigene Tätigkeit in kleiner Beratergemeinschaft, an ein Beraternetzwerk angeschlossen	Pool an geprüften Pflegefachkräften, die befristet bereit gestellt werden, ggf. auch gegen Provision übernommen werden, Zeitarbeit sowie Master Vendor und on-site-Management, mittelfristig auch Managed Service Providing
Leistungsangebotsmodell	Auf Basis persönlicher Kontakte jeweils einzelfallbezogen	Auf Basis persönlicher Kontakte und Rahmenverträge
Distributionsmodell	Eine Niederlassung, ggf. über Kooperationsnetzwerk	Vor Ort, am Nachfrageort
Kapitalmodell .- Finanzierungsm.	.- Eigenkapital und Cash Flow	.- EK (30 %) und FK, Kapitalerhöhung aus Cash Flow
.- Erlösmodell	.- auf Erfolgsbasis: 30 % vom vereinbarten Jahresgehalt	.- auf Basis fester Sätze und monatlicher Abrechnung

Abb. 2.7 Definition von Geschäftsmodellen für Personaldienstleister Quelle: eigene Erstellung, aufbauend auf Wirtz, 2013, S. 95.

digitale Vermittlungsplattformen anzubieten, wie es z. B. der Branchenführer Kienbaum mit Firstbird, Jobtender24 und 4Sotty unternimmt (vgl. Ermisch 2017, S. 42 f.). Auch wenn die Gefahr der Kannibalisierung besteht, so lässt sich die Digitalisierung in toto nicht aufhalten, und Personaldienstleister müssen sich entsprechend darauf einstellen.

Auch im Bereich von Zeitarbeit können Innovationen entstehen, durch das Angebot höherwertiger Arbeitskräfte (z. B. im Verwaltungsbereich neben Sachbearbeitern auch Führungskräfte der mittleren Ebene, im technischen Bereich neben handwerklichen bzw. gewerblichen Arbeitnehmern auch Ingenieurkräfte), die Fokussierung auf bestimmte Berufsgruppen und gleichzeitig dem Angebot von „Kompaktlösungen" (neben Arbeitnehmerüberlassung auch Einsatzplanung, Schulung und Abrechnung) oder durch eine Verlängerung der Angebotskette, durch unternehmensspezifische Personalentwicklung für bestimmte Personengruppen oder Recruiting Prozess-Outsourcing-Dienstleistungen, also die Gewinnung von Fachkräften im Auftrag des suchenden Unternehmens. Gerade diese scheinen interessante zusätzliche Umsatzpotenziale (vgl. Bouncken et al. 2012, S. 115 ff.; Furkel 2015, S. 4 f.; Straub et al. 2015, S. 52 f.) und eine verbesserte Stellung im Wettbewerb um Mitarbeiter (Spermann 2013, S. 14 ff.) darzustellen.

Ein weiteres Beispiel: Online-Medien konnten sich Ende der 90er-Jahre als Innovation in der Bewerberansprache durchsetzen, da sie zum einen gegenüber klassischen Printmedien leistungsfähiger waren, durch verkürzte Publikationszeiten zwischen Aufgabe einer Suchanzeige und ihrem Erscheinen, da sie oft nur 24 h statt mehrerer Tage benötigten. Zum anderen profilierten sich die Online-Medien durch deutliche Preissenkungen. Mussten für eine klassische Printanzeige oft mittlere vierstellige Beiträge kalkuliert werden, offerierten Stepstone.de, Monster.de usw. die gleiche Leistung für einen höheren dreistelligen Betrag. Hinzu kamen neuartige Suchfunktionalitäten. Durch Eintragen in eine Datenbank konnten sich Bewerber relativ umfangreich präsentieren und waren direkt ansprechbar anhand bestimmter Schlüsselbegriffe und Lebenslaufdaten. Ähnliches erlebt man seit einigen Jahren wiederum mit Social-Media-Anwendungen wie xing und LinkedIn, die für Personalberater eine inzwischen kaum noch wegzudenkende Quelle für die Ansprache von potenziellen Kandidaten darstellen.

Innovationen müssen beim Kunden als neuartig und gegenüber bisherigen Dienstleistungen als höherwertig wahrgenommen werden, damit sich durchsetzen können. Dies kann man sehr gut bei Social-Media-Anwendungen ablesen. Ein erstes Screenen des Bewerbermarktes ist deutlich leichter geworden, da potenzielle Kandidaten ihre relevanten Daten bereits öffentlich präsentieren und mit geeigneten Datenbank-Funktionen vorfiltern lassen. Der Eintrag von Kontaktdaten erleichtert die direkte Ansprache, ohne einen Umweg über die telefonische Ansprache am Arbeitsplatz gehen zu müssen. Zumindest für den Bereich von Fach- und mittleren Führungskräften konnten sich soziale Netzwerke relativ schnell durchsetzen.

Nicht zuletzt wird man im Bereich Payrolling bzw. Shared Services Veränderungen sehen. Viele Unternehmen sehen inzwischen davon ab, die gesamte Abrechnung extern zu vergeben. Vielmehr nutzen sie leihweise Software-Lösungen und ergänzenden Beratungsbedarf und suchen damit neue Formen der Zusammenarbeit (vgl. o. V. 2016b, S. 56 f.).

2.12 Unternehmenskooperationen als strategisches Arbeitsfeld

Mitunter kann es sinnvoll sein, mit anderen Unternehmen in einer mehr oder weniger umfangreichen, zeitlich befristeten oder unbefristeten Form zusammen zu arbeiten. Gemeinhin kann man vier verschiedene Formen der strategischen Kooperation erkennen:

- Lose Kooperation, auf Basis eines „Gentlemen Agreement"
- Vertraglich fixierte Kooperation, im Rahmen bestimmter Arbeitsaufgaben (z. B. gemeinsame Entwicklung von Produkten), wie es sich z. B. im Rahmen der „Kienbaum"-Buchreihe beim Freiburger Haufe-Verlag findet, in dem Bücher zur Personalauswahl und Personalführung von Kienbaum-Mitarbeitern editiert wurden; ein Franchising-Konzept (bspw. Olympia-Personaldienstleistungen, RENTA-Personaldienstleistungen, MRI-Network für Personalberatung, Sager Zeitarbeit) kann hier ebenso erwähnt werden, da es ebenfalls auf einer – sehr eng definierten – vertraglichen Kooperation mit Rechten und Pflichten beider Seiten beruht
- Gründung eines gemeinsamen Tochterunternehmens („joint venture"), zur Bearbeitung bestimmter Tätigkeitsfelder, wie z. B. Manpower und die Deutsche Bank AG eine gemeinsame Zeitarbeitsfirma „Bankpower" gegründet haben, analog das Unternehmen „fashion4you" des Modelogistikers Meyer & Meyer und der Job AG
- Finanzielle Beteiligung des einen am anderen Unternehmen, bis hin zur Gründung bzw. zum Aufkauf eines Unternehmens und Eingliederung als Tochterunternehmen bzw. Unternehmensteil, wie es z. B. die Volkswagen AG mit der Gründung ihrer Zeitarbeitstochter „autovision" vorgenommen hat, analog die Übernahme der Tuja AG durch die Adecco-Gruppe oder von Bräse & Hagedorn durch die JOB AG
- Zusammenlegung von zwei Unternehmen, wie es z. B. die Schweizer ADIA Interim und die französische Ecco gezeigt haben, um daraus das Unternehmen Adecco entstehen zu lassen

Jede dieser Formen ist durch individuelle Vor- und Nachteile gekennzeichnet, wie es die nachfolgende Abb. 2.8 aufzeigt, und empfiehlt sich daher bei bestimmten Prämissen.

Die Bewertung im Einzelfall kann entsprechend strategischer Zielsetzungen, eigener Kompetenzen und Ressourcen sowie weiterer Überlegungen (z. B. politischer Druck) erfolgen.

2.13 Die Konvergenz von Personaldienstleistungen

Als Konvergenz wird das Zusammenwachsen verschiedener Angebotsbereiche bezeichnet. Im Bereich der Medien wird Konvergenz z. B. für das Zusammenwachsen klassischer Medien (insbesondere Rundfunk und Printmedien) mit neuen Medien (insbesondere im Bereich Online und Mobile Media) bezeichnet, die dem Nutzer einen direkten Zugriff über einen Zugriffspunkt auf verschiedene Medienangebote erlaubt. Auch im Bereich Personaldienstleistungen erkennen wir verschiedene Formen der Konvergenz. Zeitarbeitsunternehmen

2.11 Das Innovationsmanagement als strategische Aufgabe

	Vorteile	Nachteile	Empfehlung
Lose Kooperation (Gentlemens Agreement)	Kaum Aufwand	Kaum einklagbar	Eher bei nicht legalen Vorhaben nahe liegend (z. B. Preiskartelle) und daher nicht zu empfehlen
Vertraglich fixierte Zusammenarbeit	Klare Regelungen Schnelle Beendigung möglich Wenig Wissensoffenbarung	Wenig	Immer dann, wenn die Zusammenarbeit nur partiell erfolgen und schnell wieder gelöst werden soll
Joint Venture	Klare Organisation Klare Rechten und Pflichten	Begrenzter Einfluss	Immer dann, wenn bestimmte Arbeitsfelder alleine nicht bearbeitet werden können oder sollen
Unternehmensbeteiligung („Acquisition")	Einfluss entsprechend Beteiligungshöhe	Unsicherheiten zur Integration des erworbenen Unternehmens in das Mutterunternehmen	Zur Absicherung einer strategischen Stellung,
Zusammenlegung („Merger")	Zusammenschluss auf Augenhöhe	Hoher finanzieller und rechtlicher Bedarf Probleme bei der Zusammenführung der Unternehmenskultur	Bei gleichberechtigten, ungefähr gleich starken Partnern, die eine dauerhafte Kooperation anstreben

Abb. 2.8 Vorteile und Nachteile verschiedener Kooperationsformen. (Quelle: eigene Erstellung)

bieten neben der Arbeitnehmerüberlassung verstärkt Dienstleistungen rund um Recruiting, Ouptplacement und Personalverwaltung an (vgl. z. B. Straub et al. 2015, S. 52 f.; Voss 2015, S. 56 f.) oder auch Personalberater verstärkt Dienstleistungen rund um die Beratung in Führungs-, Personalentwicklungs- und Personalstrategiefragen (vgl. z. B. Eckelt 2015, S. 37 ff.; Kewes und Ensser 2017, S. 15) anbieten. Nicht zuletzt müssen die Anbieter von Personalverwaltungslösungen neben der reinen Gehaltsabrechung auch vermehrt Spesenverwaltung, Rekrutierungsaufgaben oder auch die Betreuung der betrieblichen Altersversorgung übernehmen (vgl. Ennemoser 2016, S. 59). Hierfür sind verschiedene Gründe verantwortlich:

- Erhöhter Konkurrenzdruck, auch durch Anbieter außerhalb der Kern-Personaldienstleistungen, die eine Ausdifferenzierung der eigenen Angebote erfordert, so sehen sich beispielsweise Personalberater im Segment der Fach- und mittleren Führungskräfte einen deutlich erhöhten Konkurrenzdruck durch soziale Netzwerke wie xing, LinkedIn etc. ausgesetzt,

womit sie den Ausgleich für entsprechende Umsatzeinbußen und die Gewinnung zusätzlicher Wettbewerbsvorteile über das Angebot weiterer Dienstleistungen suchen, wie z. B. Coaching, strategische Personalberatung oder Outplacement-Dienste
- Die erhöhten Erwartungen der Kunden, die sich auf wenige Anbieter stützen wollen und gleichsam umfassende Angebote aus einer Hand wünschen, um den Koordinierungsaufwand zu senken
- Allgemein die Verbreiterung und Verlängerung der Wertschöpfungskette, so dass z. B. ein Zeitarbeitsunternehmen nunmehr auch Personalvermittlung betreibt oder ein Outsourcing-Unternehmen auch EDV-Beratung für Personalverwaltungs-Software anbietet (vgl. hierzu Herrmann 2013, S. 124 f.)

Die Konvergenz wird damit teilweise durch den Anbieter, teilweise auch durch den Markt und den zunehmenden Konkurrenzdruck getrieben. Wichtig für einen Anbieter ist es, an dieser Stelle die neuen Anforderungen so aufzunehmen, dass der Markt den Anbieter weiterhin als glaubwürdig und kompetent wahrnimmt und der Investitionsbedarf für die Erarbeitung zusätzlicher Dienste die finanziellen Möglichkeiten sowie die Know how-Basis des Unternehmens nicht überfordert. Diese Entwicklung kann man insbesondere an Unternehmen wie Brunel oder Randstad ablesen, die bereits jetzt weit über die Arbeitnehmerüberlassung hinaus gehende Services wie Personalvermittlung, Outsourcing oder Outplacement-Beratung anbieten.

Fazit
Strategische Entscheidungen fallen auf der Basis verschiedener systematischer Analyse- und Entscheidungsprozesse. Anhand der Definition der eigenen Stärken und Schwächen, insbesondere der eigenen Kernkompetenzen, können Chancen und Risiken für die Marktbearbeitung erkannt werden und in ein Handlungsprogramm umgesetzt werden. Marktentwicklungen stellen dabei eine besondere Herausforderung dar, weil sie das eigene Leistungsprogramm funktional in Frage stellen können, und damit auch die Problemlösungskompetenz des Unternehmens.

Literatur

Astheimer S, Krohn P (2013) Bedarf besteht immer, Beitrag vom 20.02.2013. www.faz.net/-qql-7721j. Zugegriffen am 29.12.2013
Becker L et al (2008) Führung, Innovation und Wandel. Symposion, Düsseldorf
Biedenbach W (2012) Anders denken, handeln, zusammenarbeiten. Haufe, Freiburg
Böhler M (2011) Entwicklungspotenziale der Personalberatung. Gabler, Wiesbaden
Bouncken R et al (2012) Weiterbildung in der Zeitarbeit – Einflussfaktoren und Erfolg. Z Personalforsch 26(2):115–142
Bruhn M, Hadwich K (2006) Produkt- und Servicepolitik. Vahlen, München
Bundesagentur für Arbeit (2011) Arbeitsanweisung zum Vermittlungsgutschein nach § 421 g SGB III vom 06.12.2011. www.arbeitsagentur.de/zentraler-Content/HEGA-Internet/A05-Be-

rufl-Qualifizierung/Publikation/HEGA-12–2010-Anpassung-GA-Anlage-10.pdf. Zugegriffen am 13.12.2013

Bundesagentur für Arbeit (2012) Statistik Arbeitnehmerüberlassung, PDF-/EXCEL. statistik.arbeitsagentur.de/nn_31950/SiteGlobas/Form/Rubrikensuche_Form.html. Zugegriffen am 20.07.2012.

Bundesagentur für Arbeit (2013) Arbeitsmarkt in Zahlen – Zeitarbeit, PDF-/EXCEL-Veröffentlichung vom 21.07.2013. http://statistik.arbeitsagentur.de/nn_31950/SiteGlobals/Forms/Rubrikensuche/Rubrikensuche_Form.html?view=processForm&resourceId=210368&input_=&pageLocale=de&topicId=17398&year_month=201306&year_month.GROUP=1&search=Suchen. Zugegriffen am 04.05.2014

Bundesregierung (2010) Elfter Bericht über Erfahrungen bei der Anwendung des Arbeitnehmerüberlassungsgesetztes. Berlin, Bundestagsdrucksache 17/464 vom 18.01.2010. Zugegriffen am 13.12.2013

Carl N, Kiesel M (2002) Unternehmensführung. mi, München

Demmler C (2014) Neue Machtverhältnisse im Recruiting. Personalwirtsch 8:17–21

DGFP Deutsche Gesellschaft für Personalführung (Hrsg) (2011) DGFP Praxispapier 2/2011: Fairer Umgang mit Zeitarbeitern in entleihenden Unternehmen. Düsseldorf

Dilk A, Littger H (2008) Die Nethunter. Capital 12:164–170

Dürand D (2008) Ingenieurdienstleister – verschwiegene Branche, Beitrag vom 17.01.2008. www.wiwo.de/technologie/motor-des-fortschritts-ingenieurdienstleister-verschwiegene-branche/5339336.html. Zugegriffen am 13.12.2013

Eckelt WK (2015) Kandidaten lesen. SpringerGabler, Wiesbaden

El-Sharif Y et al (2012) BA-Chef befürwortet Kurzarbeit für Leiharbeiter, Beitrag vom 28.11.2012. www.spiegel.de/wirtschaft/soziales/bundesagentur-weise-zur-arbeitslosigkeit-hartz-und-griechenland-a-868883.html. Zugegriffen am 11.12.2012

Ennemoser B (2016) Eine Notlösung etabliert sich. Personalmag 7:58–62

Ermisch S (2017) Berater entern das Digitalgeschäft. In: Handelsblatt, Nr 81 vom 26.04.2017, S 42–43

Fasse M (2012) Die Zeitarbeitsbranche zittert vor Equal Pay, Beitrag vom 02.06.2012. www.handelsblatt.com/unternehmen/management/strategie/wachstumsbremse-die-zeitarbeitsbranche-zittert-vor-equal-pay/6630404.html. Zugegriffen am 18.06.2012

Felder R (2015) Drei Dimensionen der Zeitarbeit. Personalwirtsch 9:82–85

Flügel D et al (2012) Personaldienstleistungen 2012 – Trends und Entwicklungen im Markt für Personaldienstleistungen. RölfsPartner, Düsseldorf

Frank S (2009) Consultancy goes global – Besonderheiten Internationaler Suchaufträge in Osteuropa und Russland. In: Heidelberger M, Kronherr L (Hrsg) Handbuch der Personalberatung. Vahlen, München, S 114–123

Furkel D (2015) Strategische Zusammenarbeit. In: Praxisratgeber 5, Beilage zu Personalmagazin, Nr 5, S 4–5

Grant RM, Nippa M (2006) Strategisches Management. Pearson, München

Guldner J (2013) Wohin führt die große Einkaufstour? Handelsblatt, Nr. 222 vom 18.11.2013, S 50–51

Gutmann J, Kilian S (2011) Zeitarbeit, 2. Aufl. Haufe, Freiburg

Haller P, Jahn EJ (2014) Hohe Dynamik und kurze Beschäftigungsdauer. IAB-Kurzber, 13:1–12

Hauschildt J, Salomo S (2007) Innovationsmanagement, 4. Aufl. Vahlen, München

Herrmann V (2013) Personalpolitische Bedeutung der Zeitarbeit. In: Dobischat R et al (Hrsg) Kompetenzmanagement und Qualifizierung in der Zeitarbeit. Eichbaum, Gotha, S 110–127

Hoffmann J (2018) Interim Management – über die Grenzen im Einsatz. In: Handelsblatt, Nr. 171, vom 05.09.2018, S 43

IW Institut der Deutschen Wirtschaft, IW Consult GmbH (2011) Zeitarbeit in Deutschland, Köln 2011, Arbeitsbericht vom 09.05.2011, als pdf veröffentlicht. www.iwkoeln.de/_storage/asset/63381/storage/master/file//29.pdf. Zugegriffen am 23.06.2013

JOB AG (2014) Unsere Geschäftsbereiche – für Unternehmen. http://www.job-ag.com/fuer-unternehmen/geschaeftsfelder/medical-care/unternehmen/index.php. Zugegriffen am 02.06.2014

Kennedy JF (1961) „Man on the moon-adress" vom 25.05.1961. www.homeofheroes.com/presidents/speeches/kennedy_space.html. Zugegriffen am 05.07.2012

Kewes T, Ensser M (2017) Angriff ist die beste Verteidigung. In: Handelsblatt, Nr. 216 vom 09.11.2017, S 14–15

Klimm L (2016) Headhunter im Ghetto. In: Süddeutsche Zeitung, Nr. 302 vom 30.12.2016, S 22

Kotler P et al (2007) Marketing-Management, 12. Aufl. Pearson Education, München

Kuhr D (2015) Die Frauenjägerinnen. In: Süddeutsche Zeitung, Nr. 258 vom 09.11.2015, S 46

Kummert T (2016) Heute Karlsruhe, morgen Weltreise. In: Süddeutsche Zeitung, Nr. 197 vom 26.08.2016, S 15

Kummert T (2018) Jagd auf die Headhunter, Beitrag vom 09.02.2018. www.faz.net/aktuell/beruf-chance/beruf/personalberater-und-start-ups-15428439.html. Zugegriffen am 12.02.2018

Kwasniewski N (2012) Lohndumping unter der 115, Beitrag vom 11.12.2012. www.spiegel.de/wirtschaft/soziales/berlin-betreibt-lohndumping-und-leiharbeit-bei-rufnummer-115-a-871134.html. Zugegriffen am 11.12.2012

Leendertsje J (2014) Neue Generation. Wirtschaftswoche, Nr. 4 vom 20.01.2014, S 70–78

Lemmer R (2014) Inselhopping in der Werkshalle. In: Wirtschaftswoche, Nr. 42 vom 13.10.2014, S 94–96

Lünendonk (Hrsg) (2013) Industrie überträgt mehr Entwicklungsvolumen an externe Dienstleister, Presseinformation vom 29.09.2013. www.luenendonk.de. Zugegriffen am 05.05.2014

Lünendonk (Hrsg) (2014) Führende Zeitarbeits- und Personaldienstleistungsunternehmen in Deutschland. Eigenverlag, Kaufbeuren. www.luenendonk.de. Zugegriffen am 27.12.2016

Macharzina K, Wolf J (2005) Unternehmensführung, 5. Aufl. Gabler, Wiesbaden

Malcher I (2012) Weil sie es können. Brand1 14(11):38–44

Malik F (2011) Strategie – Navigieren in der Komplexität der neuen Welt. Campus, Frankfurt am Main

Müller M (2011) Temporärarbeitals funktionierende Dreiecksbeziehung, Beitrag vom 14.12.2011. www.nzz.ch/aktuell/wirtschaft/uebersicht/temporaerarbeit-als-funktionierende-dreiecksbeziehung-1.13635959. Zugegriffen am 29.12.2013

Niedereichholz C (2004) Unternehmensberatung, Band I: Beratungsmarketing und Auftragsakquisition, 4. Aufl. Oldenbourg, München

o. V. (2012a) Streit mit Daimler-Betriebsrat wird schärfer, Artikel vom 14.10.2012. www.handelsblatt.com/unternehmen/industrie/kuerzung-fuer-s-klasse-streit-mit-daimler-betriebsrat-wird-schaerfer.html. Zugegriffen am 11.12.2012

o. V. (2012b) Streik der Flugbegleiter – Lufthansa will Leiharbeitern Festverträge anbieten, Beitrag vom 07.09.2012. www.ftd.de/unternehmen/:streik-der-flugbegleiter-lufthansa-will-leiharbeitern-festvertraege-anbieten/70087628.html. Zugegriffen am 29.12.2013

o. V. (2012c) „HR Process Outsourcing" – neue Wege in der HR-Administration, Beitrag vom 30.08.2012. www.hrtoday.ch/article/hr-process-outsourcing-neue-wege-der-hr-administration. Zugegriffen am 08.03.2013

o. V. (2012d) Zeitarbeitsbranche rechnet mit einem Einbruch, Beitrag vom 04.12.2012. www.handelsblatt.com/unternehmen/handel-dienstleister/umfrage-zeitarbeitsbranche-rechnet-mit-einem-einbruch/7473248.html. Zugegriffen am 05.05.2013

o. V. (2013a) Von der Leyen nimmt Amazon ins Visier, Beitrag vom 17.02.2013. www.handelsblatt.com/unternehmen/handel-dienstleister/arbeitsbedingungen-von-der-leyen-nimmt-amazon-ins-visier/7797150.html. Zugegriffen am 13.12.2013

o. V. (2013b) Headhunter bringen sich in Stellung, Beitrag vom 19.11.2013. www.wiwo.de/unternehmen/dienstleister/kampf-um-frauenkoepfe-headhunter-bringen-sich-in-stellung-/9095494.html. Zugegriffen am 13.12. 2013

Literatur

o. V. (2014) Konjunkturerholung bringt Adecco mehr Gewinn, Beitrag vom 12.03.2014. www.handelsblatt.com/unternehmen/handel-dienstleister/personaldienstleister-konjunkturerholung-bringt-adecco-mehr-gewinn/9604118.html. Zugegriffen am 05.01.2013

o. V. (2016a) Personalvermittler spürt die Brexit-Angst, Beitrag vom 10.05.2016 www.handelsblatt.com/unternehmen/dienstleister/adecco-personalvermittler-spuert-die-brexit-angst/904118.html. Zugegriffen am 25.05.2016

o. V (2016b) Ausleihen statt Komplettabgabe. Personalwirtsch 11:56–57

Overesch A, Haupt A (2019) Externe richtig integrieren. In: DGFP Personalführung, 52, 02.2019, S 46–50

Page Personnel (Hrsg) (2014) Qualifizierte Zeitarbeit – die flexible Personallösung für Ihr Unternehmen. www.pagepersonnel.de/content/qualifizierte-zeitarbeit-die-flexible-personallosung-ihr-unternehmen.html. Zugegriffen am 15.01.2014

Peter J (2015) Neue Chancen für IT-Spezialisten. Personalmagazin 9:58–59

Pollert D, Spieler S (2011) Die Arbeitnehmerüberlassung in der betrieblichen Praxis. Rehm, München

Porath G, Pichler M (2019) Bald coachen die Roboter. Wirtsch Weiterbild 1:18–23

Prahalad CK, Hamel G (1990) The core competence of the corporation. Harv Bus Rev 68(3):78–90

PWC PriceWaterhouseCoopers (Hrsg) (2018) Zeitarbeitsbranche boomt – und will sich weiter digitalisieren, Pressemeldung vom 21.06.2018. www.pwc.de/de/pressemitteilungen/2018/zeitarbeitsbranche-boomt-trotz-strengerer-regulierung.html. Zugegriffen am 21.12.2018

Schneider H (2013) Reformpolitik und institutioneller Wandel – neue Chancen für benachteiligte Gruppen auf dem Arbeitsmarkt? In: Hinte H, Zimmermann KF (Hrsg) Zeitenwende auf dem Arbeitsmarkt. BPB, Bonn, S 142–167

Schrader F (2013) Auf dem Weg zur Partnerschaft. Personalmag 5:62–63

Schröder E (2009) Pocket Business Zeitarbeit, 3. Aufl. Cornelsen Scriptor, Berlin

Schulte A (2014) Verträge mit Bumerang-Effekt. Handelsblatt, Nr. 40 vom 26.02.2014, S 48–49

Siemann C (2015) Die Such-Spezialisten. Personalwirtsch 8:38–43

Smolka M et al (2012) Auswirkungen auf andere Branchen – Autokrise wird zum Flächenbrand, Beitrag vom 06.11.2012. www.ftd.de/unternehmen/industrie/:auswirkungen-auf-andere-branchen.htm. Zugegriffen am 02.11.2013

Sommer S (2012) Headhunter haben Hochsaison in Deutschland, Beitrag vom 05.09.2012. www.manager-magazin.de/unternehmen/karriere/0,2828,853213,00.html. Zugegriffen am 13.12.2013

Spermann A (2013) Wandel und Stabilität der Arbeitswelt, als Randstad Discussion Paper No. 5 veröffentlicht, Eschborn 2013. www.randstad.de/polopoly_fs/1.290535!/download/downloadFile/pressepublikation-randstad-discussion-paper-2013-04.pdf.pdf. Zugegriffen am 29.12.2013

Steinmetz H, Scherl A (2012) Webselling. Data Becker, Düsseldorf

Steppan R (2012) Erstarkte Konkurrenz für Egon Zehnder. www.manager-magazin.de/unternehmen/karriere/0,2828,855913,00.html. Zugegriffen am 26.09.2012.

Straub R et al (2015) Wir leben Mittelstand. Personalmag 10:52–53

Vanselow A (2009) Entfesseln oder einhegen? Zeitarbeit in der Krise. In: IAQ-Report 2009-06. www.iaq.uni-due.de/iaq-report/2009/report2009-06.pdf. Zugegriffen am 12.12.2016.

Voss T (2015) Konzepte für den Mittelstand. Personalmag 8:56–57

Vossberg D (2003) Der Markt für Personaldienstleistungen – ökonomische Analyse von Angebot und Nachfrage. DUV Gabler, Frankfurt am Main

Weber S (2013) auf nach St. Petersburg. Süddeutsche Zeitung 21:18

Willenbrock H (2005) Die Putzerfische. Brand1 7:96–100

Wirtz BW (2013) Medien- und Internet-Management, 8. Aufl. Gabler, Wiesbaden

Die Marktbedingungen 3

Zusammenfassung

Marktorientierte Unternehmensführung beinhaltet eine Auseinandersetzung mit den Bedingungen am Markt. Das Unternehmen kann anhand verschiedener Marktforschungsinstrumente die Verhaltensweisen der Kunden erkennen und in ein Nachfragemodell überführen. Dabei kommt es darauf an, die Personen zu bestimmen, die eine Entscheidung beeinflussen oder herbei führen, und sich mit ihren konkreten Bedürfnissen auseinander zu setzen.

3.1 Die Aufgaben der Marktforschung

Der Begriff legt eindeutig nahe, dass es um die Erforschung der Bedingungen am Markt geht, um auf dieser Basis die Chancen und Risiken zu verstehen und besser den Erwartungen der Nachfrager gerecht zu werden. Dies umfasst insbesondere Informationen zu:

- Marktgröße und Marktentwicklung
- Struktur der Nachfrager (Größe der Unternehmen, besondere Charakteristika, …)
- Entscheidungskriterien der Nachfrager (z. B. Preisgestaltung, Angebotsmerkmale)
- Eigene Stellung im Wettbewerb
- Mögliche Konkurrenten und deren Stellung im Wettbewerb
- Regulatorische Eingriffe in den Markt und deren Einfluss auf die Ausgestaltung des Marktes, durch Gesetzgebung, Rechtsprechung oder auch durch Vereinbarungen zwischen Arbeitgeber(verbänden) und Gewerkschaften, wie z. B. Tarifverträge und Mindestlohnvereinbarungen (siehe am Beispiel Zeitarbeit die Darstellung bei Reufels et al. 2018, S. 31 ff.; Truchseß und Brandl 2014, S. 12 ff.; verkürzt auch bei Pollert und Spieler 2011, S. 12 ff., 71 ff.)

An Stelle von Vermutungen über Marktgegebenheiten treten gesicherte Erkenntnisse, die allerdings nach wissenschaftlich gesicherten Verfahren gewonnen und interpretiert werden sollten. Dabei zeigen sich gerade im Bereich der Beratungsunternehmen in den letzten Jahren vielfältige Veränderungen, die auch und gerade von beratend tätige Personaldienstleister immer stärkere Branchenvertrautheit und Flexibilität in der Leistungserstellung abverlangt (vgl. Kuntz 2014). Entsprechend wichtig werden sorgfältig aufbereitete Marktforschungsdaten und deren konsequente Interpretation.

Diese Erkenntnisse untermauern die strategischen Festlegungen und beeinflussen die operativen Maßnahmen, wie es auch in Abb. 3.1 im Marketing-Haus verdeutlicht wird:

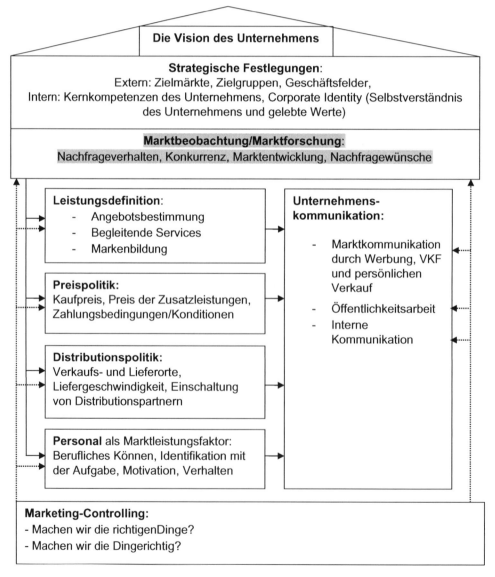

Abb. 3.1 Die Marktforschung im Marketing-Haus der Personaldienstleistung. (Quelle: eigene Erstellung)

Von betreibt man Marktforschung entsprechend der unternehmerischen Bedeutung mit Sorgfalt, systematisch und regelmäßig, um die eigenen Entscheidungen abzusichern.

3.2 Die Ansatzpunkte der Marktforschung

Marktforschung baut auf den im Markt zugänglichen Daten auf. Diese Datenquellen lassen sich schematisieren in:

- interne Datenquellen (Kundendaten, Daten aus eigenen Umfragen, ...)
- externe Datenquellen (Kunden, Konkurrenten, Experten, amtliche Statistik ...)

Interne Datenquellen stehen einem selbst zur Verfügung, ohne dass Dritte darauf Zugriff haben. Wie bereits erwähnt, sind dies insbesondere Kundendaten aller Art (Umsatzvolumina, Vorlieben und Abneigungen in der Nachfrage, Dauer der Kundenbeziehung, Zahlungsbereitschaft, ...) und Daten aus eigenen Umfragen. Diese Umfragen können durch eigenes Nachfragen bei Kunden und potenziellen Kunden ebenso gewonnen werden wie durch die Beauftragung von Marktforschungsinstituten oder auch die Zusammenarbeit mit Hochschulen. Neben der Vertraulichkeit sind der schnelle Zugriff und die Möglichkeit zur individuellen Konfigurierung bzw. Strukturierung als Pluspunkte zu sehen. Allerdings fehlt hierbei oftmals der Abgleich mit anderen Daten, so dass man selten sicher sein kann, dass die intern vorhandenen Daten tatsächlich den Marktgegebenheiten in toto entsprechen. Von daher empfiehlt es sich, auch externe Datenquellen heran zu ziehen, wie z. B. Branchendaten der Branchenverbände oder der Statistischen Ämter oder der Arbeitsverwaltung. Diese externen Daten sind in der Regel relativ preiswert erhältlich, stehen aber nicht immer mit der gewünschten Aktualität und Qualität zur Verfügung. Von daher liegt ein näherer Blick auf die Erhebungs- und Auswertungsarten nahe.

Je nach Art der Datengewinnung gibt es (siehe auch Homburg und Krohmer 2006, S. 250 ff.):

- die Primärforschung, als eigene Erhebung bzw. als direkter und exklusiver Auftrag an ein Marktforschungs-Institut); die Qualität dieser Daten lässt sich selbst kontrollieren und wird einem in der Regel exklusiv zur Verfügung stehen, kann aber auch mit einem hohen Aufwand in der Erhebung und Auswertung verbunden sein;
- die Sekundärforschung, als Auswertung bereits vorhandener, öffentlich zugänglicher Daten, z. B. Branchenstudien von Verbänden, Beratern und Banken, ebenso die amtliche Statistik des Statistischen Ämter, der Agentur für Arbeit u. ä., ...); hierbei sollte man den Hintergrund kennen, da Daten aus Gewerkschaftshand oder aus arbeitgebernahen Einrichtungen mit hoher Wahrscheinlichkeit andere Interessen spiegeln als die Daten von amtlichen Einrichtungen und zudem auch immer das Alter der Erhebung und die verwendeten Auswertungsmethoden beachtet werden sollten. Man kann davon ausgehen, dass zwischen Datenerhebung, Auswertung und Publikation der Ergebnisse

ein bis zwei Jahre vergehen, so dass 2012 veröffentlichte Daten in der Regel Zustände der Jahre 2010 oder 2011 spiegeln.

Zudem liegt ein näherer Blick auf das Erhebungsverfahren nahe:

- qualitative Studien sind Untersuchungen, die mit wenigen Probanden tiefer gehende Fragen behandeln, um über völlig unbekannte Felder erstmalig Informationen zu gewinnen oder aber bei statistisch nachgewiesenen Fakten die konkreten Hintergründe zu diesen Fakten aufzuklären, wobei aufgrund der regelmäßig geringen Fallzahlen kaum Repräsentativität gelten kann;
- quantitative Studien sind Auswertungen, bei denen viele Probanden in möglichst repräsentativer Zusammensetzung einen standardisierten Fragebogen bearbeiten und die Antworten regelmäßig zur EDV-technischen Auswertung heran gezogen werden können, wobei die Stärke dieses Verfahrens in der quantitativen Beschreibung eines bestimmten Marktes und der im Vergleich zu qualitativen Verfahren hohen Durchführungs- und Auswertungsgeschwindigkeit liegen. Hier sollten die Studien genau darlegen, wie sich die Stichprobe zusammen setzt und in welcher Form die Fragen gestellt und ausgewertet wurden.

Sinnvollerweise wird man also bei der Betrachtung verfügbarer Marktdaten immer mit einigen Prüffragen die Verlässlichkeit der angebotenen Daten analysieren:

- welches Alter weist die Studie auf (sollte maximal 3–4 Jahre betragen)
- gab es besondere Einflüsse seit der Erhebung (z. B. Konjunkturdellen, gesetzliche oder Technologieveränderungen in der Branche)
- erkennt man ein besonderes Interesse des Durchführenden (z. B. Branchenverband oder Gewerkschaft, die damit eigene Positionen untermauern wollen)
- wie wurden die Befragten („Probanden") ausgewählt, ist damit eine Repräsentativität gegeben?
- Wie umfangreich ist die Stichprobe, wie setzt sie sich anhand der soziodemografischen Daten wie Alter, Wohnort, Ausbildungsstand, Beschäftigungsart etc. zusammen, und wie wurde sie gebildet?
- Welches Vorgehen wurde bei der Befragung und Auswertung gewählt, und ist dieses sachgerecht?

Keine Studie wird allen Wünschen gerecht werden, zumal auch wirtschaftliche Aspekte zu beachten sind, d. h. ein angemessenes Verhältnis von Aufwand zu Informationsertrag. Von daher sollte man auf ein hinreichendes Qualitätsniveau achten und die eigene Interpretation auf die Auswertung möglichst mehrerer Datenquellen stützen. Die solchermaßen gewonnenen Daten können dann in das Basismodell der Nachfrage integriert und zu konkreten Aussagen geformt werden. Zudem liegen von bestimmten Institutionen wie dem Institut für Arbeitsmarkt- und Berufsforschung der Bundesagentur für Arbeit, dem gewerkschaftsnahen Wirtschafts- und Sozialwissenschaftlichen Institut oder auch dem arbeitgebernahen Institut für Wirtschaftsforschung (siehe beispielhaft IW 2011) immer wieder interessante Forschungsberichte vor, die quantitative Statistiken mit Expertenmeinungen verbinden. Bringt man dabei die Interessen der editierenden Organisationen in Anschlag, kann man aus derartigen Expertisen in der Regel sehr interessante Ergebnisse ziehen.

3.3 Die Nachfrage im Modell

Unabhängig von konkreten Nachfragevolumina und zeitlichen Abfolgen bestimmter Nachfrageentscheidungen können idealtypische Modelle gebildet werden, die die Struktur der Nachfrageentscheidung abbilden. Sie dienen dazu, Ansatzpunkte für die Beeinflussung der Nachfrageentscheidung zu finden und darauf aufbauend das eigene Angebot nutzenoptimal darzustellen. Das Wort „Beeinflussung" kann negativ verstanden werden im Sinne eines Manipulierens und Überredens zu einer wenig vorteilhaften Alternative. Allerdings sollte man sich darüber im klaren sein, dass Einfluss auch auf einer fairen Ebene ausgeübt werden kann, durch Austausch von Sachargumenten, Stellen von angemessenen Fragen zum konkreten Kundenwunsch und Erarbeitung von Problemlösungsmöglichkeiten. Personaldienstleistungen finden meist im b2b-Bereich statt, mit sachkundigen Verhandlungspartnern, so dass sich hier zweifelhafte Angebote in der Regel von selbst verbieten bzw. relativ schnell am Markt von Dritten kommuniziert werden und damit aus dem Markt ausschließen werden (siehe auch Homburg und Krohmer 2006, S. 104 ff., 1055 ff.). Im Umgang mit Arbeitnehmern also bei den Personaldienstleistungen für Arbeitnehmer und dem Arbeitsplatzangebot in der Zeitarbeit, hingegen sollte das Wort Fairness und Anstand besonders ernst genommen werden. Arbeitnehmer sind Einzelschicksale und weisen nicht immer ebenbürtige Marktkenntnisse auf. Verantwortungsbewusste Personaldienstleister sind hier gefordert, neben Wirtschaftlichkeitsaspekten auch Menschlichkeit i. S. v. Fairness zu wahren (siehe auch DGFP 2011, S. 18 ff.).

Das Nachfragegrundmodell als SOR-Schema (Stimulus-Organismus-Response) geht davon aus, dass ein Nachfrager sich mehreren verschiedenen Angeboten (z. B. verschiedene Personaldienstleister) ausgesetzt sieht. Dabei kann der Anbieter neben der eigenen Kernleistung (z. B. schnellere Personalbeschaffung bei Personalberatung bzw. Zeitarbeit; Lösung eines Konflikts bei einer Mediation) auch spezifische Zusatznutzen darstellen, die einen Vorteil gegenüber dem Wettbewerb bzw. eine besonders umfassende Problemlösungskompetenz darstellen. Im Fall einer externen Personalbeschaffung durch Personalberatung bzw. Zeitarbeit kann der Anbieter seine Expertise als unabhängiger Dritter hervorheben, was eine zusätzliche Entscheidungssicherheit für den Nachfrager darstellt. Im Fall einer Mediation können neben den kurzfristigen Aspekten der Konfliktlösung auch längerfristig wirksame Nutzenaspekte wie eine verbesserte betriebliche Gesundheitslage durch die nachhaltige Auflösung von Konfliktursachen wirken (siehe hierzu Heilmann 2015, S. 50 f.). Der Nachfrager evaluiert die angebotenen Alternativen und wird anhand von Kriterien wie vorhandener Bedürfnisse, Sachkenntnisse zum erforderlichen Dienstleistungsangebot, bisheriger Erfahrungen mit diesen oder vergleichbaren Anbietern, verfügbarer Budgets, Zeitvorgaben (die Dringlichkeiten schaffen) und weiterer Überlegungen (siehe auch DGFP 2011, S. 17). Anhand der angebotenen Dienstleistungen und ihrer spezifischen Merkmale wird der Nachfrager seine Entscheidung treffen, die sich beim Anbieter als einmaliger oder wiederholter Kaufakt und vielleicht auch als Weiterempfehlung oder auch Beschwerde äußert. Abschn. 3.2 skizziert diese grundsätzlichen Überlegungen (Abb. 3.2).

Personaldienstleistungen werden überwiegend von Unternehmen und anderen institutionellen Nachfragern eingekauft. In den einschlägigen Lehrwerken (z. B. Backhaus und Voeth 2009, S. 120 ff.; Kotler et al. 2007, S. 315 ff.) wird dazu auf eine besondere Einkaufsstruktur hingewiesen, das sog. „Buying Center" oder „Einkaufsgremium" (vgl. Homburg und Krohmer 2006, S. 1061; zum Einkauf von Beratungsleistungen siehe Niedereichholz 2004, S. 175 ff.). Dadurch wird hier auch vom „organisationalen Einkauf" (Kotler et al. 2007, S. 313) gesprochen. Das Einkaufsgremium, wie es in der nachfolgenden Abb. 3.3 schematisiert gezeigt wird, setzt sich aus verschiedenen Vertreter der diversen involvierten Abteilungen (z. B. Personalabteilung, Geschäftsleitung, Fachabteilung), das in der Regel auf der Basis sachlogisch gebildeterer Entscheidungskataloge arbeitet (siehe hierzu auch Wegerich 2008, S. 311 ff.) und die einzelnen Beteiligten auch in zeitlicher Abfolge mehr oder weniger stark involviert. Für Personaldienstleistungen sind dies, neben der Geschäftsleitung, Personalreferenten bzw. -leiter, Recruiter, Abteilungsleiter der Fachabteilungen, in denen der Bedarf besteht, Betriebsräte und oft genug auch eine Einkaufsabteilung (vgl. Truchseß und Brandl 2014, S. 19 ff.).

Besonders hervorzuheben ist die rationale Entscheidungsfindung in einem Buying Center. Die Einkaufsregeln der meisten Unternehmen geben zu Entscheidungsprozessen

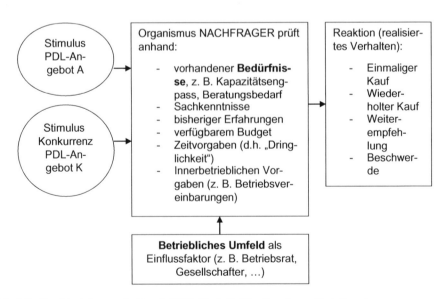

Abb. 3.2 Das Nachfrageverhaltenals SOR-Modell. (Quelle: eigene Erstellung)

3.3 Die Nachfrage im Modell

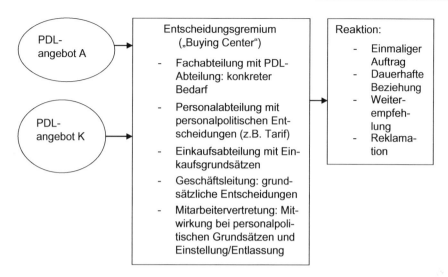

Abb. 3.3 Das Entscheidungsverhalten im b2b-Bereich. (Quelle: eigene Erstellung)

genaue Verfahrensweisen, z. B. durch Checklisten, vor. Es ist daher Aufgabe des Unternehmens, diese Einkaufsregeln zu erfahren und das eigene Angebot auf die Entscheidungskriterien abzustellen, wie sie z. B. im Rahmen der Zeitarbeit in allgemeiner Form bei Gutmann und Kilian (2011, S. 150 ff.) vorgestellt werden. Unternehmensvertreter der Personaldienstleistung machen dabei immer wieder die Erfahrung, dass insbesondere aufgrund der sehr komplexen rechtlichen Regelungen zur Zeitarbeit oder zur Beachtung des Antidiskriminierungsrechts eine umfängliche Absicherung nach arbeits- und zeitarbeitrechtlichen Gesichtspunkten gefordert wird. Dass dies im Einzelfall – hier ist an das Urteil gegen einen Personalberater vom 08.05.2014 des OLG Frankfurt/Main (Az. 16 U 176/13) zu erinnern – auch einmal anders ausgehen kann, sei hier nur der Vollständigkeit zuliebe erwähnt.

Nicht definiert ist dabei der Zeitpunkt, zu dem die einzelnen Mitglieder des Einkaufsgremiums in die Nachfrageentscheidung eingreifen und wie weit die einzelnen Beteiligten sich einbringen, mit Ratschlägen, Erfahrungen aus eigener Anwendung bzw. Anforderungen zur Anwendung, Zuweisung von Geldbudgets etc. Von daher liegt eine Analyse nach dem Muster in Abb. 3.4 nahe.

Teilweise kann die Einkaufsabteilung noch ergänzt werden durch einen Justiziar bzw. eine Rechtsabteilung, die Verträge auf die rechtliche Ausgestaltung hin überprüft und dabei insbesondere auf eine Gestaltung entsprechend der gesetzgeberischen Vorgaben drängen wird. Bei Unternehmen mit Anbindung an US-amerikanische Konzerne wird man zudem oft Bestimmungen finden, die auf Spezifika des US-amerikanischen Rechts Bezug nimmt, um hier eine mögliche Schadenersatzklage vor einem nordamerikanischen Gericht zu vermeiden. Eine Analyse des Einkaufsgremiums nach dem in Abb. 3.4 gezeigten Muster verlangt vom PDL-Unternehmen eine gute Vertrautheit mit dem Kunden. Diese Vertrautheit kann man durch längerfristige Kundenbeziehungen erwerben, konkrete Nachfragen beim Unter-

Beteiligte Abteilung (ggf. konkreter Ansprechpartner)	Art der Beteiligung	Zeitpunkt der Beteiligung	Geeignete Marketing-Maßnahmen (im Sinne des Marketing-Mixes nach Kapitel 4)
Personalabteilung	Vorauswahl unter Anbietern, Auftragserteilung zusammen mit Einkaufabteilung	Im gesamten Prozess	Angebotspolitik Preispolitik Kommunikationspolitik
Fachabteilung	Definition des konkreten Beratungsbedarfs	Auslöser des Bedarfs und Mitwirkung bei Angebotsauswahl	Angebotspolitik Distributionspolitik Kommunikationspolitik
Einkaufsabteilung	Grundsätze des Einkaufs, Einkaufs- und Zahlungsfreigabe	Vor dem Prozess und zum Abschluss des Prozesses	Preispolitik Angebotspolitik
Geschäftsleitung	Grundsätze der Beauftragung	Vor dem Prozess	Kommunikationspolitik

Abb. 3.4 Beteiligte am Einkaufsgremium und Beteiligungsform (Beispiel Personalberatung). (Quelle: eigene Erstellung)

nehmen (z. B. im Rahmen von Akquisitionsgesprächen) und durch eine Verfolgung der allgemeinen Marktverhältnisse in der jeweiligen Branche, z. B. durch Beteiligung an Branchenveranstaltungen (Kongresse, Fortbildungsveranstaltungen, Messen etc.). Eine nähere Auseinandersetzung mit den Kundenerwartungen bietet sich daher an.

3.4 Die Kundenerwartungen

Kundenerwartungen sind Überlegungen des Kunden hinsichtlich des eigenen Bedarfs und den Möglichkeiten des Anbieters, diesen Bedarf tatsächlich abzudecken. Vorrangig geht es dabei um eine bestimmte Leistungsqualität, zu einem vertretbaren Preis. Es muss dabei beiden Seiten klar sein, dass es nicht um ein in jeder Hinsicht optimales Angebot geht, sondern um ein Angebot, das die wesentlichen Leistungskriterien aus Nachfragersicht abdeckt, in einem zumutbaren Zeitfenster abgewickelt wird und ein insgesamt stimmiges Preis-Leistungs-Verhältnis aufweist. Die Kundenerwartungen umfassen beispielhaft bei Personalberatern insbesondere (siehe auch die Befragungen bei Wegerich 2008, S. 325 ff.; Öhlerking 2014, S. 59 ff.):

- Eine Vertrautheit mit der Branche des Auftraggebers und eine sorgfältige Analyse des konkreten Kundenbedarfs
- Einen ausreichenden Lieferumfang (z. B. eine angemessene Anzahl an Bewerbervorschlägen oder Leiharbeitnehmern, ein umfassendes Beratungsprogramm)

3.4 Die Kundenerwartungen

- Einen sinnvollen Lieferzeitpunkt (Lieferung rechtzeitig zum Zeitpunkt des Bedarfs), bei dringenden bzw. überraschenden Vakanzen, wie z. B. einem plötzlichen Todesfall an erfolgskritischen Stellen, auch „Schnelligkeit")
- Die vereinbarten Lieferinhalte (eine Lieferung entsprechend des Dienstleistungs-Vertrags)
- Services (Hilfestellungen rund um das Kernangebot)
- Lieferbeständigkeit (bei wiederholten Lieferungen)
- Ein plausibler Angebotspreis – die Honorarstruktur ist im Bereich Personalberatung ebenso ein Thema (vgl. Wegerich 2008, S. 304 ff.) wie in der Zeitarbeit

Im Bereich von Top-Level-Personalberatungen kann dies sogar auf drei wesentliche Kriterien verdichtet werden (vgl. Stephan 2014, S. 49):

- Vertraulichkeit in der Zusammenarbeit (Diskretion)
- Sicherheit in der Auftragserfüllung, im Sinne von „die richtigen Führungskräfte auswählen, die sich auch in der neuen Aufgabenstellung bewähren"
- Unterstützung, v. a. bei Überlastung

Der Aspekt „richtige Führungskräfte auswählen" bedarf hier einer näheren Betrachtung. Der Einkauf leitender Angestellter ist in der Regel von hohen Vertrauensmerkmalen getragen. Dieser Person werden weitreichende Befugnisse und Verantwortlichkeiten für die Zukunft des Unternehmens übertragen, in Form von Investitionsentscheidungen, Budgets, zugewiesenen Mitarbeitern und Kunden etc. Damit ein Anstellungsträger dieses Vertrauen aufbringen kann, werden bestimmte Signale ausgewertet, z. B. bisher nachgewiesene Berufserfolge, Ausbildungen, Erfahrungen etc. Allerdings sind dies immer ex-post-Signale, die aber eine hohe Vorhersagegüte für die Zukunft besitzen sollen. Das Einschalten eines neutralen Dritten kann das Aufbringen von Vertrauen deutlich erhöhen, da man sich auf die Expertise und die relativ rationale Zugangsweise des externen Experten bezieht.

Vergleichbar sind auch andere Personalberatungsleistungen durch einen hohen Grad an Unsicherheit gekennzeichnet und verlangen eine entsprechende Risikobereitschaft seitens des Nachfragers, z. B. im Bereich Coaching. Hier kann man zwar anhand von Qualitätssiegeln, Erfahrungen und Ausbildungsnachweisen sowie Referenzen bzw. Weiterempfehlungen eine gewisse Vorabbewertung vornehmen. Allerdings wird der Kommunikationsstil und die zielsichere Arbeitsweise erst nach einigen Sitzungen feststehen und damit nur eingeschränkt vorab zu beurteilen sein (vgl. Winter und Kuntz 2016, S. 48 f.).

Analog zu den Kundenerwartungen bei Personalberatungen kann man für die Zeitarbeit als Kundenerwartungen definieren (vgl. Bornewasser und Lehmann 2012, S. 34; ähnlich Truchseß und Brandl 2014, S. 12 ff.; Grund et al. 2015, S. 163; Haller und Jahn 2014, S. 1 f.; Kirchner 2014, S. 322 ff.; PagePersonnel 2014, S. 6 f.):

- Den Ausgleich von Nachfrageschwankungen
- Die Gewinnung von Personal (durch Übernahme aus dem Zeitarbeitsverhältnis, nach entsprechender Probe)
- Der Abbau kurzfristiger Personalengpässe
- Die Vermeidung eines Beschäftigungsrisikos, aufgrund schwankender oder unsicherer Konjunkturverläufe
- Die Entlastung der Personalabteilung
- Der Gewinn zusätzlicher Kompetenzen
- Die Senkung von Lohnkosten
- Ergänzend auch – nach Erfahrung vieler Zeitarbeitsunternehmen – die Zusammenarbeit auf einer sicheren Kenntnis des Arbeits- und Zeitarbeitsrechts, zur Vermeidung von arbeitsrechtlichen Auseinandersetzungen und dem damit verbundenen wirtschaftlichen und Beschäftigungsrisikos
- Die Vorlage von Zertifikaten (z. B. nach ISO 9000 oder AZAV), als Ausweis qualitativ hochwertiger und verlässlicher Arbeitsweisen

Des Weiteren können auch gegebenenfalls bereit stehende Alternativen, z. B. bei der Zeitarbeit auch der Abschluss von Werkverträgen oder befristeten Arbeitsverhältnissen in die Evaluierung des Kunden eingehen.

Ähnliches ergab eine Studie des Beratungsunternehmens GESS in Zusammenarbeit mit der Interessensgemeinschaft Zeitarbeit, für den Bereich der Arbeitnehmerüberlassung. Sie benennt als die vier wesentlichen Kategorien eines „guten Personaldienstleisters" (IGZ und GESS 2013):

- Kundenantizipation – Der Personaldienstleister als Vordenker und Agent des Kunden
- Kundenpflege – Betreuung vor, während und nach der Nachfrageentscheidung
- Professionalität – korrekter Ablauf und professionelle Erbringung der Dienste
- Fairness/Ethik/Preistransparenz – ein gesellschaftlich akzeptierter Geschäftspartner

Derartige Stichwörter sind in geeigneter Form zu operationalisieren. Kundenantizipation kann z. B. durch einen engen Kontakt mit Kundenunternehmen ebenso erfolgen wie durch eine strukturierte und systematische Auswertung aller Anfragen und Aufträge oder eine sorgfältige Beobachtung der gesetzlichen und konjunkturellen Entwicklungen am Markt. Kundenpflege kann je nach Vorstellung des einzelnen Kunden einen sehr engen Austausch bedeuten, auch jenseits von offiziellen Anfragen oder Terminen. Sie kann aber auch die Entwicklung neuer Dienstleistungen bedeuten, die auf Kundenwünsche proaktiv eingeht.

Bereits 2008 untersuchte das Marktforschungsinstitut TNS Emnid für den Zeitarbeitsverband IG Zeitarbeit die Gründe für die Beauftragung von Leiharbeit. Dabei waren zentral (TNS Emnid 2008, S. 6 ff.; ähnliches findet sich auch in neueren Umfragen: Bouncken et al. 2012, S. 29; Felder 2015, S. 82–84; Kirchner 2014, S. 321 ff.):

3.4 Die Kundenerwartungen

1. Der Ausgleich kurzfristiger Personalausfälle
2. Der Ausgleich von Produktions- und Auftragsschwankungen
3. Strategische Gesichtspunkte zur flexiblen Personalplanung
4. Der Einsatz von externen Fachkräften für Projekte
5. Und – relativ nachrangig – der Wunsch, Personalkosten einzusparen

Auch bei Outsourcing-Dienstleistungen im Bereich der Personalverwaltung sind inzwischen die Qualitätserwartungen bekannt. Zentral sind dabei (vgl. Zscheile 2014, S. 55–57; ergänzend Ennemoser 2016, S. 59 ff.):

- Zertifizierte Rechenzentren, als Qualitätsausweis
- Verschlüsselter Datenzugriff, mit Rücksicht auf die hohen Anforderungen an den Datenschutz bei Personaldaten
- Kontinuierliche Datensicherung und zusätzliche Absicherungen
- Möglichst auch Referenzkunden, als weiterer Qualitätsausweis
- Nicht zuletzt ein umfangreiches Angebotsportfolio zu allen Fragen der Personaladministration

Zentral ist in allen Feldern die Erwartung des Kunden, die Dienstleistungen des Anbieters lassen sich problemlos in das Unternehmen des Auftraggebers integrieren und bieten eine „Problemlösung". Dabei müssen sowohl die typischen Arbeitsprozesse des Kunden beachtet werden als auch die Mentalität bzw. Unternehmenskultur des Kunden (siehe auch Wagner und Walzner 2018, S. 11 ff.). Outsourcing-Partner, die sich insbesondere im Bereich Lohn und Gehalt als unzuverlässig oder unkundig bezüglich gesetzlicher Anforderungen erweisen, scheiden schnell als Geschäftspartner aus (vgl. Gertz 2015, S. 24 f.).

Es liegt daher nahe, Qualitätsmerkmale zu definieren, die den Dienstleistungsprozess strukturieren und standardisieren und damit sowohl für den Personaldienstleister als auch für seinen Kunden verlässliche Eckpunkte für die Zusammenarbeit liefert. Qualitätsstandards helfen also beiden Marktpartnern, eine reibungsarme Zusammenarbeit zu organisieren und strittige Fragen anhand der definierten Qualitätsmerkmale zu klären. Diese Qualitätsmerkmale können z. B. sein:

- Prozessqualitäten (Zeit zwischen Anfrage und Angebotserstellung, Zeit zwischen Auftragsvereinbarung und Durchführung der Leistung, fehlerfreie Lieferung von Unterlagen bzw. Zeit zwischen Fehlermeldung und Fehlerkorrektur)
- Ergebnisqualitäten (Bereitstellung von vereinbarten Personal mit vereinbarten Qualifikationen, wie z. B. Ausbildungsniveau, Berufserfahrung; in der petrochemischen Industrie auch besondere Nachweise wie SSP/SCP, die als Sicherheits- und Sachkundenachweis unabdingbar sind für den Zugang zu Betrieben)
- Preisqualitäten (Einhalten eines vereinbarten Preisrahmens, Zahlungsmodelle und Zahlungsziele)

Mit diesen Qualitätsversprechen kann der Anbieter auf drei verschiedene Momente der Unsicherheit des Nachfragers reagieren (vgl. Wagner und Walzner 2018, S. 11–13; zur Bedeutung von Qualitätsgarantien und – siegeln siehe auch Abschn. 4.2):

- Unsicherheiten bezüglich der Leistungsqualität vor Vertragsabschluss (kennt sich der Anbieter in meiner Branche wirklich aus? Versteht der Anbieter mein Problem? Wird der Anbieter seine Leistung tatsächlich entsprechend Angebot liefern?), bei denen mit Garantieren und Gütesiegeln aller Art ebenso gearbeitet werden kann wie mit Referenzen, preisreduzierten oder kostenfreien Arbeitsproben und Einblicke in das Unternehmen des Anbieters
- Unsicherheiten während der Interaktion, erfahrbar als Unterschied zwischen dem Leistungsversprechen und der tatsächlichen Leistung (z. B. Termintreue bei längerfristiger Zusammenarbeit), erfahrbar über Messzahlen und regelmäßigen Vergleichsterminen
- Unsicherheiten nach der Zusammenarbeit, z. B. bezüglich der Leistungsqualität (Beispiel: bleibt eine durch Personalberater vermittelte Führungskraft länger im Unternehmen? Wirbt der Personalberater andere Führungskräfte ab?) und weiterer Elemente (z. B. diskreter Umgang mit vertraulichen Informationen), was z. B. über Vertragsstrafen oder Zahlungsmodelle mit verzögerter Auszahlung der Schlusszahlung abgefedert werden kann.

Der guten Ordnung halber wird man aber auch als Anbieter sich einigen Unsicherheiten ausgesetzt sehen, z. B. der Frage, ob der Auftraggeber die vereinbarten Zahlungen pünktlich leistet oder ob er vereinbarte Leistungsschritte mitten in der Interaktion aussetzt oder gar die Interaktion beendet und damit Umsatzanteile ausbleiben. Auch hier wird man am sinnvollsten mit geeigneten Zahlungsmodellen (Anzahlung bei Auftragserteilung etc.) arbeiten können. Weitere vertragliche Regelungen wie Schadenersatzpflichten aus unerlaubter Handlung etc. wird man immer einschließen. Allerdings ist ihr praktischer Nutzwert in der Regel überschaubar, da ihre gerichtliche Verfolgung Zeit und zusätzliche Kosten verursacht.

Bei Dienstleistungen wird damit ein ausführlicher Prüfprozess in Gang gesetzt, der vielfältige Quellen für Qualitätsstörungen bietet und demzufolge vom Anbieter beständig verfolgt werden sollte. Ein relativ alter, aber inzwischen auch umfänglich bewährter Prüfprozess nach Parasuraman et al. (1985; siehe auch Homburg und Krohmer 2006, S. 980 ff.) basiert auf den fünf Fehlerquellen bzw. „Gaps":

- Unterschiede zwischen Kundenerwartungen und Wahrnehmung durch den Anbieter, womit ein falsch verstandenes Kundenanliegen aufgenommen wird
- (betriebsinterne) Unterschiede zwischen den aufgenommenen Kundenerwartungen und der konkreten Umsetzung in ein bestimmtes Leistungsprogramm
- Intern verursachte Unterschiede zwischen dem definierten Leistungsprogramm und der tatsächlich erfüllten Leistung

- Unterschiede zwischen der Leistungsqualität und der dazu erfolgenden Kommunikation zwischen Anbieter und Kunde (z. B. Kommunikation zu einzelnen Leistungsparametern oder Ersatzangeboten)
- Unterschiede zwischen dem erwarteten und dem tatsächlich erlebten Service

Es wird erkennbar, dass gerade bei Dienstleistungen, die einen hohen Grad an Immaterialität und individueller Interaktion aufweisen, die Fehlerquellen beträchtlich sein können. Andererseits lassen sich gerade in individuell geprägten Dienstleistungen wie den beratenden Personaldienstleistungen keine Fertigungsnormen wie für industrielle Produkte vorsehen. Von daher ist es sinnvoll, für jeden Prozess Mindeststandards festzulegen und situativ zulässige Abweichungen zuzulassen. Bei Bedarf kann man diese z. B. in einem Beratungsbericht dokumentieren und erläutern, womit sie für beide Seiten transparent gestaltet werden.

Zudem kommen bezüglich der Qualitätserwartungen des Nachfragers noch weitere Nutzwertgedanken zum Tragen, insbesondere:

- Sparen die outgesorcten Prozesse tatsächlich Kosten?
- Bringen die outgesorcten Prozesse bessere Ergebnisse, wie z. B. eine bessere Bewerberlage, wie es eine Lünendonk-Studie von 2012 nahe legt (vgl. Lünendonk 2012)
- Können die outgesorcten Prozesse aus rechtlichen Gründen sinnvoller sein? Die Direktansprache von Bewerbern kann für Konkurrenzunternehmen ein Verstoß gegen das Wettbewerbsrecht sein, hingegen für einen Personalberater zulässig, was durchaus ein wichtiger Aspekt sein wird.

Die umfassende Beschäftigung mit den Marktgegebenheiten und den Entscheidungskriterien der Nachfrager liegt daher nahe. Daraus lässt sich seitens des Personaldienstleistungsunternehmens eine entsprechende Angebotsstruktur definieren und dem möglichen Auftraggeber geeignet vermitteln, was in Kap. 4 zu vertiefen ist.

3.5 Die Erwartungen von Arbeitnehmern an Personaldienstleistungen

Arbeitnehmer sind in verschiedenen Bereichen Kunden von Personaldienstleistungen. Teilweise nehmen sie Beratungsdienste in Anspruch (z. B. bei Coaching und Karriereberatung), teilweise nehmen sie die Mittlerfunktion zwischen ihnen und dem Arbeitsmarkt (v. a. bei Personalvermittlung und Zeitarbeit) wahr. Dabei gehen insbesondere folgende Punkte in die Evaluation ein:

- Sicherheit/Wahrscheinlichkeit einer zufriedenstellenden Dienstleistung
- Erwartete eigene Beiträge (v. a. Kosten der Dienstleistung)

- Gestaltung der Interaktion zwischen Arbeitnehmer und dem Personaldienstleister (Freundlichkeit/wertschätzende Gesprächsatmosphäre)
- Expertise und Renommee des Anbieters (allgemeines Image, Referenzen und Empfehlungen)

Speziell bei Arbeitnehmern in der Zeitarbeit können die Erwartungen auf einen Punkt fokussiert werden. Es geht ihnen um das Finden einer Stelle, die sie inhaltlich und entgeltmäßig zufrieden stellt, zumeist in Verbindung mit der Überführung in eine Festanstellung bei einem Unternehmen. Entsprechend hoch ist die Zufriedenheit mit Zeitarbeit v. a. bei Personen, die aus der Arbeitslosigkeit heraus rekrutiert wurden und die Perspektive auf eine Festanstellung haben bzw. tatsächlich auf diesem Weg in eine Festanstellung kamen. Umgekehrt ist die Zufriedenheit immer dann besonders niedrig, wenn Personen aus einer Festanstellung heraus in die Zeitarbeit kamen und dies als Verschlechterung ihrer Situation begreifen (vgl. Grund et al. 2015, S. 155 ff.).

Entsprechend kann also ein Zeitarbeitsunternehmen die Zufriedenheit der Arbeitnehmer dadurch steigern, dass es interessante Einsatzunternehmen akquiriert und die Zeitarbeitnehmer durch Personalentwicklung und persönliche Betreuung so begleitet, dass eine Übernahme relativ wahrscheinlich wird.

3.6 Einige ausgewählte Marktdaten zum Markt der Personaldienstleistungen

Abschließend zu diesem Kapitel lassen sich noch einige Rahmendaten zum Markt der Personaldienstleistungen aufführen. Der Markt der Personaldienstleistungen kann als ein zweiseitiger Markt bezeichnet werden, mit den Arbeitgebern auf der einen Seite und den Arbeitnehmern als Vermittlungskandidaten bzw. Beratungskunden auf der anderen Seite. Damit ergeben sich gewisse Ähnlichkeiten zu anderen Märkten wie dem Medienmarkt (Publikums- und Werbemarkt), dem Markt der Finanzdienstleistungen (Aktiv- und Passivgeschäft) oder den Messen (Aussteller und Besucher).

Nüchterne Zahlen allein werden kaum den Markt in toto abbilden können. Einige statistische Zahlen können zumindest die hohe Bedeutung von Personaldienstleistungen für den Arbeitsmarkt und das HR-Management belegen und zudem einen ersten Einblick in die Nachfragebedingungen geben.

- Das Statistische Bundesamt geht – auf Deutschland bezogen – für die Jahresmitte 2018 von ca. 1.012.000 Arbeitnehmern in der Personaldienstleistung aus, davon sind ca. 812.000 Beschäftigte der klassischen Arbeitnehmerüberlassung zuzurechnen (vgl. Statistisches Bundesamt 2018), für 2005 wurden dazu im Vergleich ca. 400.000 Zeitarbeitnehmer gezählt (vgl. Willenbrock 2005, S. 96); zur Jahresmitte 2009 schon knapp 600.000 Beschäftigte (Statistisches Bundesamt und Wissenschaftszentrum 2011, S. 100 f.);

3.6 Einige ausgewählte Marktdaten zum Markt der Personaldienstleistungen

- Ca. 2,3 % der bundesdeutschen Arbeitnehmer über 25 Jahren sind demzufolge Zeitarbeiternehmer, wobei der „typische" Zeitarbeitnehmer ein Mann mittleren Alters ist – 65 % der Zeitarbeitnehmer sind männlich (vgl. Statistisches Bundesamt 2011);
- Für Österreich werden derzeit ca. 91.400 Arbeitnehmer in der Zeitarbeit gezählt (vgl. BAP 2018a, S. 6 ff.), entsprechend ca. 2,5 % von insgesamt ca. 4 Mio. Beschäftigten
- Für die Schweiz werden für 2011 – die anscheinend aktuellesten Zahlen – ca. 83.000 Arbeitnehmer in der Temporärarbeit genannt, was einem Anteil von 2,3 % an allen Beschäftigten entspricht; hierbei stellen die ausländischen Arbeitnehmer fast zwei Drittel der Zeitarbeitnehmer stellen und die männlichen Arbeitnehmer mit einem Dreiviertel-Anteil überwiegen (vgl. BAP 2018b, S. 6 ff.)
- Je nach Erhebungsmodus nutzen zwischen 41 % (vgl. Lehmann und Bouncken 2012) und gut der Hälfte aller Großunternehmen (vgl. IW 2011, S. 18) Zeitarbeit, wobei sie in der Industrie noch stärker genutzt wird als im Dienstleistungssektor (vgl. IW 2011, S. 19; RWI 2011, S. 14 ff.);
- Bei großen, technologielastigen Unternehmen wie der BMW AG arbeiten bis zu 8 % der Arbeitnehmer in Leiharbeitsverhältnissen, mithin 12.000 Personen (vgl. o. V. 2012b); bei der Deutschen Airbus werden ca. 4800 Leiharbeitnehmer unter einer Gesamtbelegschaft von 21.000 Arbeitnehmern (vgl. o. V. 2012a);
- Der BDU rechnet für 2016 im Bereich Personalberatung mit ca. 14.000 Mitarbeiter in ungefähr 2000 Unternehmen, die ca. 1,99 Mrd. Umsatz erzielen, wobei ca. 62.000 Aufträge erfolgreich abgewickelt wurden (vgl. BDU 2017; ergänzend Neuscheler 2018).
- Für den Bereich Outplacement-Beratung sieht der BDU – nach den derzeit zugänglichen Daten – einen Markt von ca. 50 Unternehmen, die ca. 74 Mio. € Umsatz realisieren, mit steigender Tendenz (vgl. o. V. 2014a, b; ergänzend BDU 2013)
- Der Arbeitskreis der Interim Management-Provider (AIMP) sieht in seiner letzten Konjunkturumfrage für 2011 einen Aufwärtstrend für Interim Management-Aufträge, der zu einem Umsatz von ca. 1,5 Mrd. € allein in Deutschland geführt hat, die von 13.164 Experten abgewickelt wurden (AIMP 2011, S. 8, andere Quellen nennen deutlich niedrigere Werte im Bereich von ca. 1,2 Mrd. Umsatz in 2013, erzielt von ca. 5000 Personen, vgl. Linnhoff 2013); dabei fällt auf, dass Interim Management in Deutschland deutlich bekannter und akzeptierter ist als z. B. in Österreich, wo kaum ein Unternehmen das Interim Management kennt (vgl. Pfaller 2013).
- Man muss von ca. 18.000 Anbietern von Weiterbildung und Coaching allein in Deutschland ausgehen (vgl. Siemann 2014, S. 41), hinzu kommen geschätzt weitere 3000–4000 Anbieter für Österreich und die Schweiz; allein als Business-Coach agieren ca. 11.400 Einzelanbieter und Unternehmen (vgl. Winkler et al. 2013, S. 24 f.)
- Bezieht man des weiteren Management-Trainer aller Art mit ein, so liegen die Schätzungen zwischen 35.000 und 80.000 Anbietern (vgl. Freitag 2019, S. 90 f.)
- Der Deutsche Bundesverband Coaching geht in seiner Marktanalyse für 2011 davon aus, dass ca. bei zwei Drittel der Unternehmen das Budget für Coaching-Leistungen auf maximal 10 % des gesamten Personalentwicklungs-Budgets beschränkt ist (vgl. DBVC 2013).

Bestimmte Beschränkungen ergeben sich nicht allein aus der Größe des jeweiligen Beschaffungs- bzw. Absatzmarktes, sondern auch aufgrund bestimmter mentaler Schranken. So verweist die Geschäftsführerin des Top-10-Zeitarbeitsunternehmens Manpower, Vera Calasan, darauf, dass viele Unternehmen trotz Fachkräftemangels nur ungern bereit sind, auch ausländische Kandidaten in das Kalkül zu ziehen. Bei rund 18.000 Stellenbesetzungen der Firma Manpower in 2012 waren gerade 10 Bewerber aus dem Ausland dabei (o. V. 2012c). Auch dies sind Gegebenheiten, die die Marktbearbeitung begrenzen und im Rahmen der Marktforschung zu erheben und geeignet zu verwenden sind.

> **Fazit**
>
> Marktforschung hilft bei der systematischen Analyse der Erwartungen der Kunden und der eigenen Fähigkeit, auf die Erwartungen einzugehen. Ein Nachfragemodell kann diese Einflussfaktoren idealtypisch abbilden.

Literatur

AIMP Arbeitskreis Interim Management Provider (2011) AIMP-Providerumfrage 2011, als pdf veröffentlicht. www.aimp.de. Zugegriffen am 02.04.2013

Backhaus K, Voeth M (2009) Industriegütermarketing, 9. Aufl. Vahlen, München

BAP Bundesarbeitgeberverband Personaldienstleistungen (2018a) Themenschwerpunkt Zeitarbeit in Österreich, Personaldienstleister 1/2018. Eigenverlag, Berlin

BAP Bundesarbeitgeberverband Personaldienstleistungen (2018b) Themenschwerpunkt Zeitarbeit in der Schweiz, Personaldienstleister 3/2018. Eigenverlag, Berlin

BDU Bundesverband Deutscher Unternehmensberater (2013) Outplacementberatung in Deutschland 2012/13. Eigenverlag, Berlin. https://www.bdu.de/media/352327/bdu-studie-personalberatung-in-deutschland-2017.pdf. Zugegriffen am 14.12.2015

BDU Bundesverband Deutscher Unternehmensberater (2017) BDU-Marktstudie „Personalberatung in Deutschland 2016/17". Eigenverlag, Berlin. www.bdu.de/media/352327/bdu-studie-personalberatung-in-deutschland-2017.pdf

Bornewasser M, Lehmann C (2012) Bindung von Zeitarbeitnehmern – eine Frage der Qualifikation. Pers Q 64(2):34–39

Bouncken RB et al (2012) Die neue Rolle der Zeitarbeit in Deutschland. Rainer Hampp, Mehring

DBVC Deutscher Bundesverband Coaching (2013) Coaching-Markt-Analyse 2011. www.dbvc.de/fileadmin/user_upload/dokumente/Coaching-Marktanalyse_2011.pdf. Zugegriffen am 02.04.2013

DGFP Deutsche Gesellschaft für Personalführung (Hrsg) (2011) DGFP Praxispapier 2/2011: fairer Umgang mit Zeitarbeitern in entleihenden Unternehmen, Düsseldorf

Ennemoser B (2016) Eine Notlösung etabliert sich. Personalmag 7:58–62

Felder R (2015) Drei Dimensionen der Zeitarbeit. Personalwirtsch 9:82–84

Freitag L (2019) Die Prediger des Erfolgs. In: Wirtschaftswoche, Nr. 13 vo 22.03.2019, S 90–93

Gertz W (2015) Betriebliche Personalarbeit am Scheideweg. Personalwirtsch 6:24–26

Grund C et al (2015) Beschäftigungsstruktur und Zufriedenheit von Zeitarbeitnehmern in Deutschland. Z betriebswirtsch Forsch 68(3):138–169

Gutmann J, Kilian S (2011) Zeitarbeit, 2. Aufl. Haufe, Freiburg

Haller P, Jahn EJ (2014) Hohe Dynamik und kurze Beschäftigungsdauer. IAB-Kurzber, 13:1–12

Heilmann M (2015) Mediation ist Gesundheitsförderung. Personalwirtsch 2:50–51
Homburg C, Krohmer H (2006) Marketing-management, 2. Aufl. Gabler, Wiesbaden
IGZ, GESS (2013) Auszug der Ergebnisse unserer Marktforschungsstudie, als Präsentation veröffentlicht im Frühjahr 2011, Düsseldorf: Gess 2011. www.ig-zeitarbeit.de/system/files/gess.pdf. Zugegriffen am 11.04.2013/29.11.2013
IW Institut der Deutschen Wirtschaft, IW Consult GmbH (2011) Zeitarbeit in Deutschland, Köln 2011, Arbeitsbericht vom 09.05.2011 (als pdf veröffentlicht). www.iwkoeln.de/_storage/asset/63381/storage/master/file//29.pdf. Zugegriffen am 23.06.2013
Kirchner S (2014) Wie erreichen Unternehmen Flexibilität? zfo Z Führ Organ 83(5):321–325
Kotler P et al (2007) Marketing-management, 12. Aufl. Pearson Education, München
Kuntz B (2014) Die Zukunft des Beratungsgeschäfts, Beitrag vom 04.01.2014. www.wiwo.de/erfolg/management/markttrends-die-zukunft-des-beratungsgeschaefts-9283532.html. Zugegriffen am 06.01.2014
Lehmann C, Bouncken R (2012) Aktuelle Ergebnisse der Zeitarbeitsforschung, online veröffentlichtes Begleitmaterial zum Vortrag am 27.02.2012. www.guetegemeinschaft-personaldienstleistungen.de/wordpress/wp-content/upload/2010/06/Vortrag-Lehmann.pdf. Zugegriffen am 02.11.2013
Linnhoff C (2013) Profis für den Ernstfall. Süddeutsche Zeitung 148:V2/12
Lünendonk-Beratung (2012) Workforce-Management 2012: Recruitment Process Outsourcing und Managed Services im Fokus, Presse-Information vom 22.11.2012. www.luenendonk.de/presse. Zugegriffen am 04.12.2012
Neuscheler T (2018) Umsatzrekord für die Headhunter, Beitrag vom 14.06.2018. www.faz.net/aktuell/wirtschaft/umsatzrekord-fuer-die-headhunter-personalberater-profitieren-von-konjunktur-15639432.html. Zugegriffen am 18.06.2018
Niedereichholz C (2004) Unternehmensberatung, Band I: Beratungsmarketing und Auftragsakquisition, 4. Aufl. Oldenbourg, München
o. V. (2012a) Streit um Leiharbeiter bei Airbus, Beitrag vom 07.08.2010.. www.merkur-online.de/nachrichten/wirtschaft-finanzen/streit-leiharbeiter-airbus-881782.html. Zugegriffen am 11.12.2012
o. V. (2012b) Aus 3000 Leiharbeitern werden Mitarbeiter, Beitrag vom 02.09.2012.. www.manager-magazin.de/unternehmen/autoindustrie/0,2828,druck-853452,00.html. Zugegriffen am 11.12.2012
o. V. (2012c) Deutsche Firmen sind selbst schuld, wenn Fachkräfte fehlen, Beitrag vom 26.11.2012. www.spiegel.de/karriere/berufsleben/manpower-chefin-calasan-fachkraeftemangel-ist-hausgemacht-a-868539.html. Zugegriffen am 26.11.2012
o. V. (2014a) Wie Österreichs Unternehmen Manager auf Zeit einsetzen. In: PersonalMagazin, 11. Jg., Nr. 5, S 36–37
o. V. (2014b) Ich schmeiß dich raus und suche dir was neues, Beitrag vom 01.03.2014.. www.spiegel.de/karriere/berufsleben/outplacement-berater-helfen-gekuendigten-in-neue-jobs-a-956391.html. Zugegriffen am 04.04.2014
Öhlerking M (2014) Eine Branche im Wandel. Igel, Hamburg
PagePersonnel (2014) Zeitarbeit und Interimsmanagement weltweit – eine Studie zu Wahrnehmung und Trends in 17 Ländern. Eigenverlag, Düsseldorf
Parasuraman A et al (1985) A conceptual model of service quality and its implications for future research. J Mark 49(4/1985):41–50
Pfaller W (2013) Österreich – ein Entwicklungsland? Beitrag. www.aimp.de/aktuelles. Zugegriffen am 02.04.2013
Pollert D, Spieler S (2011) Die Arbeitnehmerüberlassung in der betrieblichen Praxis. Rehm, München
Reufels M et al (2018) Personaldienstleistungen (2012). C. H. Beck, München
RWI Rheinisch-Westfälisches Institut für Wirtschaftsforschung (2011) Herausforderung Zeitarbeit, Studie im Auftrag der Bertelsmann-Stiftung, Essen und Gütersloh
Siemann C (2014) Vom Wissen zum Anwenden. Personalwirtsch 40(1):41–44

Statistisches Bundesamt (2011) Beschäftigungszuwachs 2010 zu großen Teilen von Zeitarbeit getragen. Pressemitteilung 270
Statistisches Bundesamt (2018) Erzeugerpreisindices für Dienstleistungen – Informationen zum Preisindex Vermittlung und Überlassung von Arbeitskräften (2003-WZ87). www.destatis.de/DE/Themen/Wirtschaft/Preise/Erzeugerpreisindex-gewerbliche-Produkte/Tabellen/branchen-info-ueberlassung-arbeitskraefte-basis2010.pdf?__blob=publicationFile&v=3. Zugegriffen am 15.12.2018
Statistisches Bundesamt, Wissenschaftszentrum (Hrsg) (2011) Datenreport 2011. BPB, Bonn
Stephan J (2014) Auf die persönliche Wellenlänge kommt es an. werb verkauf 10:48–49
TNS Emnid (2008) Zeitarbeit in Deutschland – Ergebnisse einer Unternehmensbefragung in der Bundesrepublik Deutschland im Mai 2008, veröffentlicht Bielefeld: 2008. ig-zeitarbeit.de/datei1791. Zugegriffen am 13.01.2013/02.11.2013
Truchseß N, Brandl M (2014) Erfolgreich in der Personaldienstleistung. VPRM, Troisdorf
Wagner A, Walzner T (2018) Strategische Beschaffungsplanung von Personaldienstleistungen. Betriebswirt 59(1):10–17
Wegerich C (2008) Unternehmensbefragung – die Zusammenarbeit mit Personalberatungen. In: Füchtner S, Wegerich T (Hrsg) Das Handbuch der Personalberatung. FAZ-Institut, Frankfurt am Main, S 277–365
Willenbrock H (2005) Die Putzerfische. brand1 07:96–100
Winkler B et al (2013) Wie funktioniert Führungskräfte-Coaching? Organisationsentwickl 32(3):23–33
Winter A, Kuntz B (2016) Das Coaching-Geschäft ist regional. Wirtsch Weiterbild 11–12:48–50
Zscheile F (2014) Ein Markt in Bewegung. Personalmag 11:55–57

Die Leistungsdefinition 4

> **Zusammenfassung**
>
> Der Marketing-Mix dient der operativen Umsetzung der Unternehmensstrategie. Mithilfe der Parameter Produktleistung, Preisgestaltung, Distribution, Personal und Kommunikation kann jedes Unternehmen ein individuelles Angebot erstellen, das auf die Bedingungen am Markt eingeht. Gerade der Charakter als Dienstleistung erfordert es, auch die Mitarbeiter des Unternehmens mit ihrem Können und ihrer Motivation in diese Systematik einzubeziehen. Die Abfolge der einzelnen Instrumente ergibt sich aus der Wahrnehmung durch die Kunden: Die Kommunikation des Angebots steht am Ende dieses Gestaltungsprozesses.

4.1 Der Umfang der operativen Instrumente

Gemeinhin werden mit den operativen Aspekten die absatzpolitischen Instrumente oder auch der Marketing-Mix verbunden. In der klassischen Definition, die z. B. bei Meffert (1991, S. 113 ff.) oder Nieschlag et al. (1991, S. 93–591) verwendet wird, werden hierzu vier Bereiche heran gezogen:

- Produktpolitische Aspekte
- Preispolitische Aspekte
- Distributionspolitische Aspekte (auch als „Vertriebspolitik" bei Homburg und Krohmer 2006, S. 557 ff.)
- Kommunikationspolitische Aspekte

Einige Werke sehen im Bereich des Dienstleistungsmarketings allgemein, der Personaldienstleistungen speziell, weitere Aktionsbereiche, wie z. B. die Personalpolitik, die

Prozesspolitik und die Ausstattungspolitik (siehe u. a. Beste et al. 2013, S. 350 ff.). Diese Schematisierung mag für sich genommen sicher gute Gründe haben. Allerdings soll für die nachfolgenden Überlegungen gelten, dass überzeugende Dienstleistungsprozesse ein Kernelement der Personaldienstleistung sind und demzufolge der Angebotspolitik zuzurechnen sind. Ebenso ist die Ausstattung als Angebotsmerkmal zu sehen oder auch die Leistungsbereitschaft und Leistungsqualität des Personals. Allerdings kann man gerade im Hinblick auf das Personal und seine Potenzialqualitäten gerade im Bereich der Personaldienstleistungen hier auch gute Gründe finden, diesen Aspekt besonders zu beleuchten, so dass in der Leitidee von Judd (1987) Personal als fünfter Bereich des Marketing-Mixes zu sehen ist.

Zudem ist zu sehen, dass die Bereiche des Angebots, des Preises, des Personals und der Distribution stets eine Anpassungsleistung des Anbieters an die Wünsche, Vorstellungen und Möglichkeiten des Nachfragers darstellen. Hingegen wird mit der Kommunikationspolitik eine Anpassungsleistung vom Nachfrager eingefordert, nämlich seine Aufmerksamkeit für die eigenen Dienstleistungen und seine Bereitschaft, sich auf unser Angebot einzulassen. Von daher ist es immer sinnvoll, vor einer Umsetzung der Kommunikationspolitik die anderen vier Handlungsbereiche des Marketing-Mixes zu einer in sich stimmigen und überzeugenden Leistung zusammen zu stellen. Erst dann kann man auch mit dem eigenen Angebot auf den Markt gehen. Würde man umgekehrt arbeiten und erst das eigene Angebot bewerben, bevor man sich Gedanken zum eigenen Angebot macht, wäre man schnell in einem unseriösen Licht. Dieser Zusammenhang wird im Aufbau des Marketing-Hauses (Abb. 4.1) verdeutlicht, das damit den Marketing-Prozess wirksam verdeutlicht

Sicher wird man gerade im Einzelfall in der Interaktion einer Personaldienstleistung die eigene Leistung an die konkreten Wünsche anpassen. Von daher ist es sinnvoll, für jeden Bereich Mindeststandards und Toleranzbereiche festzulegen, die dem Kunden vor Vertragsabschluss geeignet dargestellt und dann zur Basis der gemeinsamen Arbeit gemacht werden.

Der Grundsatz jeder operativen Betätigung am Markt ist der, dass die Angebote des Unternehmens den Kunden als Problemlösung dienen sollen. Es kommt also entscheidend darauf an, den Kunden zu verstehen, den Kern eines konkreten Problems zu erfassen und eine längerfristig tragfähige Lösung des Kundenproblems zu erarbeiten. Dazu zählt, dass man die Entscheidungskriterien des Kunden (Preis, Kurzfristigkeit, Qualitätsmerkmale, begleitende Serviceleistungen?) kennt und darauf aufbauend das eigene Angebot entsprechend zu gestalten. Es wird also nicht darauf ankommen, in allen denkbaren Facetten stets eine optimale Struktur aufzubauen, sondern insgesamt ein Bündel aus Angeboten und korrespondierenden Aspekten zusammen zu stellen, das für den Kunden eine angemessene und attraktive Problemlösung darstellt. Die nachfolgende Abb. 4.2 zeigt dies beispielhaft für verschiedene Angebote der Personaldienstleistungen auf, anhand der relevanten Merkmale und der sich daraus ergebenden Problemlösungsmöglichkeiten.

4.1 Der Umfang der operativen Instrumente

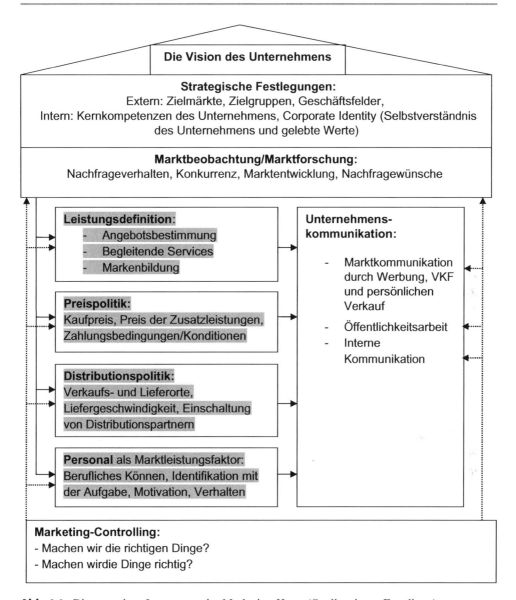

Abb. 4.1 Die operativen Instrumente im Marketing-Haus. (Quelle: eigene Erstellung)

Angebotsbereich	Merkmale/Inhalte	Mögliche Problemlösung
Personalberatung	• Bewerberansprache nach Bedarf und „auf Vorrat", z. B. auf Kongressen • Bewerberbeurteilung • Integration am neuen Arbeitsplatz	• Unabhängige Beurteilung • Größerer Pool • Ggf. Abwerbung • Zeit-/Arbeitsersparnis
Zeitarbeit	• Bereitstellung von Arbeitskraft	• Kurzfristiger Ausgleich • Gesenktes Risiko
Personalvermittlung	• Beratung des suchenden Arbeitnehmers • Suche nach neuem Arbeitgeber	• Hilfestellung bei Suche • Erschließen neuer potentieller Stellen • Feedback an Arbeitnehmer
Outplacement	• Beratung des Arbeitnehmers • Hilfe bei der Stellensuche	• Abfederung der Trennung • Wahrung des Betriebsfriedens
Beratung bei Personalentwicklung	• Definition Strategie • Vorschlag von Maßnahmen • Implementierung im Unternehmen	• Externe Expertise • Verbunden mit externer Macht
Mediation	• Erkennen der Konfliktursachen • Lösungsvorschlag • Vereinbarung der Lösung	• Erkennen der wirklichen Konfliktursachen • Vereinbarung einer tragfähigen Lösung aus einer neutralen Position von außen
Personalwirtschaftlich orientierte Trainings und Schulungen, z. B. zu Führung, Zeitmanagement, Auslandsentsendung	• Erhebung des individuellen Schulungsbedarfs • Entwurf eines Schulungskonzeptes • Umsetzung • Ggf. Nachverfolgung, z. B. durch Evaluierungsgespräche mit Teilnehmern	• Bewährte Schulungskonzepte für HR-bezogene Themen, mit Abfolge aus Theorie und Praxiselementen • Fachliche Expertise zu bestimmten Themen, die im Unternehmen nicht vorgehalten werden kann (z. B. interkulturelle Trainings für exportorientierte Mittelstandsunternehmen)
Outsourcing Personalverwaltung	• Externe Verwaltung (Lohn + Gehalt, Spesen, ...)	• Senkung von Kosten/Aufwand allgemein • Ggf. Abfederung von Arbeitnehmerunzufriedenheit (wer will noch L+G-Buchhaltung machen?)

Abb. 4.2 Beispiele für Problemlösungen in der Personaldienstleistung. (Quelle: eigene Erstellung)

Die konkrete Gestaltung einer individuellen Problemlösung ist Aufgabe der Angebotspolitik, in Kombination mit weiteren Parametern des Marketing-Mixes.

4.2 Produktpolitische Aspekte der Personaldienstleistung

Die Produktleistung zeigt sich in der Regel als eine Kombination aus einer Kernleistung, in Verbindung mit zusätzlichen Leistungen, die aus Kundensicht ein Alleinstellungsmerkmal begründen können, weil sie besondere Vorteile in der Nutzung der Dienstleistung bieten. Zudem können auch Garantien ein Aspekt der Produktpolitik darstellen. In der Kombination aus Kernleistung, Zusatzleistung und Garantien entfaltet sich die Befähigung des Anbieters, dem Kunden eine individuelle Problemlösung zu bieten.

Kernleistungen sind z. B. eine bestimmte Beratungsleistung oder die Bereitstellung einer Dienstleistung, in Form von Zeitarbeit, die für den Kunden eine allgemeine Leistungsfähigkeit begründen, sozusagen als Angebotsstandard. Dieser Standard kann aufgrund branchenüblicher Handhabung (sog. „Usancen") oder auch aufgrund spezifischer Normen (z. B. DIN 33430 zur Personalauswahl; siehe hierzu z. B. Hillebrecht und Peiniger 2012, S. 164 ff.; vertiefend Westhoff et al. 2004) entstehen.

Als zusätzliche Leistung gelten bei einer Personalberatung z. B. auch Hinweise zur Integration am neuen Arbeitsplatz oder ein besonderes Kontaktnetzwerk, mit dem die soziale Eignung eines Bewerbers zusätzlich geprüft werden kann, oder ein Gehaltsvergleich für die Branche, mit dessen Hilfe die Gehaltsgestaltung noch besser an den Marktbedingungen ausgerichtet werden kann. Bei einer Arbeitnehmerüberlassung können dies Fahrdienste für die überlassenen Arbeitnehmer sein oder begleitende Personalentwicklung. Auch Zubehör kann hierunter fallen, wobei dieses Zubehör im Bereich der Personaldienstleistung eher unüblich erscheint oder gar den Kunden befremden würde.

Garantien beziehen sich auf ein bestimmtes Qualitätsniveau, die ein Kunde innerhalb einer bestimmten Garantiefrist erwarten darf, wie z. B. Haltbarkeiten, Leistungsfähigkeiten etc., was v. a. kostenlosen Umtausch oder auch Reparaturen innerhalb der Garantiefrist beinhalten kann. Garantieversprechen eines Personalberaters können z. B. Nachnominierungen von Ersatzkandidaten betreffen, für einen ausgefallenen Zeitarbeiter Ersatzgestellung innerhalb einer bestimmten Frist oder auch in allgemeiner Form zertifizierte Leistungslevel (z. B. nach DIN/ISO 9000 ff., siehe Maisel und Heidelberger 2009, S. 183 f., oder nach den Grundsätzen eines Branchenverbandes) für die Qualität einer Dienstleistung. Speziell für die Personalberatung werden vom BDU Bundesverband Deutscher Unternehmensberater, Fach „Grundsätze ordnungsgemäßer Personalberatung" (BDU 2009) empfohlen, die neben allgemeinen Grundsätzen für BDU-Mitglieder einen Orientierungsrahmen und damit eine Art Qualitätssiegel oder Garantie bieten können. Im Bereich der Arbeitnehmerüberlassung und Personalvermittlung ist zudem auf das RAL-Gütezeichen RAL-GZ 909 (RAL 2010) für die Gütegemeinschaft Personalberatung" zu verweisen, die ebenfalls Qualitätselemente für verschiedene Arbeitsschritte wie die Personalauswahl und Personalbetreuung festhält. Dazu zählen z. B. (vgl. RAL 2010, S. 8 ff.; ergänzend Gütegemeinschaft Personaldienstleistungen o. J.):

- Die Gestaltung der Bewerbergespräche nach bestimmten Regeln
- Eine Vermeidung von Hire & Fire, durch eine durchschnittliche Beschäftigungsdauer von mindestens 6 Monaten, die von mindestens 25 % aller Beschäftigten erreicht wird
- Die Zufriedenheit der Mitarbeiter mit den Arbeitsbedingungen und dem Arbeitgeber, die in internen und externen Befragungen erhoben wird
- Das Angebot regelmäßiger Mitarbeitergespräche
- Das Angebot betrieblicher Aus- und Weiterbildung in angemessener Form

Ergänzend können Ethik-Kodices wie jener der iGZ Interessensgemeinschaft Zeitarbeit (vgl. Durian und Noll 2012) oder der Deutschen Gesellschaft für Karriereberatung (vgl. DGfK 2016) ein wichtiges Signal senden, sich an bestimmte Standards im Sinne einer fairen Behandlung von Kunden und Mitarbeitern zu halten. Man muss aber gewahr sein, dass im Konfliktfall die Öffentlichkeit derartige Kodices hinterfragt und ein großer Imageschaden bei nachweislichen Verstößen erfolgt.

Als Anbieter einer Personaldienstleistung wird man prüfen, welche Kernleistung der Kunde üblicherweise erwarten darf, und welche Zusatzleistungen und Garantieren ein Eigenständigkeitsmerkmal begründen, mit dem man aus dem Wettbewerb heraus ragt oder gar einen Preisaufschlag („Preispremium") rechtfertigen kann. Die Kernleistung ist also sozusagen der Standard, die Zusatzleistung und eine mögliche Garantieleistung ein Differenzierungsmerkmal, um im Wettbewerb eine eigene Stellung einzunehmen. Es ist dabei sorgfältig zu prüfen, in welcher Form der jeweilige Nachfrager besonderen Wert auf bestimmte Zusatzleistungen und Garantien legt, und damit in besonderer Weise auch ansprechbar ist.

4.2.1 Die Dienstleistungsangebote der Personaldienste im Überblick

Wie bereits mehrfach angeführt, zeigt sich die Personaldienstleistungsbranche als sehr breit gefächert. Im Wesentlichen kennt man in der Personaldienstleistung folgende Dienstleistungsangebote:

- Personalberatung i. S. v. Beratung bei der Suche nach Fach- und Führungskräften, auch als „Executive Search" (Herold 2002; Weick 2008) oder „Head Hunting" (Hofmann und Steppan 2010; Kinnear 2013) bezeichnet
- Ergänzende Vertrags- und Vergütungsberatung
- Personalbeurteilung und Eignungsdiagnostik (siehe auch Böhler 2011, S. 33 ff.)
- Beratungsleistung zu Personalstrategie und Personalpolitik, bis hin zu Organisationsberatung

4.2 Produktpolitische Aspekte der Personaldienstleistung

- Personalvermittlung, als Hilfe für Arbeitnehmer bei der Suche nach neuen Arbeitsstellen (vgl. Dumrese 2010; Planitz 2009, S. 13 ff.)
- Personalentwicklung auf strategischer Ebene (Konzepte) und operativer Ebene (Trainings, Schulungen etc.), zur Vermittlung von Kompetenzen und Kenntnissen aller Art
- Coaching -Leistungen (vgl. Fischer-Epe 2011; Hirsch 2012; Migge 2008) und vergleichbare Angebote wie Supervision, als Hilfe zur eigengesteuerten Entwicklung
- Unterstützungsleistungen bei Auslandsentsendungen, durch Auswahl, Vorbereitung inklusive interkulturelle Trainings, Begleitung des Arbeitnehmers und seiner Familie, Rückkehrberatung und -unterstützung
- Mediation zur Lösung von Konflikten zwischen Mitarbeitern eines Unternehmens (siehe Folkersma und Glasl 2013, S. 40 f.; o. V. 2013e; Pichler 2013, S. 36 ff.)
- Karriere- und Bewerbungsberatung für Arbeitnehmer
- Outplacement -Beratung, als Hilfen für Arbeitnehmer, die vom Arbeitgeber freigestellt wurden, zur Unterstützung bei der Suche nach neuen Beschäftigungsmöglichkeiten (vgl. Berg-Peer 2003; Grunert 2017; Rundstedt 2009, S. 191 ff., dazu können auch Transfermaßnahmen im Sinne des § 110 SGB III zählen (vgl. Rundstedt 2009, S. 220 ff.), wobei diese auch eine gewisse Überlappung zur Personalvermittlung aufweisen
- Arbeitnehmerüberlassung, auch Zeitarbeit oder Personalleasing genannt, im Sinne einer befristeten Bereitstellung von Mitarbeitern (siehe auch Freckmann 2012; Schwantes 2004; zur rechtlichen Abgrenzung zwischen Arbeitnehmerüberlassung und Contracting bzw. Werkverträgen und weiteren Ausprägungsformen siehe z. B. Reufels et al. 2018, S. 12 ff.), die bis hin zu Ingenieurs- und Industriedienstleistungen reichen können
- Interimsmanagement (vgl. Dahl 2009, S. 118 ff.) und On-Site-Management (vgl. Dreyer 2009a, S. 80 ff.) als Bereitstellung von Managementkräften auf Zeit
- Outsourcing von Personalverwaltungsarbeit, z. B. Lohn- und Gehaltsbuchführung, Spesenabrechnung etc. (vgl. auch Dreyer 2009b, S. 139 ff.)

Man kann dabei wie bereits erwähnt in beratende und assistierende Personaldienstleistungen unterscheiden (vgl. Hillebrecht 2011, S. 1191 ff.). Dabei zeigen sich in der Ausgestaltung der einzelnen Angebote deutliche Unterschiede. So kann man in der Erbringung von beratenden Dienstleistungen eine relative Freiheit in der konkreten Ausgestaltung erkennen. Der Personaldienstleister wird auf Basis seiner Erfahrungen und Einschätzungen ein Vorgehen vorschlagen und auf einer gewissen Freiheit in der Durchführung des Dienstleistungsprozesses bestehen, da der Erfolg in hohem Maße von individuellen Vorgehensweisen abhängt. Bei assistierenden Personaldienstleistungen hingegen wird der Dienstleister sich viel stärker in die Arbeitsprozesse des Nachfragers einordnen und sich den entsprechenden Standards des Nachfragers unterwerfen müssen. Eine kreative Ausgestaltung des Dienstleistungsprozesses ist folglich nur im Rahmen der vorgegebenen Standards möglich. Entsprechend werden die einzelnen Angebote unter diesen Überschriften in den nächsten Abschnitten näher beleuchtet.

Eine ergänzende Bemerkung: Auch wenn diese Schematik sich aus der Art der Zusammenarbeit und des Selbstverständnisses des jeweiligen Personaldienstleisters begründen lässt, zeigt die Praxis inzwischen das Zusammenwachsen bestimmter Personaldienstleistungen. Insbesondere im Bereich des Outsourcings von Recruiterprozessen, also einer klassischen assistierenden Dienstleistung, gewinnen immer stärker auch Elemente der Personalberatung, also der eher beraterischen Dienstleistung, Einfluss (siehe z. B. Lüerßen und Acke 2013, S. 14 f.). Hier werden also die sich verändernden Kundenbedürfnisse auch eine Veränderung in der Leistungscharakteristik mit sich bringen.

4.2.2 Die Angebote der beratenden Personaldienstleistungen

Bei beratenden Personaldienstleistungen stellt der Dienstleister seine Ressourcen (Wissen, Datenbanken, Kontakte/Netzwerke, …) projektbezogen zur Verfügung und hilft damit dem Auftraggeber, ein Problem zeitnah zu lösen. Der Freiheitsgrad des Personaldienstleisters ist relativ hoch, da es sich zumeist um einen Dienstleistungsvertrag im Sinne des § 612 BGB handelt (in Österreich auch als „freier Dienstvertrag" nach § 1164a ABGB i. V. m.§ 539a ASVG, ergänzend §§ 22f. EStG und § 5 GSVG genannt, in der Schweiz als Dienstvertrag nach Art. 394 OR). In concreto: sofern kein Erfolgshonorar vereinbart wurde, liegt die Erbringung einer Dienstleistung, d. h. ein „Bemühen" der Vertragsbeziehung zugrunde. Inwiefern tatsächlich ein Erfolg aus der angebotenen Dienstleistung wird und wie umfangreich der insgesamt erzielte Erfolg sich darstellt, hängt auch davon ab, inwiefern der Auftraggeber die angebotenen Dienste erfolgreich in sein Unternehmen integrieren kann.

Jeder einzelne Angebotsbereich ist durch besondere Leistungsmerkmale gekennzeichnet, die hier näher zu beleuchten sind.

4.2.2.1 Die Gestaltung der Personalberatung
Bei der Personalberatung besteht die wesentliche Leistung darin, einem Auftraggeber geeignete Kandidaten für eine vakante Position vorzuschlagen, also aussichtsreiche Personen zu identifizieren, anzusprechen und in formaler Hinsicht auf ihre Eignung für die Vakanz im Unternehmen zu prüfen. Von Executive Search spricht man, wenn es um die Suche nach Führungskräften handelt. Nach Aufstellungen der Wirtschaftspresse schränken die führenden Personalberater Deutschlands ihre Kundenaufträge auf Positionen ein, die mit einem Jahresgehalt von 100.000 € oder noch höher verbunden sind (vgl. o. V. 2011). Allerdings kann man davon ausgehen, dass kleinere Unternehmen der Branche auch Aufträge bearbeiten, die Vakanzen mit einem Jahresgehalt von ca. 50–60.000 € aufwärts beinhalten, dem üblichen Gehaltsniveau von gesuchten Fachkräften oder mittleren Führungskräften in mittelständischen Unternehmen.

Der Personalberater hat die Aufgabe (vgl. Hillebrecht und Peiniger 2012, S. 63 ff., ergänzend Böhler 2011, S. 27 ff.; Heidelberger und Kornherr 2009, S. 15 ff.; Schwarz 2010, S. 14 ff.):

- Potenzielle Kandidaten für die Vakanz zu interessieren, z. B. durch Stellenanzeigen, nach Recherche in eigenen Datenbanken und öffentlich zugänglichen Quellen wie Internetblogs – dem „Research" (siehe auch o. V. 2012b; Stephan 2016, S. 74 ff.) – oder

4.2 Produktpolitische Aspekte der Personaldienstleistung

auch durch Direktansprache, d. h. „head hunting", wobei hier verschiedene Besonderheiten zu beachten sind, wie z. B. das Gebot, am Arbeitsplatz die Störung möglichst kurz zu halten und Diskretion zu wahren (siehe auch o. V. 2013d)
- auf ihre Eignung in geeigneter Form zu prüfen, durch die Sichtung von Bewerbungsunterlagen, Auswahlgespräche, Assessment Center-Verfahren, Arbeitsproben, diagnostische Verfahren, Beurteilung anhand von Referenzen Dritter, etc.
- den Auftraggeber mit den in formaler Hinsicht als geeignet beurteilten Kandidaten in Kontakt zu bringen und diese Kontaktierung ggf. auch zu begleiten
- den abschließenden Auswahlprozess des Auftraggebers durch ergänzende Dienstleistungen zu begleiten, z. B. durch Vertrags- und Gehaltsberatung oder Beratung zur Integration am neuen Arbeitsplatz; gerade der jeweilige Arbeitnehmer wird eine entsprechende coachingähnliche Begleitung während der Einarbeitungsphase sehr zu schätzen wissen und sich auch später bei einem neuen Veränderungswunsch deutlich lieber mit dem jeweiligen Personalberater austauschen.

Eine Nebenaufgabe besteht oftmals darin, mit dem Auftraggeber das Stellenprofil vorab zu überprüfen und ggf. neu zu definieren sowie die Unternehmenskultur zu erfassen, also die „soft facts" abzuprüfen. Nur bei einer genauen Abklärung dieser Aspekte wird sich ein sinnvoller Vorschlag zur Besetzung der Vakanz unterbreiten lassen. Zudem kann es gerade im Zeichen der politisch gewollten Zuwanderung von ausländischen Fachkräften (siehe Schwaab und Schäfer 2013, S. 34 ff.) sinnvoll sein, die Personalberatung bei ausländischen Fachkräften mit einem Integrationskonzept zu verbinden. Hierzu gehört neben einem Sprachentraining für den Kandidaten und seine Familie auch eine Begleitung bei bestimmten Arbeitsschritten, wie Wohnungssuche, Behördengänge, Schulanmeldung etc.

Auftraggeber achten inzwischen verstärkt darauf, dass die Personalberater sog. „off-limit"- oder „no touch"-Regeln akzeptieren. Der Personalberater verpflichtet sich darin, bei ehemaligen Beratungskunden innerhalb eines bestimmten Zeitraumes oder – seltener – auf unbegrenzte Zeit keine Mitarbeiter abzuwerben (vgl. Steppan 2012; ergänzend Stephan 2016, S. 76 f.). Dies erhöht einerseits das Vertrauen des Auftraggebers in die Dienste des Personalberaters, dass dieser sein erworbenes Wissen um Interna des Auftraggebers nicht missbraucht. Andererseits engt dies für den Personalberater auch den potenziellen Kunden- und Kandidatenkreis à la longue deutlich ein, so dass eine enge zeitliche Befristung (z. B. maximal ein oder zwei Jahre) durchaus sinnvoll ist. Andererseits kann man nicht ausschließen, dass bestimmte Kandidaten aus dem Unternehmen eines ehemaligen Kunden nicht von sich aus die Initiative ergreifen, so dass diese Regelungen auch nur einen begrenzten Schutz bieten. Zudem muss man immer damit rechnen, dass Mitarbeiter eines Personalberaters eventuell die Stelle wechseln und dabei auch persönliche Beziehungen und Kontakte mitnehmen – auch dies unterläuft regelmäßig entsprechende Schutzklauseln und kann auch nur sehr begrenzt durch arbeitsvertragliche Maßnahmen aufgefangen werden.

Ein weiterer Nebenaspekt der Personalberatungsleistung ist damit bereits berührt, der angemessene Umgang mit Initiativbewerbungen. Hier kann man sich einen interessanten Kandidatenpool aufbauen, der gerade bei der Besetzung mit „Engpass-Qualifikationen" die

Researchaufgaben erheblich erleichtert und beschleunigt. Gerade durch anzeigengestützte Suche, Präsenz bei Messen und Events sowie umsichtige Dokumentation von Research-Prozessen lässt sich hierbei ein Marktrenommée und ein gut strukturierter Bewerberpool aufbauen, der allerdings auch regelmäßig gepflegt sein will. Initiativbewerbungen, die längere Zeit auf der Suche sind, stellen sich oft als überdurchschnittlich schlecht vermittelbar dar oder auch als Pseudokandidaten, die in erster Linie ihren Marktwert testen wollen.

Die Arbeitsfelder der Personalberatung werden inzwischen auch auf die Hilfe bei der Besetzung von Mandaten in Aufsichtsräten (siehe auch Clause 2014; o. V. 2013b) oder auch bei der Nachfolgeplanung in inhabergeführten Unternehmen ausgedehnt. Im ersten Fall geht es darum, Personen für die Mitgliedschaft im Aufsichtsrat zu identifizieren und zu gewinnen, wobei es neben formalen Kriterien wie Eignung und Branchenkenntnis auch um die Abstimmung der „Zusammensetzung" geht, d. h. Berücksichtigung von Gender-Aspekten, Überlegungen der Anteilseigner etc. (vgl. Heidelberger und Kornherr 2009, S. 118 ff.). Bei der Beratung zur Nachfolgeplanung steht man vor dem Faktum, dass Führungskräfte von inhabergeführten Unternehmen, zumeist im Mittelstand, in der Familie keine oder keine geeigneten Kandidaten für die Übernahme von Leitungsfunktionen existieren. Hier kommt es dem Personalberater zu, gemeinsam mit den Gesellschaftern die Perspektiven für das Unternehmen, die Erwartungen der Eigentümer und die Anforderungen an familienexterne Kandidaten zu erarbeiten, dafür geeignete Kandidaten zu identifizieren und in der Unternehmensleitung zu implementieren (vgl. Heidelberger und Kornherr 2009, S. 138 ff.; von Möller und von Windau 2011).

4.2.2.2 Die Vertrags- und Vergütungsberatung

Die Vertrags- und Vergütungsberatung ist hauptsächlich als ergänzende Dienstleistung zur Personalberatung zu sehen (vgl. Hillebrecht und Peiniger 2012, S. 153 ff.; siehe auch Heidelberger und Kronherr 2009, S. 32 ff.), kann aber auch auf strategischer Ebene ansetzen, um die Vergütungspolitik veränderten gesetzlichen und politischen Überlegungen anzupassen (siehe Filbert et al. 2013). Darin werden Anstellungsbedingungen (Gehalt, Nebenleistungen, Laufzeiten, Konkurrenzausschluss-Klauseln etc.), meist im Vergleich zu anderen Positionen, geprüft, um ein marktgerechtes Anstellungsangebot zu unterbreiten. Eine wettbewerbsfähige Vergütungsberatung wird daher immer auf einer ausreichenden Basis an aktuellen Marktdaten beruhen, und diese im Vergleich zur jeweils relevanten Position (hierarchische Position, Branchenwerte, gefordertes Ausbildungs- und Erfahrungsniveau etc.) prüfen, aber auch Grundsätze der Personalpolitik (z. B. Bereitschaft zur Zahlung von Zusatzleistungen) berücksichtigen. Vertrags- und Vergütungsberatung kann aber auch im Hinblick auf bereits bestehende Vertragsverhältnisse erfolgen, um einer drohenden Abwanderung vorzubeugen oder um die Passung zu allgemeinen Richtlinien der Vertragsgestaltung sicherzustellen.

4.2.2.3 Die Personalbeurteilung

Personalbeurteilung, oftmals – bei Führungskräften – auch als „management appraisal" (z. B. bei Gerhard und Ritter 2004; Gröschl und Wübbelmann 2005, S. 10) oder auch „Management Audit" (Gröschl und Wübbelmann 2005, S. 10) bezeichnet, und

Eignungsdiagnostik sind Angebote, die einzelne Personen im Hinblick auf ihre Eignung für bestimmte Positionen beurteilen und damit z. B. Einstellungen oder Beförderungen vorzubereiten oder auch Personalentwicklungspläne zu erstellen. Hierbei werden in der Regel Arbeitsproben und psychologische Testverfahren angewandt. Diese werden durch Beurteilungen von Vorgesetzten und Kollegen („180-Grad-Beurteilung") und vielleicht auch ergänzend Mitarbeitern und Geschäftspartnern in andere Unternehmen („360-Grad-Beurteilungen") ergänzt (vgl. Gröschl und Wübbelmann 2005, S. 10 f.). Aber auch Assessment Center-Verfahren können hierzu eingesetzt werden. Diese Formen der externen Personalbeurteilung werden eingesetzt, wenn sich ein Unternehmen nicht in der Lage sieht, einen Mitarbeiter ausreichend zu beurteilen oder auch, um eine ergänzende Meinung einzuholen. Personalbeurteilung kann, muss aber nicht unbedingt im Zusammenhang mit Personalberatung gesehen werden.

Besonders interessieren sich Unternehmen für diese Angebotsleistung bei Führungsnachwuchskräften und bei Einstellungen bzw. Beförderung in sensiblen Bereichen. Die Angebotsleistung muss daher zunächst einmal die Anforderungen an eine bestimmte Position (fachliche, soziale und persönliche Kompetenzen) erfassen und dann in einem zweiten Schritt die entsprechenden Eigenschaften und Entwicklungspotenziale der Kandidaten mit diesen Erfordernissen abgleichen.

4.2.2.4 Die strategische Personalberatung

Bei der Beratung zur Personalstrategie und Personalpolitik, manchmal auch „HR-Consulting" genannt, stehen Verfahrensgrundsätze und strategische Ausrichtungen des Kunden im Vordergrund. Durch geeignete Analyseinstrumente (Gespräche, Dokumentenanalyse, Workshops, Marktforschung aller Art etc.) werden Anforderungen des Unternehmens und mögliche Entwicklungsrichtungen erhoben und in konkrete Handlungsvorschläge überführt. Dieses Angebot umfasst also vorwiegend allgemeine analytische Dienste, in Verbindung mit der Ausarbeitung von längerfristig wirksamen Handlungsvorschlägen. Diese Beratungsleistung weist große Schnittmengen zur Organisationsentwicklung auf. Zu den strategischen Fragen gehören insbesondere:

- Richtlinien zur Personalauswahl, Personalentwicklung und zur Karrieregestaltung
- Vergütungsrichtlinien, bis hin zur Mitarbeiterbeteiligung am Unternehmenskapital
- Gestaltung von Arbeitszeitmodellen
- Gestaltung der betrieblichen Gesundheitsförderung
- Fördermodelle für bestimmte Zielgruppen, z. B. Frauenförderung, Förderung ausländischer Mitarbeiter, Förderung von Mitarbeitern mit Familienaufgaben etc., bis hin zum sog. „Diversity Management"
- Mitarbeiterbindung („Retention Management") und Talent-Management (siehe zur zunehmenden Bedeutung derartiger Beratungsleistungen Rumpp et al. 2012, S. 20 f.)
- Soziale Aktivitäten des Unternehmens, z. B. zur Familienfreundlichkeit, zum Gesundheitsmanagement oder zu betrieblichen Sozialleistungen
- Beratung zum Personalmarketing, einschließlich des Employer Branding

- Beratung bei der Integration von ausländischen Arbeitnehmern und bei der Entsendung eigener Mitarbeiter in das Ausland, z. B. im Rahmen interkultureller Trainings
- Beratung bei der (Weiter-)Entwicklung der Unternehmenskultur, z. B. in Richtung einer „Gesundheitskultur" oder bei Corporate Compliance-Themen

Für Außenstehende erscheinen diese Beratungsangebote oft als allgemeine Beratungsleistung, so dass hier die Grenze zwischen Personaldienstleistung und Consulting in einer Form verschwimmt, die für keine andere Personaldienstleistung erkennbar wird. Entsprechend häufig werden derartige Beratungsaufträge auch eher allgemeinen Consulting-Unternehmen übertragen, als spezialisierte Personaldienstleister anzufragen.

Mit den geschilderten strategischen Beratungsansätzen gestalten Unternehmen das grundsätzliche Verhältnis der Mitarbeiter untereinander und der Mitarbeiter zum Unternehmen und seinen Zielen. So können die Anforderungen der sog. „Generation Y" eine deutliche Veränderung sowohl der Führungstechniken als auch des Personalmarketings nach sich ziehen, da sie auf einen stärker partnerschaftlich geprägten Dialog Wert legen und auch eine nachlassende Loyalität gegenüber dem Unternehmen aufweisen (siehe z. B. Parment 2009).

Schnittmengen zwischen dem HR-Consulting und klassischer Unternehmensberatung bestehen insbesondere in den Feldern der Organisationsentwicklung, da hierbei stets Führungsaspekte mit strukturellen Aspekten verbunden sind, sowie dem Wissensmanagement. Bei letzterem sind neben organisationalen Fragen genauso Fragen der Personalentwicklung betroffen. Am Beispiel des Talentmanagements lässt sich dies sehr gut aufzeigen. Talentmanagement umfasst gemeinhin Fragen der Auswahl und Förderung von besonders begabten und viel versprechenden Mitarbeitern. Hier gilt es, einen sinnvollen Förder- und Bindungsprozess zu gestalten, der neben dem Kompetenzenmanagement, Wissensmanagement und der allgemeinen Nachfolgeplanung auf personalstrategischer Ebene auch Elemente der Auswahl, der Eignungsdiagnostik, der individuell gestalteten Personalentwicklung und der leistungsgerechten Entlohnung umfasst. Hier können z. B. Personalberater durch eine geschickte Einbettung der Recruiting-Dienstleistungen in die Beratung zu personalpolitischen Entscheidungen bei Work-Life-Balance, Sozialleistungen etc. einen Wettbewerbsvorsprung gewinnen (siehe auch Mai et al. 2011).

4.2.2.5 Die Personalvermittlung

Begrifflich unterscheiden sich Arbeits- und Personalvermittlung im Auftraggeber. Bei der Personalvermittlung wird in der Regel ein Arbeitgeber ein Unternehmen beauftragen, einen Mitarbeiter unterhalb der Führungsebene (dies wäre Personalberatung) zu suchen und ihm zu empfehlen. Bei der Arbeitsvermittlung hingegen wird ein Arbeitnehmer einen Vermittler mit der Suche nach einem neuen Tätigkeitsfeld beauftragen (vgl. Dumrese 2010, S. 7 ff.; Planitz 2009, S. 13 ff.). Die Unterscheidung zwischen der Arbeitsagentur als öffentlich-rechtlichem Vermittler (§ 45 SGB III) und privatwirtschaftlich tägigen Vermittlern als sog. „private Vermittler" wird im Schrifttum und den einschlägigen Vorschriften getroffen (z. B. bei Dumrese 2010, S. 13 ff.), bezieht sich aber in der Regel auf die Trägerschaft und die Finanzierung und soll hier nicht weiter verfolgt werden. Ein privater Arbeitsvermittler wird im Rahmen seiner Dienstleistung:

4.2 Produktpolitische Aspekte der Personaldienstleistung

- sich über die Fähigkeiten, Wünsche und Perspektiven des Arbeitnehmers informieren
- darauf aufbauend möglicherweise interessierte Unternehmen ansprechen, wozu er auf ein tragfähiges Kontaktnetz in der Wirtschaft zurück greift
- ggf. bei der Integration am Arbeitsplatz zusätzlich zur Seite stehen, z. B. durch ein bis drei Betreuungsanrufe bzw. -besuche während der Einarbeitung und ggf. erforderliches Coaching
- teilweise auch eine Personalentwicklung anregen

Bei der Arbeitsagentur bzw. der regional zuständigen Arbeitsgemeinschaften kommen als weitere Aufgaben noch die Prüfung von Ansprüchen auf öffentliche Unterstützungsleistung und deren Auszahlung sowie die Vermittlung von Umschulungsmaßnahmen oder anderen Qualifizierungsmaßnahmen hinzu. Dieser Aspekt ist im Rahmen des vorliegenden Werkes aber nicht weiter zu verfolgen.

Private Personalvermittlung wird in der Regel vom Arbeitnehmer finanziert, ggf. zusammen mit einem Vermittlungsgutschein der Arbeitsagentur. Hierfür ist seit Jahresanfang 2013 eine Akkreditierung als zugelassener Träger der Arbeitsvermittlung" (Akkreditierungs- und Zulassungsverordnung AZAV) erforderlich. In bestimmten Fällen kann es auch vorkommen, dass der übernehmende Arbeitgeber sich zusätzlich an den Aufwendungen beteiligt.

Bis 2002 galten für private Personalvermittlung in Deutschland relativ rigide Regelungen. Seither sind nur noch bestimmte Regelungen hinsichtlich des Datenschutzes sowie einzelner Arbeitsfelder (z. B. Personalvermittlung in das Ausland) zu beachten (§§ 292, 296 bis 298 SGB III). Grundsätzlich erforderlich ist nach wie vor eine Gewerbeanmeldung nach § 14 GewO.

Ein für viele Personalvermittler gebräuchliche Form ist inzwischen „Personal-Web-TV", ein AV-Medienangebot, in dem sich Stellensuchende in kurzer Form in Wort und Bild vorstellen und damit interessierten Arbeitgebern die Möglichkeit geben, sich einen ersten Eindruck von potenziellen Mitarbeitern zu machen. Dabei wird üblicherweise in einer Zeit von ca. 90–180 s ein Film gestaltet, bei dem der Suchende einige wesentliche Aspekte zu seinen Kompetenzen und seinen Suchoptionen darstellt. Dieser Film wird dann auf den Online-Portalen der jeweiligen Personalvermittler eingestellt und ergänzt die üblichen Bewerbungs- bzw. Vermittlungsunterlagen. Die Produktion eines derartigen Films kann von professionellen Dienstleistern inzwischen mit einem Aufwand von ca. 1 Tagewerk angeboten werden. Dieser Aufwand reicht für die Vorbereitung und das Briefing des Kandidaten, die Aufnahme selbst und die Nacharbeit (Nachvertonung, Schnitt).

4.2.2.6 Die Beratung zur Personalentwicklung

Bei der Beratung zur Personalentwicklung wird ein Personaldienstleister mit verschiedenen Analyseverfahren die Anforderungen einer Stelle oder möglichen neuen Position mit denen von konkreten Arbeitnehmern abgleichen und daraus den Entwicklungsbedarf ableiten (vgl. Hillebrecht und Peiniger 2012, S. 162). Dies umfasst:

- Die Definition des Entwicklungszieles (Entwicklung einer Person/eines Personenkreises)
- Das Erstellen des Entwicklungskonzepts

- Die Durchführung der Maßnahmen, von Schulungen und Trainings über Hospitationen und Praktika in geeigneten Verwendungszusammenhängen sowie begleitenden Supervisionen und Erfahrungsaustauschrunden (vgl. z. B. Braun und Hillebrecht 2011, zur Methode der kollegialen Beratung) bis hin zu angeleitetem oder nicht angeleitetem Selbststudium der Mitarbeiter
- Regelmäßig eine Erfolgsbeurteilung, sowohl als Service für Auftraggeber und seine Mitarbeiter als auch als Nachweis seiner erfolgreichen Tätigkeit
- Ggf. begleitende Services (Coaching, Bildungskonzepte für das Unternehmen allgemein, ...)

Der Personalentwickler bedient sich dazu u. a. verschiedener diagnostischer Verfahren zum Erheben der Ist-Situation. Im Vergleich mit dem Soll können verschiedene Maßnahmen wie Hospitationen, Seminare und Trainings, mittel- und längerfristige Ausbildungsgänge oder auch Eigenstudium vorgeschlagen werden, mit deren Hilfe die notwendigen zusätzlichen Qualifikationen erworben werden können. Wesentliche Rahmenbedingungen stellen dabei das verfügbare Budget und der verfügbare Zeitrahmen dar.

In bestimmten Fällen kann der Consultant auch eigene Seminare und Trainings anbieten, vor allem zu Führungs- und HR-Themen wie Personalauswahl und Personaleinsatz oder Personal-Controlling. Hierbei gilt es die Expertise in Personalthemen mit den jeweiligen betrieblichen Anwendungsfeldern zu verbinden. Derartige Schulungsangebote können als Inhouse-Seminare bzw. Trainings vor Ort beim Kunden erfolgen, als auch als externe Veranstaltungen. Bei externen Veranstaltungen bietet es sich oftmals an, diese für Teilnehmer aus anderen Unternehmen zu öffnen, da der Austausch und die Vernetzung über Unternehmensgrenzen hinweg von den Teilnehmern als besonders hilfreich erlebt wird.

Auf strategischer Ebene entwickeln HR-Consultants Grundsätze für die Personalentwicklung. Folglich besitzt dieses Beratungsfeld in der Regel eine sehr große Schnittmenge mit der Beratung in personalpolitischen Fragestellungen. Als Beispiel ist das Talent-Management zu nennen. Auf der Basis des strategischen Ziels, Nachwuchskräfte im Bereich „Forschung und Entwicklung" aufzubauen und langfristig an das Unternehmen zu binden, kann ein System des „Retention Management" (Wucknitz und Heyse 2008) aufgebaut werden, dass nach der Gewinnung und Einarbeitung der betreffenden Mitarbeiter verschiedene Schritte umfasst, wie z. B.:

- Erarbeitung der Talent-Management-Politik und ihrer Ziele
- Erstellung individueller Personalentwicklungspläne, auf der Basis einer Personalbeurteilung
- Begleitung und Evaluierung der Personalentwicklung
- Ggf. Anpassung der Talent-Management-Politik, entsprechend den Arbeitserfolgen

Hierzu wird der externe Personaldienstleister verschiedene Erfolgskriterien aufstellen, um allen Beteiligten zu ermöglichen, die Arbeitsfortschritte und die Zielerreichung kontinuierlich zu überprüfen und an die aktuelle Arbeitsmarktlage anzupassen.

4.2.2.7 Das Coaching

Die Coachingleistung ist ein Dienstleistungsangebot, das sowohl von Arbeitgebern als auch von interessierten Arbeitnehmern beauftragt wird, aber sich inhaltlich immer an Arbeitnehmer wendet (vgl. Fischer-Epe 2011; Hamann und Huber 2007; Hirsch 2012; Migge 2008). Zielgruppe sind überwiegend Führungskräfte in Orientierungsphasen, z. B. bei innerbetrieblichen Change-Management-Aufgaben oder der Begleitung von Projektaufgaben (siehe auch Winkler et al. 2013, S. 26 ff.) oder aber auch bei persönlichen Orientierungen, insbesondere zu Themen wie (vgl. Migge 2011, S. 234 ff.):

- Eigenes Führungsverhalten
- Positives Leben
- Lebenseinstellungen und Lebenswerte

Stärkung unter Stress, Burnout-Prävention etc.

Coaching dient dazu, dass sich der Coachee vom Coach in der Klärung seiner beruflichen Situation bzw. seiner gesamten Lebensumstände einschließlich der beruflichen Situation unterstützen lässt. Der Coach soll dabei durch gezielte Fragestellungen und Konfrontationstechniken dem Coachee die eigene Situation spiegeln und ihm ermöglichen, eigenständige Entscheidungen zur weiteren beruflichen Strategie und zu einzelnen operativen Maßnahmen zu treffen (vgl. Winkler et al. 2013, S. 28 ff.). Zu den Interventionsverfahren zählen dabei insbesondere (vgl. Migge 2011, S. 98 ff.):

- Lösungsorientiere Intervention, zur raschen Erarbeitung einer Problemlösung
- Kognitiv-emotionale Intervention, zur Veränderung von Einstellungen
- Imaginative und intuitive Intervention, zur Anregung über Zielvorstellungen und Zielbildung

Einzelne Quellen sehen daher Coaching als Bestandteil der Personalentwicklung (z. B. DBVC 2011), wobei aus unserer Sicht sehr große Schnittmengen gegeben sind, aber keine nahtlose Übereinstimmung. Dies begründet sich aus der relativ eng gefassten Fokussierung der Personalentwicklung, die auf eine berufliche Weiterentwicklung abstellt, wohingegen Coaching die gesamte Persönlichkeit adressiert und demzufolge auch private Umstände einbeziehen muss (siehe auch Vogelauer 2010). Gegenüber der Unternehmens- und Personalberatung wird daher beim Coaching die fachliche Kompetenz zwingend durch einen hohen Anteil an sozialer Kompetenz ergänzt, wenn nicht sogar der Einsatz der sozialen Kompetenz dominiert. Einer Studie der Ashridge Business School zufolge kommte es – wenig überraschend – sehr zentral darauf an, dass zwischen Coach und Coachee eine gute persönliche, vertrauensvolle Beziehung herrscht (vgl. Schwerdtfeger und de Haan 2013, S. 38 ff.). Allerdings darf Coaching nicht so weit gehen, therapeutische Intervention vorzunehmen. Hierzu sind grundsätzlich andere Kompetenzen und Zulassungen erforderlich.

Inhaltlich umfasst Coaching (siehe auch Winkler et al. 2013, S. 30):

- Eine Auftragsvereinbarung zur Begleitung einer Person bei ihrer Entwicklung
- Ein Auftaktgespräch zwischen Coach, Coachee und ggf. unter Beteiligung eines Vertreters des finanzierenden Unternehmens, wobei die Vertraulichkeit der Coaching -Inhalte gegenüber dem Unternehmen deutlich werden muss, damit sich der Coachee vorbehaltlos auf den Coaching-Prozess einlassen kann
- Ein bis maximal drei Explorationsgespräche, zur Definition der konkreten Problemlage
- Diverse Umsetzungsgespräche, wobei diese maximal ca. acht bis zehn Termine umfassen sollten, über einen Zeitraum von ca. drei Monaten bis maximal einem Jahr, um nicht eine zu lange Abhängigkeit des Coachees vom Coach zu konstituieren
- Nach Auftragsende kann nach weiteren sechs Monaten bis maximal einem Jahr ggf. noch ein Follow up-Termin vereinbart werden, um den Erfolg der gemeinsamen Bemühungen zu evaluieren
- Ggf. kann sich auch eine Wirkungs-Evaluation anschließen

Besondere Rahmenbedingungen des Coaching sind Freiwilligkeit (Coachee nimmt aus eigenem Antrieb teil, ohne negative Sanktionen im Hintergrund), Sympathie (im Sinne von Bereitschaft zur gegenseitigen Annahme und Kooperation), Offenheit und Vertraulichkeit (vgl. Zielke et al. 2007, S. 38 f.). Externe Coaches können diesen Vorgaben in der Regel leichter, zumindest aber glaubwürdiger nachgehen als interne Coaches, insbesondere dann, wenn Vorgesetzte sich als Coaches anbieten.

Die Problemdisposition hierbei ist: Coaching-Prozesse werden oft genug dann begonnen, wenn der Coachee sich in vielfältigen Konfliktsituationen gefangen ist und damit auch seine Selbstwirksamkeit nur noch eingeschränkt wahrnimmt (vgl. Winter und Kuntz 2016, S. 49). Wenn ein Beteiligter am Konfliktszenario auch noch als zusätzlich in den Bearbeitungsprozess eingreift, kann dies statt eine Konfliktlösung eher zu einer Konfliktvertiefung führen. Von daher sollten sich Führungskräfte durchaus des Coachinginstrumentariums bedienen, um eine partnerschaftliche Arbeitsatmosphäre zu schaffen, aber nicht selbst in die klassische Coaching-Rolle schlüpfen.

Zentral am Coaching -Prozess ist, wie bereits angesprochen, dass sich die gecoachte Person nicht zu sehr an die Vorgaben des Coaches anlehnt, sondern vielmehr Lösungen für bestimmte Probleme erarbeitet, die aufgrund der eigenständigen Erarbeitung realistischer sind und für den Coachee auch ein höheres Commitment aufweisen. Greift der Coach zu sehr inhaltlich ein, wird er seinem Coachee eine fremde Lösung überstülpen und ihn womöglich auch in eine unnötige Abhängigkeit bringen. Coaching ist also dann erfolgreich, wenn die gecoachte Person nach Abschluss des Coachingprozesses selbstständig weiter arbeitet und insgesamt seine Aufgaben „besser" wahrnehmen kann, sprich erfolgreicher und zufriedener mit seiner Tätigkeit ist oder aber eine neue, besser geeignete Perspektive findet.

Supervision ist eine Spielart des Coachings, bei dem meist in kleineren Gruppen unter Leitung eines speziell ausgebildeten Supervisors über typische Anforderungen und Problematiken des jeweiligen Berufsfeldes gesprochen und in Form kollegialer Beratung

Lösungen bzw. Umgangsformen dazu erarbeitet werden. Dabei soll verhindert werden, dass einzelne Mitarbeiter in herausfordernden Situationen in Bedrängnis geraten und womöglich an diesen Belastungen scheitern. Besonders verbreitet sind Supervisionen im sozialen und seelsorgerischen Umfeld sowie im medizinischen Bereichen, dort z. B. als „Balint-Gruppen", die an ihre Mitarbeiter oftmals eine besondere mentale Beanspruchung stellen. Supervision erscheint damit eher auf die Verarbeitung bisheriger Erfahrungen ausgerichtet, um übermäßige mentale Belastungen rechtzeitig zu erkennen, im Gegensatz zu Coaching. Dieses baut auch auf Erfahrungen auf, ist aber stärker auf Verhaltensänderungen in der Zukunft gerichtet.

Analog kann *Intervision* als Coaching-Instrument angesehen werden, die vor allem in der sozialen und psychotherapeutischen Berufswelt angeboten wird. Hierbei bieten gleichgestellte Personen, also Kollegen mit ähnlichem Arbeitsfeld in ähnlicher beruflicher Stellung, sich gegenseitig Unterstützung in beruflichen Fragen an (vgl. Lippmann 2009). Eine besondere Spielart der Intervision ist das „Erfolgsteam" (Sher 2012; siehe auch Gulder 2007) bzw. die „kollegiale Beratung" (Braun 2008; Tietze 2010), bei der kollegiale Beratung z. B. unter Freiberuflern oder Inhabern mittelständischer Handelsunternehmen gegeben und angenommen wird. Hierbei kommt dem Personaldienstleister die Aufgabe zu, den Intervisionsprozess zu moderieren und auf Ergebnisse auszurichten.

4.2.2.8 Die Mediation

Mediation ist eine Form des äußeren Eingreifens in innerorganisationale Konflikte. Hierbei steht die Überlegung im Vordergrund, dass externe Berater die Konfliktsituation mit ihrem Blick von außen eher ganzheitlich erfassen können und zudem nicht unbedingt als Machtfaktor im innerbetrieblichen Machtgefüge wahrgenommen werden (siehe auch Folkersma und Glasl 2013, S. 40 f.; Pichler 2013, S. 36 ff.). Eine Mediation umfasst folglich:

- Auftragsklärung
- Konfliktexploration bei den Beteiligten
- Definition einer Lösung und deren Angebot an die Beteiligten
- Vereinbarung der Lösung
- Ggf. auch eine Nacharbeit zur Umsetzung der Konfliktlösung

Oftmals wird Mediation als Möglichkeit gesehen, eine arbeitsrechtliche Auseinandersetzung und damit Kosten und/oder die Trennung von Mitarbeitern zu vermeiden, da Konfliktpunkte wie Mobbingverdacht oder Diskriminierung aufgefangen und bearbeitet werden (vgl. Auerbach 2015, S. 104 ff.; o. V. 2013e, Zoch et al., 2015, S. 43 ff.).

Wichtig ist bei der Erarbeitung einer Konfliktlösung, dass es für alle Beteiligten eine umfassende Konfliktanalyse gibt und die Konfliktlösung für alle eine positive Perspektive beinhaltet. Dazu müssen in der Regel auch Kompromisse auf allen Seiten eingangen werden.

Eine weitere Begleitung kann daher sinnvoll sein (vgl. Zoch et al. 2015, S. 47 ff.), wenngleich diese nicht immer vom Kunden aufgrund finanzieller Restriktionen mitgetragen wird.

Mitte 2016 hat die Bundesregierung für Deutschland eine Rechtsverordnung für zertifizierte Mediation beschlossen. Als zertifizierter Mediator darf sich jemand bezeichnen, der eine Schulung von mindestens 120 Stunden nach den Vorgaben der Verordnung absolviert hat. Damit wird intendiert, Mediation nach allgemeingültigen Qualitätskriterien anzubieten (vgl. Börner und Schwertfeger 2017, S. 36 ff.). Inwiefern sich diese Zertifizierung am Markt durchsetzt, kann derzeit noch nicht beurteilt werden.

4.2.2.9 Die Karriere- und Bewerbungsberatung

Aufgrund der sehr engen Vertrautheit mit Bewerbungs- und Vermittlungsprozessen werden Personalberater oft von Arbeitnehmern um Hilfestellung zu Karriere- und Bewerbungsfragen gebeten. Diese Karriereberatung kann in verschiedenen Formen erfolgen, und zwar als:

- Individuelle Beratung Einzelner, bei dem ähnlich wie beim Coaching Fragen zu den Vorstellungen, Potenzialen und Kompetenzen des Arbeitnehmers gestellt werden (vgl. von Richthofen et al. 2013, S. 22 f.)
- Dabei kann es sinnvoll sein, auf gängige Modelle der Persönlichkeitsbeurteilung, wie z. B. der Myers-Briggst-Typen-Indikator (MBTI, vgl. Bents und Blank 1995), der Big-Five-Ansatz nach Costa und McCray (vgl. Borkenau und Ostendorf 2008) oder das Stephen-Reiss-Profil (vgl. Ion und Brand 2011) zurückzugreifen, um dem Klienten eine Gesprächs- und Orientierungsbasis anzubieten
- Gruppenberatung, vor allem in Form von Seminaren und Workshops

Als Themen werden eine Situationsanalyse sowie Handlungsmöglichkeiten analysiert sowie mit einem möglichst realistischen Handlungsplan verbunden. Dies kann z. B. eine Bewerbungsstrategie oder eine Fortbildungsstrategie umfassen oder eine Optimierung der Bewerbungsunterlagen oder des persönlichen Auftretens in Bewerbungsgesprächen. Im Gegensatz zum Coaching werden hierbei aber konkretere Handlungsvorschläge und Hinweise vom Auftraggeber erbeten und vom Berater gegeben. Der Ratsuchende will also ein direktes, möglichst hilfreiches Feedback erhalten und befragt dazu den Berater als neutralen, fachkundigen Dritten.

4.2.2.10   Die Outplacement-Beratung

Beim Outplacement, manchmal auch als „New Placement" (Rautenberg und König 2016, S. 65) genannt, wird vom Arbeitgeber den Mitarbeitern eine Hilfe beim Finden einer neuen beruflichen Herausforderung angeboten (vgl. Nadig und Flum 2008; o. V. 2014b). Dies kann sowohl einzelne Mitarbeiter betreffen (Einzel-Outplacement, i. d. R. bei höheren Führungskräften) als auch Gruppen von Mitarbeitern, als sog. Gruppen-Outplacement (vgl. Böhnke 2012, S. 30 f.). Letzteres greift vor allem bei Kräften auf der Sachbearbeiter- bzw. Produktionsebene, wenn ganze Abteilungen geschlossen oder reduziert werden (vgl. Berg-Peer 2003; Rundstedt 2009, S. 191 ff.). Inzwischen kann man davon ausgehen, dass Outplacement nicht mehr auf leitender Führungskräfte allein beschränkt ist, sondern für eine größere Gruppe angeboten wird, ab einem Jahreseinkommen von ca. 60.000 Euro (vgl. Rautenberg 2016, S. 65) bzw. ca. 90.000 Schweizer Franken (vgl. Meier 2011, S. 24 f.).

Die besondere Problematik und zugleich beste Begründung dieser Dienstleistung ergibt sich aus den psychologischen Momenten einer Freisetzung. Die betroffenen Mitarbeiter sehen sich Selbstzweifeln gegenüber, fühlen sich in ihrer gesamten Person in Frage gestellt, da sie zugleich Broterwerb und Selbstbestätigung verlieren (vgl. Böhnke 2012, S. 10 ff.; Boenig 2015, S. 12 ff.; Dohmke und Verfürth 2017, S. 54 f.). Und diese Anfechtung strahlt auch auf die übrigen Mitarbeiter aus, die möglicherweise eine ähnliche Bedrohung empfinden (siehe auch BDU 2013, S. 1 f.; Meier 2011, S. 25). Gerade die psychische Belastung in einer Trennungssituation will aufgefangen werden, damit ein „Loslassen" leichter wird und nicht in einer längerwierigen, möglicherweise auch arbeitsgerichtlichen Auseinandersetzung mit dem ehemaligen Arbeitgeber endet (vgl. Rautenberg 2016, S. 65; ähnlich BDU 2013, S. 6).

Eine faire Trennungskultur, die eine umfassende Begleitung in der Freisetzung umfasst, senkt damit sowohl für die betroffene Person als auch für die verbleibenden Mitarbeiter die psychische Belastung, dient damit dem Betriebsfrieden sowie dem Image als Arbeitgeber (vgl. Böhnke 2012, S. 22 f.; o. V. 2014b). Nicht zuletzt ist sie Ausdruck der Verantwortung gegenüber Mitarbeitern, die sich bis dato engagiert für das Unternehmen eingesetzt haben.

Hierzu umfasst das Angebotsspektrum:

- Auftragsvereinbarung: Begleitung einer oder mehrerer Personen bei ihrer Freisetzung
- Ein Auftaktgespräch mit der Zielperson, dem Berater und ggf. Unternehmensvertretern, möglichst direkt im Anschluss an das Trennungsgespräch, um den Klienten in dieser schwierigen Situation aufzufangen (vgl. Rütti 2017)
- Explorationsgespräche mit ein bis zwei Terminen
- Eine Definition der Interessen der Zielperson, der Rahmenbedingungen (z. B. Familie und ihre Unterstützung, räumliche Mobilität, Branchenmobilität, …), Erfolgswünsche und -vorstellungen
- Umsetzungsgespräche (3–8 Termine), die neben einer Perspektivendefinition auch Bewerbungstrainings, Gespräche mit sozialem Umfeld, eignungsdiagnostische Analysen oder die Vorbereitung bei der eigenen Existenzgründung umfassen können
  - Ggf. auch als Unterstützung die Aktivierung des Kontaktnetzes eines Outplacement-Beraters, um im „verdeckten Arbeitsmarkt" neue Arbeitschancen zu erhalten
  - Teilweise kann es auch sinnvoll sein, Gruppengespräche mit anderen Betroffenen anzubieten, damit der Klient erfährt, dass er mit seinen Verunsicherungen und Selbstzweifeln nicht allein steht und um einen Überblick über verschiedene Ansätze zur Bewältigung der Krisensituation zu bekommen (vgl. Rütti 2017)
- Nach Auftragsende ggf. noch einen Follow up-Termin, nach ca. sechs bis zwölf Monaten, wobei die durchschnittliche Dauer bis zum Abschluss eines neuen Arbeitsvertrages zwischen ca. 4–5 Monaten (vgl. Kutter und Roseneck 2011) und 9–12 Monaten (vgl. Dohmke und Verfürth 2017, S. 54 f.; ähnlich BDU 2013, S. 7 f.) betragen soll.

Allerdings stellt sich die Frage nach der steuerlichen Behandlung der Beratungsaufwendungen. Sofern der Arbeitgeber nicht nachweisen kann, dass sie in seinem eigenen überwiegenden Nutzen stehen, kann dem betroffenen Arbeitgeber eine Versteuerung als Sachbezug drohen (vgl. Heise 2012). Die bereits vorher genannte Signalwirkung sollte diesen überwiegenden Nutzen für den Arbeitgeber allerdings rechtfertigen, zumal nach Angaben einschlägig tätiger Berater die Erfolgsquote bei ca. 70–90 % liegt, innerhalb eines Jahres gerechnet (vgl. Leendertje 2014).

Ggf. kann es erforderlich sein, beim Outplacement größerer Gruppen eine Transfergesellschaft zu gründen, die Weiterqualifikation und Betreuung der betroffenen Mitarbeiter übernimmt (siehe auch Kleiner et al. 2012, S. 53 f.; Kuchenbecher und Schmitt 2005).

Bei einer Transfergesellschaft gilt es, für die betroffenen Mitarbeiter eine Übergangslösung zu finden, die insgesamt – wie bei allen Outplacement-Maßnahmen – den Ausstieg aus dem alten Arbeitsverhältnis und das Finden einer neuen Perspektive erleichtern soll. Den betroffenen Mitarbeitern bietet die Transfergesellschaft also eine zeitliche Überbrückung bis zur nächsten Stelle, Möglichkeiten zur Qualifizierung im aktuellen Beruf bzw. Weiterbildung in anderen Berufsfeldern und eine mehr oder wenige umfassende „Begleitung", durch Bewerbungstraining, Gesprächsangebote und teilweise auch umfassendere psychologische Betreuung (vgl. Böhnke 2012, S. 33 ff.) Rechtstechnisch wird in der Regel mit dem Übertritt der Mitarbeiter in die Transfergesellschaft der bisherige Arbeitsvertrag mittels eines Aufhebungsvertrags aufgelöst. Die betroffenen Mitarbeiter gehen in eine so genannte „Transfer-Kurzarbeit" nach § 216b SGB III und erhalten dazu Transfer-Kurzarbeitergeld sowie eine Aufstockung durch den ehemaligen Arbeitgeber. Der betreuende Personaldienstleister übernimmt hierzu:

- das Management der Transfergesellschaft, oft einschließlich der Abwicklungsarbeiten mit der Agentur für Arbeit
- die Beurteilung der Mitarbeiter hinsichtlich ihren Fähigkeiten und Potenzialen zur Fort- und Weiterbildung
- die Beratung der Mitarbeiter zu Bewerbungsstrategien und zum Umgang mit der komplexen Situation
- teilweise auch eine ergänzende Beratung des sozialen Umfelds der betroffenen Mitarbeiter

In der Regel haben Transfergesellschaften ihren Zweck innerhalb von neun bis zwölf Monaten erfüllt.

Die besonderen Vorteile der Outplacement -Beratung ergeben sich aus den Folgen einer Vertragsaufhebung für den Mitarbeiter. Durch die Kündigung und die damit verbundene Abtrennung von Aufgaben, Statussymbolen und sozialer Anerkennung geraten Mitarbeiter allgemein, Führungskräfte mit deutlich höherem Zeiteinsatz für den Arbeitsplatz aber noch deutlich häufiger unter erhebliche emotionale Belastung. Eine externe Beratung hilft dann insbesondere im Umgang mit den mentalen Problemen und kann so die Betroffenen bei der Verarbeitung der Trennung und der zielgerichteten Suche nach neuen Herausforderungen helfen (vgl. Winkler und Niemann 2013, S. 56 ff., ähnlich Lohaus 2010). Die Angaben über die Erfolgswirksamkeit variieren sehr stark – sie liegen zwischen 10 und 80 % Vermittlungserfolg (vgl. o. V. 2014d, 2016) und hängen von verschiedenen Faktoren wie der Mitarbeiterstruktur sowie der Struktur des Wirtschaftsstandortes ab.

Mit Outplacement -Beratung kann ein Arbeitgeber zeigen, dass er soziale Verantwortung auch bei der Freisetzung von Arbeitskräften übernimmt, zumal die zu entlassenden Personen oft in vergleichbaren Arbeitsbereichen wieder eine neue Stelle finden (siehe auch Siemann 2013, S. 58 f.). Damit wird sowohl bei der zu entlassenden Person als auch bei den zurückbleibenden Mitarbeitern Unruhe und Demotivation vermieden (vgl. Kleiner et al. 2012, S. 52 ff.) und hilft, Kosten aus Rechtsstreitigkeiten mit der freigesetzten Person zu vermeiden, ebenso wie Kosten aus verminderter Arbeitsleistung bei den verbleibenden Arbeitskräften, aufgrund der Verunsicherung (vgl. Rütten 2013, S. 59–61). Vorteilhaft ist außerdem für den Arbeitnehmer, dass Outplacement-Leistungen im Rahmen der Abfindung weder zu versteuern noch bei der Arbeitsvermittlung anzugeben sind.

Outplacement-Dienstleistungen können auch als Wiedereingliederungsmaßnahmen im Sinne des § 110 SGB III gesehen und nach § 216a SGB III gefördert werden, wenn die betroffenen Mitarbeitern aufgrund einer Betriebsänderung akut von Entlassung bedroht sind und damit die Eingliederung in den Arbeitsmarkt ermöglicht wird. Allerdings müssen beide Parteien, Unternehmen wie Arbeitnehmer bzw. deren Mitarbeitervertretung, sich im Vorfeld von der Arbeitsagentur beraten lassen. Die Maßnahmen müssen von einem Dritten (d. h. einem Personaldienstleister) durchgeführt werden, einer Qualitätssicherung unterliegen und verschiedene Schritte wie eine psychologische Beratung, kurze Qualifizierungsmaßnahmen (z. B. Bewerbertraining), Feststellung des Qualifizierungsbedarfs, Beratung bei der Arbeitsplatzsuche sowie Akquise von Stellenangeboten bzw. Existenzgründerberatung usw. umfassen. Dazu kann die Arbeitsagentur auch einen Zuschuss in Höhe von 50 % der nachgewiesenen Kosten, jedoch maximal 2500 € gewähren.

Im Bereich des Outplacement kommt es immer wieder zu interessanten Lösungen. So berichtet Witte (1999, S. 44 ff.) von einem Personalabbau bei der Commerzbank AG, die durch eine Transfergesellschaft namens Adcom unterstützt wurde. Dieses war eine gemeinsame Tochtergesellschaft der Commerzbank AG und des Zeitarbeitsunternehmens Adecco GmbH, in der die betroffenen Arbeitnehmer für neue Aufgaben weiterqualifiziert und möglichst in unbefristete Arbeitsstellen bei anderen Unternehmen weitervermittelt wurden (vgl. Witte 1999, S. 44 ff.). Auch für preisgünstige Gruppen-Outplacements können individuelle und kostengünstige Angebote bereitgehalten werden, in Form von ePlacement-Lösungen (vgl. Böhnke 2012, S. 55 ff.).

4.2.3 Die Angebote der assistierenden Personaldienste

Bei assistierenden Personaldienstleistungen ist ein genau definierter Erfolg geschuldet, nämlich die Erbringung einer umrissenen Leistung zu einem bestimmten Zeitpunkt bzw. innerhalb eines bestimmten Zeitraumes. Juristen werden hier eher einen Werkvertrag nach

§§ 631 ff. BGB oder einen Werklieferungsvertrag nach §§ 651 ff BGB denn einen Dienstvertrag nach §§ 611 ff. BGB sehen, auch wenn man aus Marketingsicht ebenfalls eine Dienstleistung erkennt – man darf sich hier nicht auf die gleiche Konnotation bei gleicher Denotation verlassen.

4.2.3.1 Die Arbeitnehmerüberlassung

Bei der Zeitarbeit bzw. Arbeitnehmerüberlassung, öfters auch Personalleasing oder in der Schweiz auch Temporärarbeit genannt, ist die zeitweise Übertragung von Arbeitskräften auf ein anderes, rechtlich und wirtschaftlich selbstständiges Unternehmen, um diesem Unternehmen den Ausgleich einer personellen Vakanz zu erlauben. Die Überlassung soll „vorübergehend" (§ 1 I S 2 AÜG, ergänzend die BAG-Urteile vom 11.07.2013, Az.: 7 ABR 91/11, und 10.12.2013, 9 AZR 51/13; für Österreich in § 3 AÜG und in der Schweiz über §§ 19 f. AVG analog geregelt), also befristet erfolgen, wobei eine konkrete Befristung im Gesetz nicht weiter definiert ist. Inhalte der Angebotsleistung Arbeitnehmerüberlassung sind:

- Die Vereinbarung zum Ausgleich einer Vakanz, mit bestimmten fachlichen Anforderungen, wobei es die Möglichkeit gibt, im Überlassungsvertrag das zu erbringende Leistungsniveau mehr oder weniger genau zu spezifizieren, mit allen entsprechenden juristischen Konsequenzen (vgl. Grünberg und Lambrich 2013, S. 65–67; Pollert und Spieler 2011, S. 57 ff.)
- Die Identifikation geeigneter Mitarbeiter, im Sinne einer fachlichen und persönlichen Eignung, tw. mit Gesundheitscheck und ggf. auch fachlicher Fortbildung, z. B. Staplerschein oder Schweißerschein)
- Die Entsendung und Integration vor Ort
- Die Begleitung vor Ort, sowohl der entliehenen Mitarbeiter als auch des Kunden
- Ggf. auch eine „Übertragung" des Mitarbeiters auf das ausleihende Unternehmen, wenn sich die Kraft aus Sicht des Ausleihenden bewährt hat und ein fortgesetzter Bedarf besteht

Dieses grundsätzliche Angebot von Arbeitskraft auf Zeit kann durch eine entsprechende Anreicherung bzw. durch einen mengenmäßigen Aufbau ergänzt werden um:

- Master Vendor -Dienstleistungen: Das Zeitarbeitsunternehmen stellt dem entleihenden Unternehmen nicht nur eigenes Personal zur Verfügung, sondern auch Personal aus dem Bestand anderer Zeitarbeitsunternehmen und übernimmt hierzu die Abwicklung und Einsatzplanung im Stile eines Generalunternehmers, ein Angebot, das vor allem dann genutzt wird, wenn der Auftragnehmer aus dem eigenen Personalbestand nicht ausreichend Personal bereit stellen kann oder der Auftraggeber aus Gründen der Risikostreuung auf ein breiteres Personalportfolio zurück greifen will
- Managed Service-providing: (MSP), als „Makler-Angebot" zwischen einem entleihenden Unternehmen und verschiedenen Zeitarbeitsunternehmen, bei dem der

4.2 Produktpolitische Aspekte der Personaldienstleistung

MSP-Anbieter die Auswahl und Beauftragung der jeweiligen Zeitarbeitsunternehmen nach Vorgaben des Entleihers durchführt und auch die konkreten Einsätze von Zeitarbeitnehmern steuert und abrechnet
- Personalvermittlung und Arbeitsvermittlung, insbesondere in der Zusammenarbeit mit den örtlichen Arbeitsgemeinschaften
- Outplacement -Beratung, also die Überführung von freizustellenden Arbeitnehmern in den Personalbestand des Personaldienstleisters oder bei Dritten, wobei das „Lease Back" – das Personal wird gleich wieder dem alten Arbeitgeber als Zeitarbeit zur Verfügung gestellt – zur Vermeidung eines „Drehtür-Effekts" nur zulässig ist, wenn die Anstellungsbedingungen für den Arbeitnehmer sich dadurch nicht verschlechtern

Auch wenn die ursprüngliche Intention der Arbeitnehmerüberlassung in der Überbrückung einer zeitlich nicht oder nicht gleich lösbaren Vakanz besteht, stellt man immer häufiger fest, dass Zeitarbeit auch aus anderen Gründen erfolgen kann. So kann das ausleihende Unternehmen oftmals auch einen Erprobungs- und Einarbeitungszweck mit dem Personalleasing verfolgen. Teilweise werden auch Einsparungen vermutet, da Zeitarbeitnehmer oftmals zu geringeren Löhnen entlohnt werden als die Stammbelegschaft (siehe o. V. 2013c). Dass dies gegen den Grundsatz des „equal treatment s" (Hurst 2010, S. 4 f.) verstösst, steht auf einem anderen Blatt und wird sicher im Einzelfall begründet werden.

Dies findet sich insbesondere in den Fällen, in denen ein Großunternehmen ein Inhouse-Zeitarbeitsunternehmen gründet (vgl. Schröder 2010, S. 170 ff.), die damit eine Mischung aus den beiden Personaldienstleistungen Zeitarbeit und Outsourcing darstellt. Allerdings ist dies nach aktueller Rechtsprechung keine Umgehung der Zeitarbeitsbestimmungen. Ein Mitarbeiter eines konzerninternen Unternehmens der Arbeitnehmerüberlassung kann daher nicht auf Übernahme in die Stammbelegschaft der Muttergesellschaft bestehen (BAG-Urteil vom 15.5.2013, Az. Az. 7 AZR 494/11; ergänzend Lipinski und Praß 2013).

In vielen Unternehmen zeigt sich mittlerweile, dass ein Zeitarbeitsunternehmen eine größere Mitarbeiteranzahl bereit stellt und vor Ort auch bestimmte Management-Aufgaben (sog. „on-site-Management", das aber begrifflich abzugrenzen ist vom oftmals auch „on-site-Management" genannten Interims-Management) dazu übernimmt. Je nach Organisationsgrad wird inzwischen auch von „Industrie-Dienstleistungen" gesprochen, wobei unter Industrie-Dienstleistung die komplette Übernahme einzelner Prozesse unter eigener Regie des Dienstleisters zu sehen ist (z. B. die Übernahme der gesamten innerbetrieblichen Logistik in einem Produktionsbetrieb), bei on-site-Management hingegen die Zeitarbeitnehmer hingegen nach wie vor weisungsgebunden Arbeitsaufgaben in direkter fachlicher Weisung des ausleihenden Unternehmens ausführen.

Im Grenzbereich der gewerblichen Arbeitnehmerüberlassung bewegt sich die Ingenieursdienstleistung. Unternehmen wie Brunel, euro engineering oder Bertrandt stellen einerseits technische Arbeitskräfte für den vorübergehenden Einsatz im Unternehmen des Auftraggebers bereit, was der klassischen Zeitarbeit entspricht. Andererseits übernehmen sie auch Entwicklungsaufgaben in eigene Büros und reichen das fertige Entwicklungsergebnis an den Auftraggeber zurück, womit sie eher ein Outsourcing-Betrieb oder Zulieferunternehmen sind.

4.2.3.2 Ingenieur- und Industriedienstleistungen als Schnittfeldaufgabe

In einem Schnittfeld zur Arbeitnehmerüberlassung finden sich die so genannten „Ingenieurdienstleistungen" und „Industriedienstleistungen". Als Ingenieurdienstleistung gilt dabei die Abstellung von (Wo-)Manpower im technisch-konstruktiven Bereich, v. a. für Projekt- und Entwicklungsaufgaben. Hier liegt typischerweise ein Werkvertrag nach § 631 ff. BGB (in A in Negativdefinition zu § 4 II ASVG; in CH Art. 363 OR) vor. Gehen die eingesetzten Mitarbeiter vorübergehend zum Auftraggeber, kann man von Arbeitnehmerüberlassung sprechen. Werden hingegen komplexe Entwicklungsaufgaben von einem Industrieunternehmen auf den Ingenieurdienstleister übertragen, ist dies eher ein Fall von Zukauf kompletter Lösungen und damit eine Form des Outsourcing. Das Aachener Unternehmen 3P kann hier als Beispiel gelten, da es ein breites Feld von Arbeitnehmerüberlassung, technischer Beratung und Übernahme von Projektaufgaben offeriert (vgl. Froitheim 2014, S. 58 ff.) und damit sich u. a., aber nicht allein im Bereich der Arbeitnehmerüberlassung bewegt. Ähnliches kann auch für die anderen Branchengrößen wie Bertrandt AG, Brunel GmbH oder euro engineering GmbH gesagt werden.

Bei Industriedienstleistungen werden bestimmte Arbeitsprozesse im Unternehmen an externe Dienstleister vergeben, wie z. B. Industriemontagen bzw- umbauten, Logistikaufgaben in einem Werk oder die Wartung und Reinigung von Produktionsanlagen. Hierbei werden nicht mehr einzelne Zeitarbeitnehmer beauftragt, sondern ein Arbeitspaket in toto („shop-in-shop-Lösungen") vergeben, wofür oftmals Unternehmen mit Nähe zur Zeitarbeit den Zuschlag erhalten. Werden hierfür die Arbeitsmittel etc. fest vorgegeben, liegt eine Einstufung als Werklieferungsvertrag nach § 651 BGB (in A eine Einordnung nach § 381 II HGB, in CH eine Subsumierung unter Art. 365 I OR) nahe.

Auftragsvergabe, Arbeitsweisen und Abrechnung erbrachter Dienstleistungen erfolgen oft ähnlich wie in der Zeitarbeit und begründen auch Arbeitsverhältnisse, die denen in der Zeitarbeit ähneln (siehe auch Seeger und Seeger 2010, S. 275 ff.), so dass man von einem Schnittfeld sprechen kann. Allerdings legen die Anbieter von Industriedienstleistungen allem Anschein nach großen Wert darauf, nicht als Zeitarbeitsunternehmen zu gelten.

4.2.3.3 Das Interims-Management

Das Interims-Management, auch on-site-Management oder Management auf Zeit genannt, ist im Prinzip eine Form von Personalüberlassung, die aber leitende Angestellte i. S. d. § 5 BetrVerfG 76 oder gar Organschaftsmitglieder (i.e. AG- und eG-Vorstand, GmbH-Geschäftsführer) betrifft und damit nicht unter die Bestimmungen der Arbeitnehmerüberlassung fällt (siehe auch Gutmann und Kilian 2011, S. 32 f.). Die Interessenvertretung AIMP legt in ihrer Satzung sogar Wert darauf, dass man als Interims-Manager keine Zeitarbeit anbietet (vgl. AIMP 2008, S. 2), auch wenn Interimsmanagement in den letzten Jahren vermehrt zum Abfangen von kurzfristigem Zusatzbedarf genutzt wird und weniger als Krisenintervention (vgl. Furkel 2013b, S. 60 f.; ähnlich Linnhoff 2013, S. V2/12; Reddig 2013, S. 70 f.) und in ihrer Charakteristik letztendlich Zeitarbeit auf Managementniveau vergleichbar ist. Als Haupteinsatzfelder des Interim-Managements gelten (vgl. Faber

4.2 Produktpolitische Aspekte der Personaldienstleistung

und Thomas 2015, S. 5 ff.; König 2013, ähnlich Hoffmann 2014, S. V2/19; Linnhoff 2013, S. V2/12, Reddig 2013, S. 71 f.; Schleufe 2015; Sywottek 2016, S. 77 ff.):

- Sanierung und Restrukturierung
- Abdeckung von zusätzlichem Bedarf an Management-Kräften, für befristete Zeiträume von mehreren Monaten
- die oft mit Projektverantwortung gekoppelt ist und häufig auch aus einer Unternehmensberatung abgeleitet oder zum Ausgleich einer fehlenden Verantwortungsstelle angeboten wird
- Überbrückung von Vakanzen, z. B. durch vorzeitigen Ausstieg eines leitenden Mitarbeiters oder aufgrund der fehlenden Möglichkeit, nach Pensionierungen rechtzeitig qualifizierten Ersatz zu gewinnen
- ergänzend bietet bei spezialisierten Agenturen der entsendende Dienstleister eine Art Begleitung bzw. Supervision für die die Interims-Manager während ihres Einsatzes an

Hingegen werden längerfristige Aufgaben wie Personalentwicklung oder Innovationsmanagement in der Regel nicht als typische Aufträge gesehen (vgl. Linnhoff 2013, S. V2/12).

Als besonderer Vorteil des Interim Management gilt neben der Tatsache der kurzfristigen Verfügbarkeit auch die Möglichkeit, unangenehme Aufgaben der Restrukturierung an einen externen Mitarbeiter zu vergeben, der nach Erledigung nicht mehr im Unternehmen ist und demzufolge auch die Belegschaft leichter wieder zur Ruhe finden lässt (vgl. Sywottek 2016, S. 78).

Nebenbei bemerkt: Im Bereich der Zeitarbeit wird mit dem Begriff des „on-site-Managements" auch die Vorort-Präsenz von Disponenten der Zeitarbeitsfirma beschrieben (z. B. bei Promberger 2006, S. 265), so dass diese Begrifflichkeit noch nicht als endgültig definiert anzusehen ist.

Hilfreich für Interims-Manager ist neben einer hinreichenden Erfahrung in fachlichen und Führungsfunktionen stets eine Weiterbildung zum Business Coach und/oder Interim Executive. Dadurch kann die fachliche Expertise auch methodisch versierter in das Auftragsunternehmen integriert werden. Auch eine vorher gehende Berufserfahrung als Unternehmensberater kann eine wertvolle Basis bilden (vgl. Fiedler 2013).

Ähnlich wie bei der Zeitarbeit kann in bestimmten Fällen aus einer befristeten Tätigkeit eine „Abwerbung" für das beauftragende Unternehmen werden (vgl. Linnhoff 2013, S. V2/12, Reddig 2013, S. 71 f.). Dies hat für beide Seiten den Vorteil, dass man bereits die näheren Umstände der Zusammenarbeit bereits in der praktischen Zusammenarbeit prüfen konnte und das Risiko der entsprechenden Entscheidung damit für beide Seiten gesenkt wurde.

Ein weitgehend unbehandelter Punkt ist die Frage der Organschaftshaftung bei Organschaftsmitgliedern auf Zeit – ist der Interims-Manager formal bestellt oder handelt er nur „im Auftrag" und ist damit de jure gar kein Organschaftsmitglied? Mit einer formalen Bestellung würde aus dem Interims-Manager eine fest angestellte Führungskraft, mit allen

Konsequenzen des Eintrags im Handelsregister und der persönlichen Verantwortung. Ohne formale Bestellung hingegen müsste im ausleihenden Unternehmen eine angestellte Kraft die formale Haftung übernehmen, und der Interims-Manager verbleibt auf einer formalen Beraterebene. Was nach formaljuristischen Überlegungen klingt, hat handfeste Auswirkungen auf die Arbeitsweisen im Unternehmen, mit nicht unerheblichen Haftungsrisiken für die Interimskraft wie auch den Auftraggeber (vgl. Sunkel 2014, S. 42 ff.). In dem einen Fall kann ein Interims-Manager vollumfänglich und eigenständig handeln, in dem anderen Fall muss er letztendlich für alle Maßnahmen immer einen Ansprechpartner im Unternehmen einbinden.

4.2.3.4 Das Outsourcing
Die Angebotsleistung des Outsourcing von Personalverwaltung umfasst die Übernahme bestimmter personalwirtschaftlicher Verwaltungstätigkeiten, insbesondere die allgemeine Personalverwaltung mit (siehe auch Fischer und Zimmermann 2013, S. 42 ff.):

- Bewerbermanagement
- Führung der Personalakten
- Lohn- und Gehaltsbuchhaltung („payroll services" oder „payrolling" genannt),
- Reisespesenabrechnung
- Seminarverwaltung/Verwaltung der Personalentwicklung
- Zeugniserstellung

Dieser Angebotsbereich erscheint dem HAYS-Report 2011 zufolge an Bedeutung zuzunehmen, da Unternehmen hierdurch sowohl Verwaltungskosten sparen als auch sich auf stärker strategische Fragestellungen konzentrieren wollen (vgl. Rumpp et al. 2011, S. 20 f.). Von diesen üblichen Services des Outsourcing sind das „Application Service Providing" und das „SaaS/Software as a Service" abzutrennen, da diese vor allem Logistik und allgemeine Service-Unterstützung in der IT umfassen (siehe Csillag 2013, S. 62 f.; Fischer und Zimmermann 2013, S. 42; Triebsch 2013, S. 18 f.).

Für HR-Service-Outsourcing kann ein eigenständiger Anbieter ebenso in Erscheinung treten wie ein gemeinsam getragenes Unternehmen von mehreren outsorcenden Unternehmen. Als Qualitätskriterien gelten Bearbeitungs- und Durchlaufzeiten, Fehlerquoten sowie die Bearbeitung bestimmter Fallzahlen, ergänzt um Rationalisierungseffekte, insbesondere die Kosteneinsparung und die Freistellung der HR-Verantwortlichen für strategische Themen. Ggf. kann auch die Übernahme von Personal Gegenstand des Outsourcing-Vertrags sein, um die bisher im eigenen Unternehmen beschäftigten Personen abzusichern. Die einzelnen Leistungsmerkmale beinhalten insbesondere (siehe auch Geiselmann 2011):

- Die Datenübergabe, mit einer Verpflichtung auf Datenschutz
- Die Erledigung eines „Laufenden Prozesses" mit regelmäßig wiederkehrenden Arbeitsschritten (Abrechnung, Überweisungen etc.)
- Eine regelmäßige Prüfung der Zusammenarbeit (Einhalten der Qualität, ggf. Kündigung bzw. Fortführung der Zusammenarbeit)

Nach gängigen Schätzungen wird von ca. 35 % der Unternehmen Outsourcing-Dienste im Personalbereich in Anspruch genommen (vgl. Martin 2013, S. 58 ff.). Mit dem Anwendungsbeispiel „Schweizerische Post" kann die Anwendungsbreite verdeutlicht werden. Sie bietet ihren Kunden ein HR Process Outsourcing mit Shared Service Center an. Das Service Center übernimmt alle Schritte der Rekrutierung, Anstellung, der Lohnabrechnung, Spesenabrechnung, Mutation (d. h. Veränderungen in der Einstufung), der Zeiterfassung, der Erteilung eines Arbeitszeugnisses und weiterer Formalien beim Austritt, sowie Sonderaufträge und Sozialberatung (o. V. 2012a). Man mag überrascht sein, dass ausgerechnet ein Postunternehmen derartige Dienste anbietet, was auf den ersten Blick nicht den Kernkompetenzen entspricht. Allerdings sieht man auch, dass der Outsourcing-Partner über einen umfangreichen Verwaltungsapparat mit bewährten Verwaltungsprozessen verfügt, der diese Dienste relativ einfach anbieten kann und von daher auch als Anbieter in Frage kommen kann.

Insgesamt scheint Outsourcing weit verbreitet zu sein. Nach gängigen Schätzungen wird von ca. 35 % der Unternehmen Outsourcing-Dienste im Personalbereich in Anspruch genommen (vgl. Martin 2013, S. 58 ff.). Von den Vorteilen eines Outsourcings von HR-Prozessen scheinen insbesondere Großunternehmen überzeugt zu sein, hingegen Unternehmen des Mittelstandes deutlich weniger. Einer aktuellen Marktstudie zufolge sieht man, dass nur ein Bruchteil der Klein- und Mittelunternehmen Deutschlands bisher personalwirtschaftliche Aufgaben ausgelagert hat (siehe Fischer und Zimmermann 2013, S. 43).

4.2.4 Das Beschaffungsmarketing und seine Instrumente

Als Beschaffungsmarketing gilt generell die Pflege des Beschaffungsmarktes, mit seinen Roh-, Hilfs- und Betriebsstoffen sowie Vorprodukten, die in die Erstellung der eigenen Produkte eingebettet werden. Durch strategische Entscheidungen (z. B. single sourcing bzw. multi-sourcing) werden Kriterien für eine kosten- oder auch qualitätsoptimierte Beschaffung gebildet und Grundsätze zur Pflege der Bezugsquellen und der Belieferungsstrategie (z. B. just in time) definiert. Das Beschaffungsmarketing legt damit zentrale Grundlagen für die eigene Leistungsqualität.

Bei Personaldienstleistungen geht es weniger um Gegenstände, sondern vielmehr um die Vermittlung von Arbeitskraft bzw. Arbeitsplatzangeboten im Falle der Personalvermittlung. Ein Personaldienstleister wird daher als Beschaffungsmarketing die Pflege des Arbeitnehmermarktes ansehen, da er seine Aufgaben nur dann dauerhaft bewältigen kann, wenn er regelmäßig über eine breite Palette qualifizierter und motivierter Mitarbeiter verfügt. Ähnlich kann man auch mit Bezug auf die Ansprache der zu vermittelnden Arbeitnehmer und Führungskräfte argumentieren. Eine sorgfältige Ansprache und Pflege potenzieller Kandidaten für neue Positionen erfordert vertrauenswürdige Arbeitsweisen und beständige, bewerberorientierte Kontaktpflege. Nur so kann man mögliche Interessenten für neue Herausforderungen ansprechen (vgl. Stephan 2014, S. 48 f.). Analog gilt dies für die Arbeitnehmerüberlassung. Sofern das Zeitarbeitsunternehmen in der Lage ist, qualifizierte und leistungsbereite Arbeitskräfte zu gewinnen, wird es deutlich leichter in der Lage sein, seinen Kundenunternehmen eine ansprechende Dienstleistung zu bieten. Von daher muss ein Personaldienstleistungsunternehmen stets großes Augenmerk auf seine Beschaffungsmärkte richten und den betroffenen Arbeitnehmern ein attraktives Angebot unterbreiten, das neben einer ansprechenden Entlohnung und Arbeitsumgebung auch geeignete Möglichkeiten der persönlichen Entwicklung bietet. Dies kann z. B. durch intensive Betreuung der zu vermittelnden Mitarbeiter geschehen, aber auch durch das Angebot von persönlichen Fortbildungsangeboten, um die eigene Beschäftigungsfähigkeit („employability") zu verbessern. So hat der Bundesarbeitgeberverband der Personaldienstleister in einer Dokumentation aufgezeigt, wie Qualifikation von Zeitarbeitnehmern gelingen und damit ihre Vermittelbarkeit am Arbeitsmarkt gesteigert werden kann (vgl. BAP 2012).

Für die Personalberatung kommt es darauf an, durch öffentlichkeitswirksame Maßnahmen wie z. B. Auftritte aller Art bei Branchenveranstaltungen oder auch werblich gestalteten Suchanzeigen, sich einen Namen zu verschaffen und dadurch Initiativbewerbungen auszulösen. Ein Informationsstand bei einer Branchenmesse bietet u. a. den Vorteil, in kurzem Zeitraum relativ viele mögliche Kandidaten kennenzulernen und für Vakanzen im eigenen Suchgeschäft zu interessieren. Ähnliches gilt für den Besuch von Fachkongressen. Zudem kann es sehr interessant sein, intensiv die Sozialen Netzwerke zu screenen, da hier oftmals Personen sich in Blogs und Persönlichkeitsprofilen mit ihren Interessen und Kenntnissen präsentieren und ergänzend über ihre Vernetzung auch in sozialer Hinsicht beurteilt werden können. Gerade die beruflich orientierten Netzwerke wie xing und LinkedIn bieten hier eine erfreuliche Arbeitsplattform, mit zusätzlichen Funktionalitäten für Personalberater. Weitere Möglichkeiten für Personalberater und Personalvermittler stellen der gezielte Besuch von Branchenevents, ggf. eigene Veranstaltungen rund um Berufsorientierung und Stellensuche und das Angebot von Eignungstests gegen eine Verwaltungsgebühr dar. Ergänzend können auch fachliche Beiträge in Blogs und Foren heran gezogen werden, um die Resonanz in der einschlägigen Community und die Fachkenntnisse der jeweiligen Kandidaten zu beurteilen (siehe auch Dilk und Littger 2008, S. 166). Allerdings muss man auch sehen, dass nur wenige Berufstätige tatsächlich die Zeit haben sich hier ausführlich und fachkundig zu äußern. Von daher dürften derartige Informationen eher die Ausnahme als die Regel darstellen.

Für bestimmte Personaldienstleistungen entstehen beim Beschaffungsmarketing oft „verdeckte Kuppelprozesse". Beispielsweise kann die Suche nach einer bestimmten Führungskraft für einen Verlag (z. B. Redaktionsleitung) mehrere geeignete Kandidaten ergeben, die entweder sich nicht für diese spezielle Vakanz interessieren oder aber von einem Auftraggeber am Ende nicht genommen werden. Dies muss aber nicht gegen die grundsätzliche Qualität der Kandidaten sprechen. Vielmehr kann man mit dem so gewonnenen Profil möglicherweise eine andere Vakanz besetzen und übernimmt die Person folglich in den Bewerberpool. Hier hat sozusagen ein Auftrag die Basis für einen erfolgreichen anderen Auftrag gelegt. Allerdings steht und fällt die Qualität des Bewerberpools mit der Aktualität der Daten und Unterlagen. Und gerade bei Bewerbern um eine neue Stelle muss man davon ausgehen, dass diese oft nach ca. sechs bis zwölf Monaten Suchzeit eine neue Stelle antreten und damit erst einmal aus dem Pool wieder heraus fallen. Sollte dies nicht der Fall sein, macht man oft als Personalberater die Erfahrung, dass sich hinter diesem Kandidaten ein Problem verbirgt oder aber der Kandidat einfach nur seinen Marktwert testen wollte, ohne eine ernsthafte Wechselabsicht zu verfolgen. Kann man den Kandidaten seinerseits keine Alternative anbieten, wird der Kandidat möglicherweise von der Leistungsfähigkeit des Beraters enttäuscht sein und auf später unterbreitete Vorschläge mit Enttäuschung oder anderen unerquicklichen Äußerungen reagieren. Von daher sollte ein entsprechender Pool auch immer aktuell gehalten und mit der notwendigen Delikatesse gepflegt werden.

In der Arbeitnehmerüberlassung wird man mit dem relativ schlechten Ruf der Zeitarbeit und der wahrgenommenen schlechteren Bezahlung mehrere negative Elemente aufgreifen müssen. Dem kann man Vorteile der Arbeitnehmerüberlassung gegenüber stellen, wie z. B. die Möglichkeit, in kurzer Zeit mehrere Unternehmen kennenzulernen, die Möglichkeit zum Erwerb verschiedener Fach- und Organisationskenntnisse (vgl. Gutmann und Kilian 2011, S. 6; Haller und Jahn 2014, S. 1 ff.). Von daher bezeichnen in einer Schweizer Studie 42 % der Befragten genau dieses als Vorteil der Temporärarbeit (vgl. swissstaffing 2011, S. 14 ff.). Nicht zuletzt die Möglichkeit, im ausleihenden Unternehmen eine Festanstellung zu finden (vgl. Knoppik 2012). Diese Übernahme, auch als „Klebeeffekt" bezeichnet, wird zwar in einem relativ geringen Umfang von ca. 7–14 % aller Leiharbeitsverhältnisse tatsächlich realisiert. Sie ist aber auch vor dem Hintergrund zu sehen, dass ein Großteil der Zeitarbeitnehmer aus einer oftmals länger anhaltenden Arbeitslosigkeit kommt und damit überhaupt wieder in den Arbeitsmarkt einsteigen kann (vgl. Walwei und Dörre 2009, S. 13 f.) oder aufgrund von Eltern- und Erziehungszeiten über einen längeren Zeitraum nicht mehr im Erwerbsleben standen.

4.2.5 Die Markenpolitik in der Personaldienstleistung

Eine Marke ist ein Schutzgegenstand, der eine bestimmte Leistungsqualität besitzt, in den relevanten Verkehrskreisen eine anerkannte Geltung besitzt und hinreichend bekannt ist. Hinzu kommt eine eindeutige Gestaltung, z. B. durch Logoi, Farbe, Gestaltung etc. (vgl. Baumgarth 2004, S. 2 ff.). Dementsprechend erlaubt das Markenrecht, beim Vorliegen bestimmter Voraussetzungen die Registrierung von Marken nach §§ 3,5 MarkenG, z. B. anhand von bestimmten Wort- und Bildkombinationen (z. B. die Marken der diversen KFZ-Hersteller), Farbengestaltung (z. B. lila Einfärbung bei Schokoladen), Verpackungsgestaltungen (Quadrate bei Schokoladen, Flaschenform koffeinhaltiger Limonaden oder Mineralwässer) usw. In Anwendung der europäischen Richtlinie 89/104/EWG können neben Markenartikeln auch Dienstleistungen entsprechend geschützt werden. Für Österreich (Markenschutzgesetz) und die Schweiz (Markenschutzgesetz, Markenschutzverordnung) liegen ähnliche Vorschriften vor. Für den Markenschutz ist im deutschen Sprachraum in der Regel das Patent- und Markenamt in München bzw. Wien bzw. Bern zuständig.

Aus Marketingsicht ist es wichtig, sich mit der Grundfunktion von Marken auseinander zu setzen. Marken dienen einer verbesserten Bewerbung, einem erleichterten Kaufabschluss und einer erhöhten Kundenbindung. Zudem können Synergieeffekte für das „employer branding" (siehe Abschn. 4.5.3) gesehen werden, da eine bekannte Marke immer auch auf die Attraktivität als Arbeitgeber abstrahlt. Aufgrund ihrer leichten Erkennbarkeit im Wettbewerb und der Zuschreibung bestimmter Leistungsmerkmale können Vorauswahl und definitive Nachfragerentscheidungen leichter gefällt werden. Gerade beim b2b-Marketing wird der Entscheider die Entscheidung im Unternehmen besser kommunizieren können! Aber auch im Beschaffungsmarketing können bekannte Marken die Kontaktaufnahme und die Abschlussbereitschaft bei den Voranbietern deutlich erleichtern.

Bei Dienstleistungen ist eine gleichmäßige Leistungsqualität in der Dienstleistungserbringung intendiert (z. B. beim Handel: ein bestimmtes Sortiment, bei der Beratung: ein standardisiertes Vorgehen auf einem bestimmten Niveau, …). Allerdings ist hier das bereits weiter oben geschilderte Problem zu beachten: Dienstleistungen werden in der Interaktion zwischen Nachfrager und Anbieter erbracht und sind in hohem Maß von der jeweiligen konkreten Leistungsbereitschaft des Anbieters bzw. seiner Mitarbeiter abhängig.

4.2.6 Qualitätsmanagement als produktpolitisches Feld

Dienstleistungen unterliegen, als immaterielle Leistung, die in der Regel vom Personal getragen wird, gewissen Qualitätsschwankungen. Die Nachfrager antizipieren eine entsprechende Unsicherheit in der Leistungserbringung und erwarten daher Signale vom Anbieter, dass sich das Vertrauen in den Anbieter lohnen kann. Hierzu können neben aussagekräftigen Informationsunterlagen, geeigneten Kundenkontakten und Referenzen aus vorhergehenden Projekten auch Qualitätssiegel aller Art empfehlen. Diese lassen sich unterscheiden in

- Dienstleistungsstandards nach neutralen Vorgaben, insbesondere die Qualitätsnorm DIN ISO 9000 ff für Dienstleistungen
- Spezifische Zertifizierungen von Aufsichtsbehörden, im Bereich der Zeitarbeit und Personalvermittlung ist hier insbesondere die AZAV -Zertifizierung zu nennen, die bei einer Zusammenarbeit mit der Bundesagentur für Arbeit vom Personaldienstleister vorzuweisen ist und eine eine Überprüfung ihrer Arbeitsprozesse auf bestimmte Qualitätsmerkmale beinhaltet, insbesondere im Hinblick auf die fachlichen und finanziellen Leistungsfähigkeiten, entsprechend den Regelungen in § 184 SGB III i. V. m. der AZAV.
- Ggf. auch branchenspezifische Sicherheitszertifikate, wie z. B. das SCP-Sicherheitszertifikat für die petrochemische Industrie (vgl. Moitz 2013, S. 106)
- Spezifische Qualitätssiegel von Gütegemeinschaften, wie RAL GZ 909 für Zeitarbeitsunternehmen
- Verbandssiegel, wie das Zertifikat des BDU für seine Mitgliedsunternehmen, was sich z. B. bei Personalberatern anbietet, analog auch die Ethikkodices, wie z. B. dem iGZ-Ethikkodex oder dem BAP-Verhaltenskodex (vgl. Moitz 2013, S. 103)

- Nicht zuletzt auch Qualitätssiegel von Social Media-Plattformen, wie z. B. das „xing-Top-Coach-Siegel", die auf Bewertungen durch Dritte („Likes") zurückgreifen (Winter und Kuntz 2016, S. 48 ff.)

Qualitätsmanagement hat wie erwähnt die Funktion, alle Arbeitsprozesse auf bestimmte Basismerkmale hin zu untersuchen, die für eine kundengerechte, fehlerfreie Erbringung von Dienstleistungen erforderlich sind. Insbesondere bei der Entwicklung von Innovationen (siehe hierzu Kap. 6) kann es daher sinnvoll sein, anhand eines „house of quality" zu überprüfen, welche Qualitätsanforderungen aus Kundensicht bestehen und in welcher Form sich die verschiedenen Qualitätsanforderungen unterstützen oder möglicherweise auch im Widerspruch zueinanderstehen.

4.2.7 Rechtliche Rahmenbedingungen der Angebotspolitik

Im Bereich der Personaldienstleistungen greifen verschiedene rechtliche Regelungen den Handlungsspielraum erheblich ein. Hierzu zählen in Deutschland (siehe auch Beste et al. 2014, S. 11 ff.; Moitz 2013, S. 16 ff.) – in Österreich und in der Schweiz gibt es oftmals vergleichbare Normen – insbesondere:

- das Allgemeines Arbeitsrecht, durch die Bestimmungen der §§ 612 ff BGB und weiterer Normen (z. B. MutterSchG, JArbSchG)
- die sehr umfangreichen Bestimmungen der Sozialgesetzbücher
- Regelungen zur Vermeidung von Diskriminierung allgemein, die auch auf die Arbeitswelt ausstrahlen, insbesondere das Allgemeine Gleichstellungsgesetz (AGG; siehe hierzu auch Quiring 2007)
- Das Datenschutzrecht, das insbesondere in der Personalverwaltung sowie in der Pflege von Datenbanken bei Personalberatern eingreift
- Spezielle Regelungen zur Arbeitnehmerüberlassung (in Deutschland v. a. Arbeitnehmerüberlassungsgesetz/AÜG, siehe auch BAP 2012, S. 41 ff.; Gutmann und Kilian 2011, S. 41 ff.); das Beschäftigungsförderungsgesetz (BeschFG), das Arbeitsmarktförderungsgesetz ArbFördRG, Job-AQTIV, Hartz I; AEntG, AufenthG), die z. B. in Deutschland für bestimmte Branchen wie der Bauwirtschaft Leiharbeit untersagen (§ 1 AÜG); in Österreich das Arbeitnehmerüberlassungsgesetz (AÜG), in der Schweiz das Arbeitsvermittlungsgesetz (AVG)
- Das Wettbewerbsrecht, dass z. B. für Personalberater einen Bezugspunkt darstellen kann, da das Abwerben von Mitarbeitern durch Wettbewerber einen Verstoß gegen den lauteren Wettbewerb bildet (vgl. Steppan 2004, S. 58 ff.; siehe auch Hillebrecht und Peiniger 2012, S. 87 f.; Schneider 2011, S. 198 ff., S. 168–171) und hier die Personalberatung einen entscheidenden Wettbewerbsvorteil offeriert, nämlich die verdeckte Ansprache von potenziellen Mitarbeitern

Für das Personaldienstleistungsunternehmen bedeutet dies, sowohl die Leistungsqualität in Marktperspektive sicher zu stellen als auch rechtliche Aspekte einzuhalten. Allerdings muss man dies nicht allein als Beschränkung begreifen. Sie bieten auch die Möglichkeit, Leistungsstandards zu definieren und durch Befolgen der Vorgaben auch die gesellschaftliche Akzeptanz zu sichern.

4.2.8 Die Gestaltung von Angeboten und Vertragsabschlüssen

Im Geschäftsverkehr werden Geschäftsbeziehungen in der Regel auf Basis eines schriftlichen Angebots und dessen Annahme durch den Kunden formuliert. Dass Kaufleute sich auch mündlich oder „konkludent" durch geeignete Verhaltensweisen vertraglich binden können, ist möglich, sollte aber insbesondere bei unbekannten Kunden unterbleiben, aus Gründen der Beweisbarkeit von Abmachungen. Aber auch bei bewährten Geschäftsbeziehungen sind schriftliche Bestätigungen der Vereinbarung immer hilfreich, sollte es zu Unklarheiten über die konkrete Ausgestaltung bestimmter Angebote kommen.

Zur Angebotserstellung kommt es zu einem Informationsgespräch mit dem möglichen Auftraggeber, dem so genannten „Briefing". Im schriftlichen Angebot wird man den Auftrag wiederholen (das sog. „Rebriefing"), um so beiden Seiten zu zeigen, was man konkret verstanden hat an Problem- bzw. Aufgabenstellung, Vorgehensweisen, konkretem Auftragsumfang etc. (siehe auch Hillebrecht und Peiniger 2012, S. 57 ff.). Des Weiteren wird man eine transparente Kalkulation der Auftragspositionen integrieren, nach dem Schema:

- Was wird angeboten?
- Zu welchen Kosten werden die einzelnen Arbeitsschritte angeboten?
- Mit welchem Gesamtumfang wird das gesamte Angebot bewertet?
- Welche Zeitplanung liegt dem Vorgehen zugrunde (ggf. auch mit zusätzlichen Angaben wie Angebotsbindung bzw. Frist zur Annahme des Angebots)?

Ergänzend empfehlen sich Hinweise zu weiteren Rahmenbedingungen, insbesondere (siehe auch Beste et al. 2014, S. 89 ff.):

- Frist der Angebotsbindung bzw. Freizeichnungsklausel
- Verwendung von Allgemeinen Geschäftsbedingungen bzw. Akzeptanz der Einkaufsbedingungen des Vertragspartners
- Zahlungsbedingungen und Abrechnungsformen
- Verschwiegenheitsverpflichtungen
- Abschließende Hinweise, z. B. Schriftformerfordernis von Nebenabreden/Ergänzungen, salvatorische Klauseln etc.

Nach Aussendung des Angebots kann der Kundenkontakt fortgeführt werden mit Fragen nach dem Erhalt des Angebots und der Zeitperspektive bis zur Entscheidung über das

Angebot. Insbesondere vor Ablauf der Angebotsbindung sollte nochmals der Kontakt gesucht werden, mit Hinweis auf Ablauf der Angebotsbindung und ggf. dem Hinzufügen eines weiteren Elements, wenn sich im Kundenkontakt ein veränderter oder zusätzlicher konkreter Bedarf ergibt. Auch bei Ablehnung des Angebots kann der Kundenkontakt sinnvoll sein, um zu erfahren, woran die negative Entscheidung lag.

4.2.9 Die Beratungsdokumentation als Arbeitsinstrument

Bei beratenden Personaldienstleistungen liegt in der Regel eine immaterielle Dienstleistung zugrunde, deren Erfolg sich vielleicht in neuen Mitarbeitern, neuen Kompetenzen oder Arbeitsweisen oder aber auch der Freisetzung bestimmter Mitarbeiter manifestiert. Der eigentliche Erfolg ist in der Regel jedoch nicht fassbar. Um hier Unsicherheiten auf beiden Seiten über die korrekte Vertragserfüllung, aber auch Hilfestellung für die weitere Arbeit des Beratungskunden zu geben, empfiehlt sich eine Dokumentation (vgl. Hillebrecht und Peiniger 2012, S. 162 ff.; siehe auch Niedereichholz 2006, S. 361 ff.).

Mindestelemente eines entsprechenden Beratungsberichts sind aus Praxissicht:

- Termin und Anlass der Auftragsvereinbarung, ggf. unter Bezug auf das entsprechende Angebot und dessen Annahme durch den Auftraggeber
- Dokumentation des Vorgehens
- Auswertungen und weitere Aufstellungen
- Handlungsempfehlungen, möglichst mit konkreten Zielen bzw. Erfolgsbeschreibungen und Verantwortlichkeiten, um in der Evaluation zu einem späteren Zeitpunkt konkret nachfragen zu können
- Dank für die Zusammenarbeit und Einladung zu weiterer Zusammenarbeit
- Unterschrift der Unternehmensleitung und/oder der beteiligten Berater

Als hilfreich haben sich standardisierte Berichtsmuster herausgestellt, insbesondere wenn die eigentliche Beratungsarbeit im Bereich weniger Stunden oder Tage bleibt, was insbesondere bei Coaching, Vergütungs- und Vertragsberatung oder Personalsuche gegeben ist. Die Dokumentation kann z. B. in Form einer Fotodokumentation zu den verwendeten Arbeitsmaterialien (Flip-Charts, …), Textmustern und Auswertungstabellen erfolgen. Bei aufwändigeren Beratungsaufträgen wird man auch umfangreichere Ausarbeitungen vorliegen, in Form von ausgedruckten Bildschirm-Präsentationen, Textberichten usw.

Analog gilt für assistierende Personaldienstleistungen, dass der Auftraggeber zu einem bestimmten Zeitpunkt einen Nachweis der tatsächlich erbrachten Dienstleistungen haben wird. Hierzu reichen allerdings weniger umfangreiche Aufstellungen, in denen der Einsatz von Personal (Zeit, Ort), ggf. aufgetretene Abweichungen (z. B. Austausch von Personen nach Erkrankung oder Unfähigkeit/Unwilligkeit in der Dienstbringung) und weitere Aspekte dokumentiert werden, zusammen mit dem angesetzten bzw. vereinbarten Kostensatz. Es empfiehlt sich, diesen Leistungsnachweis als Anhang zur Abrechnung zu verwenden.

Auch in steuerrechtlicher Hinsicht bietet ein Beratungsbericht bzw. ein Leistungsnachweis Vorteile. Sofern vom Finanzamt die Honorarberechnung angezweifelt wird (z. B. weil die aufgeführte Leistung nicht hinreichend spezifiziert wurde), kann mit Hilfe des Beratungsberichts der tatsächliche Beratungsumfang nachgewiesen werden.

4.3 Preispolitische Entscheidungen

4.3.1 Grundsätzliche Überlegungen zur Preispolitik

Die Preispolitik – als zweites Gestaltungselement des absatzpolitischen Instrumentariums – legt den Aufwand und die Zahlungsmodalitäten fest, die der Nutzer eines Angebotes zum Erwerb des Angebotes aufbringen muss. Dies sind:

- Der Kaufpreis in Geld
- alle Zahlungsmodalitäten und sonstigen Beiträge, die geldwerte Eigenschaften besitzen, z. B. Kredite und Zahlungsziele, die Verpflichtung zu einer Vorauszahlung, die Gewährung von Skonti etc.

Für dieses Entgelt wird eine bestimmte Produkt- oder Dienstleistung angeboten. Anders ausgedrückt, ist der Preis das Verhältnis von gefordertem Entgelt zu einer bestimmten Leistung, was in der Abb. 4.3 schematisiert wird.

Preise erfüllen mindestens zwei Merkmale:

1. Sie sollen ein für den Anbieter kostendeckenden Betrag umfassen und zudem Gewinnerzielung ermöglichen
2. Sie sind ein Signal der Wertigkeit, da der Tagessatz in der Beratungsarbeit oder der Stundensatz für Arbeitnehmerüberlassung auch immer ein Ausdruck für den Anspruch der bereit gestellten Leistung sind

Von daher sollten Personaldienstleister neben den allgemeinen Überlegungen zur auskömmlichen Preisgestaltung und der Marktlage auch immer berücksichtigen, mit welchem Anspruch sie am Markt auftreten wollen.

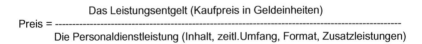

Abb. 4.3 Die Preis-Gleichung nach MÜLLER-HAGEDORN. (Quelle: eigene Erstellung auf Basis von Müller-Hagedorn 1990, S. 169)

4.3.2 Möglichkeiten der Preisgestaltung

Entsprechend der Darstellung 4.3 hat ein Anbieter vier Möglichkeiten, den Preis zu verändern:

3. Durch Erhöhung des Entgelts, bei gleichbleibender Leistung, als direkte Preiserhöhung, z. B. bei Erhöhung des Stundensatzes bei Leiharbeit oder Erhöhung des Tagessatzes bei Beratungsleistungen
4. Durch Absenkung der Leistung, bei gleichbleibendem Entgelt, als indirekte Preiserhöhung, z. B. als Wegfall der Vertrags- und Vergütungsberatung bei einer Personalberatung oder durch Entfall der kostenfreien Übernahme bei Leiharbeit
5. Durch Absenkung des Entgelts, bei gleichbleibender Leistung, als direkte Preissenkung, z. B. durch Senkung des Stundensatzes bei Leiharbeit, Überlassung zusätzlicher Leiharbeitnehmer ohne Berechnung oder Senkung des Stundensatzes bei Beratungsleistung
6. Durch Erweiterung der Leistung, bei gleichbleibendem Entgelt, als indirekte Preissenkung, z. B. durch zusätzliche Personalentwicklungsmaßnahmen bei Zeitarbeitnehmern im entleihenden Unternehmen oder durch zusätzliche Beratungsleitung wie Integrationshilfen bei Personalberatung

Entsprechend der Kompromissbereitschaft beider Parteien bzw. der Marktmacht von Anbieter und Nachfrager wird man eher zu direkten Veränderungen oder eher zu indirekten Veränderungen greifen.

Direkte Preiserhöhungen sind insbesondere dann möglich, wenn man als Anbieter über besondere Wettbewerbsmerkmale verfügt, die für einen Kunden in der konkreten Situation besonders wichtig und bei anderen Anbietern nicht verfügbar sind. Indirekte Preiserhöhungen sind insbesondere dann möglich, wenn der Nachfrager mit der Komplexität der angebotenen Leistung nicht vertraut ist oder aber das Gefühl hat, keine wesentliche oder erfolgsrelevante Schmälerung in Kauf zu nehmen. So kann z. B. eine zusätzliche Beratungsleistung bei der Integration eines vermittelten Mitarbeiters (z. B. begleitende Telefonanrufe, Coaching für die ersten Arbeitstage) entfallen, wenn der neue Arbeitgeber und der vermittelte Mitarbeiter darauf keinen besonderen Wert legen oder sie auch durch interne Mitarbeiter des neuen Arbeitgebers übernehmen. Die zentrale Leistung der Personalberatung bzw. –vermittlung ist damit nicht geschmälert. Man kann auch darüber nachdenken, die Kostenträgerschaft auf Dritte überzuwälzen, z. B. die Fahrtdienste für Zeitarbeitnehmer durch die Arbeitnehmer oder einen öffentlichen Träger übernehmen zu lassen. Die moralische Bewertung einer derartigen Handlungsweise ist offen sichtlich, die häufige Verbreitung derartiger Handlungsweisen aber auch.

Direkte Preissenkungen werden v. a. dann erforderlich, wenn der Konkurrenzdruck hoch und die angebotenen Leistungen aus Nachfragersicht leicht austauschbar sind. Hierbei kann es auch dazu kommen, den Erlös unter die für die Kostendeckung notwendige Höhe kommen zu lassen. Solange die variablen Kosten der Leistungsproduktion gedeckt sind, wird dies kurzfristig in Kauf zu nehmen sein, um nicht gleich aus dem Markt zu scheiden. Allerdings muss sich dann à la longue fragen, ob ein Ausscheiden aus diesem (Teil-)Markt nicht wirtschaftlich sinnvoller ist. Indirekte Preissenkungen können durch zusätzliche Leistungsmerkmale wie zusätzliche Ausbildungsmaßnahmen für Leiharbeitnehmer, Beratung für Personalentwicklung bzw. Coaching für vermittelte Arbeitnehmer etc. entstehen, die keine weitere Honorierung nach sich ziehen. Diese Handlungsfelder sind insbesondere dann zu empfehlen, wenn man die grundsätzliche Preispolitik nicht in Frage stellen möchte, aber zur Markt- oder Kundenpflege in bestimmten Bereichen Zugeständnisse machen muss. Bei harten Preisverhandlungen kann es zudem sinnvoll sein, bestimmte Zusatzleistungen aus dem Angebot herauszustreichen, um nicht zu sehr die eigene Preisstellung als fragwürdig erscheinen zu lassen.

Abschließend in diesem Abschnitt sei noch auf die Art der Preisfindung eingegangen. Grundsätzlich kann ein Unternehmen die Preise für seine Angebote auf vier Wegen gestalten, nämlich als:

- Kostenorientierte Preisgestaltung: nach Bestimmung der Kosten wird ein Gewinn aufgeschlagen und in der Summe ein Preis ausgewiesen („Aufschlagskalkulation"), ein Verfahren, dass immer dann angewandt werden kann, wenn der Anbieter am Markt eine herausragende Stellung besitzt und der Nachfrager die angebotenen Dienste mehr oder weniger ohne Diskussion bestellen wird;
- Nachfragerorientierte Preisgestaltung: Ausgehend von der Preisbereitschaft des Kunden wird ein Betrag bestimmt, den der Kunde maximal zu zahlen bereit ist („Target Costing"), ein Verfahren, das immer dann angeraten ist, wenn ein hoher Konkurrenzdruck herrscht und der Nachfrager eigene zusätzliche Qualitätsmerkmale nicht honorieren wird, der Preis also der entscheidende Wettbewerbsparameter sein wird (zum Verfahren des Target Costing siehe Abschn. 4.3.6.)
- Zielgruppenorientierte Preisgestaltung: als Weiterentwicklung der nachfragerorientierten Preisgestaltung insbesondere bei Schulungs- und Trainingsmaßnahmen oder Coaching angewandt, um über den Preis eine bestimmte Wertigkeit auszudrücken und von vornherein weniger finanzkräftige Nachfrager auszuschließen. So werden Seminarpreise von über 1000 € pro Schulungstag, womöglich in Verbindung mit besonders kostenintensiven Tagungshotels, oder Coaching-Honorar von deutlich über 200 € pro Coachingstunde das Gros des Mittelmanagements und darunter angesiedelter Mitarbeiter ausschließen, weil sie es sich entweder selbst nicht leisten können oder vom betrieblichen Budget her gesehen nicht nachfragen dürfen;
- Konkurrenzorientierte Preisgestaltung: Nach einer Erhebung der Preise, die der Wettbewerb verlangt, werden eigene Preise festgelegt; dies erfordert allerdings eine gute Marktkenntnis und sollte unbedingt durch eine gute Kostenrechnung hinterfangen sein, um nicht durch eine unreflektierte Preisgestaltung die eigene wirtschaftliche Situation zu gefährden.

Strategisches Pricing bedeutet an dieser Stelle, eine kluge Positionierung des Preises vorzunehmen, mit der dem Markt ein bestimmter qualitativer Anspruch signalisiert werden kann. Die Durchsetzung einer Pricing-Strategie ist dabei vom Konkurrenzgrad und der Marktmacht der Nachfrager abhängig. Folglich unterscheidet sich die konkrete Preisgestaltung in den einzelnen Feldern der Personaldienstleistung erheblich.

4.3.3 Die Preisgestaltung bei beratenden Personaldienstleistungen

Die Preisgestaltung bei beratenden Personaldienstleistungen wird generell in drei verschiedenen Formen geübt:

- Als Stundenhonorar bzw. Tageshonorar (auch „Tagewerk" genannt), ggf. variiert nach der Qualifikationsstufe (Senior-Berater, Junior-Berater) der eingesetzten Berater, was insbesondere bei klassischen Beratungsleistungen wie Strategieberatung oder Beratung zur Personalentwicklung sowie Coaching und Karriereberatung üblich ist, hingegen im Bereich des Headhunting (sog. „retained search", wobei diese Form in der Regel auch mit einem Exklusiv-Auftrag verbinden ist, siehe Bilen und Steppan 2012) inzwischen eher selten geworden;
- Als Pauschalhonorar für bestimmte Leistungen (z. B. 1000 € für eine Vertragsberatung oder Karriereberatung), die wie genannt bei überschaubaren Beratungsleistungen in der Vertrags-, Vergütungs- und Karriereberatung;
- Als Erfolgshonorar für erfolgreich durchgeführte Dienstleistungen, insbesondere bei Personalberatung (auch als „contingency search" bekannt) und Personalvermittlung.

Ergänzend kann man noch auf Teilnahmegebühren bei externen Schulungsangeboten verweisen, die aber nur einen kleinen Ausschnitt der Personaldienstleistungen betreffen und hier zunächst einmal zurückgestellt werden.

Jedes der drei Modelle ist mit Vor- und Nachteilen verbunden. Bei Stunden- oder Tagessätzen kann der Personalberater seinen Aufwand entsprechend seinem Einsatz abdecken. Für den Auftraggeber gibt es hier eine sehr gute Preistransparenz. Allerdings wird manches PDL-Unternehmen hier einen möglichst hohen Preis durchsetzen wollen und dazu dann auch unnötige Arbeitsschritte vorsehen. Der Auftraggeber seinerseits wird beim Versuch, den Preis zu kürzen, eventuell auf Elemente verzichten, die für den Erfolg des Beratungsauftrags essenziell sind. In Angeboten muss daher zum einen sehr genau aufgeführt werden, warum dieser Schritt erforderlich ist und wie der jeweilige Arbeitsschritt mit anderen Arbeitsschritten verknüpft ist. Eine Öffnungsklausel bietet bei ungeplanten Ausweitungen des Projekts die Möglichkeit, zusätzliche Arbeitsschritte zu beauftragen bzw. den Auftrag in Teilaufträge zu zerlegen und entsprechend Arbeitsfortschritt abzurufen.

Bei einem Pauschalhonorar wird das Angebot mit einem Festpreis verbunden. Das Risiko liegt gleichermaßen auf beiden Seiten. Wird der Auftrag umfangreicher als gedacht, wird der Personaldienstleister womöglich Arbeitsleistungen erbringen, die vom Angebotspreis nicht mehr abgedeckt sind. Ist die Leistung hingegen schneller erbracht, wird der Anbieter einen Vorteil daraus ziehen und der Auftraggeber seinerseits einen unnötig hohen Preis bezahlen. Pauschalhonorare bieten sich folglich nur dann an, wenn die Leistung auf übertragbaren Standards beruht und der Arbeitsaufwand für beide Seiten relativ gut einzuschätzen ist, insbesondere bei der Karriereberatung, der Vertrags- und Vergütungsberatung oder auch der Personalsuche via Sozialer Netzwerke, wobei man in diesem Fall den Umfang der Leistung (z. B. maximal 5 qualifizierte Vorschläge) begrenzen sollte.

Erfolgshonorare sind immer dann angeraten, wenn sich der anbietende Personaldienstleister sich relativ sicher ist, dass er seine Bemühungen mit einem nachweisbaren Erfolg krönen kann oder aber der hohe Konkurrenzdruck dem Anbieter keine Wahl lässt. Eine aktuelle Studie verweist daher auch darauf, dass das Erfolgshonorar bei Personalberatungen derzeit die am häufigsten verwendete Honorierungsform ist – der harte Wettbewerb unter den Personalberatern lässt den Auftraggebern entsprechende Handlungsspielräume (vgl. Petry 2013, S. 12 ff., Siemann 2015, S. 40 f.). In diesem Fall sollte es dem Anbieter daran gelegen sein, zumindest einen Sockelbetrag zu vereinbaren, der unabhängig vom Ausgang des Auftrags ist.

Innerhalb dieser drei Typen gibt es also auch verschiedene Variationen und Zahlungsarten. So kann es bei Personalberatung und Personalvermittlung das Modell „Sockelbetrag plus Erfolgsanteil" geben, bei dem eine bestimmte Grundsumme mit der Auftragsvergabe fällig wird und zumindest einen Teil der Kosten des Personaldienstleisters abdeckt, insbesondere für die Ausschreibung der Vakanz via Online- und Printstellenmärkte. Wird der Auftrag erfolgreich zu Ende gebracht, gibt es eine Erfolgsprämie. Gerade im Bereich von Fach- und Führungskräften in der Gehaltsklasse bis ca. 80.000 € Jahresgehalt findet man hierzu Werte von ca. 2500–3000 € als Basissumme bei Auftragserteilung und ca. 15–20 % Provision auf das vereinbarte Jahresgehalt bei Erfolg.

Ein Nebenaspekt in der Personalberatung kommt hier ebenfalls zum Tragen. Bei der Anzeigenschaltung in klassischen Medien (Zeitung und Zeitschrift) konnte man oft beim tatsächlich vom Verlag berechneten Anzeigenpreis und dem offiziellen Anzeigenpreis eine Vermittlungsprovision („AE-Provision") in Höhe von 15 % abziehen und damit einen zusätzlichen Ertrag generieren (siehe Abschn. 5.2.1.2). Die Präferenz vieler Auftraggeber für onlinegestützte Ausschreibungen sowie die Zahlungsbedingungen bei Online-Medien lassen dies inzwischen kaum noch zu.

Ein weiteres Gestaltungsmerkmal ist die Inklusion bzw. Exklusion von Serviceleistungen, die z. B. zusätzliche Beratung bei Rückfragen umfasst und auf einen bestimmten Zeitraum (innerhalb der nächsten sechs Monate) oder eine bestimmte Fallzahl (maximal drei Termine à eine Stunde) befristet wird mit der Option, weitere Zusammenarbeit gegen gesonderte Berechnung zu erbringen.

Schließlich sind noch die Zahlungsmodalitäten anzuführen, insbesondere:

- Zahlungsweisen (z. B. das Drittel-Modell: ein Drittel bei Auftragsverteilung, ein Drittel nach Erstellung Bewerberliste, ein Drittel nach erfolgreicher Platzierung des Bewerbers im Unternehmen; oder das 50/50-Modell: 50 % des Honorars werden mit Auftragserteilung fällig, 50 % mit Auftragsabschluss und Vorlage des Beratungsberichts)

4.3 Preispolitische Entscheidungen

- Zahlungsziele, die bei entsprechender Befristung wie Kredite wirken (zahlbar innerhalb von zwei Wochen, innerhalb von drei Monaten etc.)
- Die Gewährung von Skonto (was viele Großunternehmen inzwischen in ihren AGBs einfordern und automatisch einsetzen)
- zusätzliche nicht oder nur ermäßigt berechnete Leistungen, z. B. zusätzliche Bewerbervorschläge in der Personalberatung ohne zusätzliches Honorar, wenn der Erstvorschlag aufgrund unabsehbarer Umstände nicht erfolgreich integriert wird – der Abbruch einer Platzierung, weil der Kandidat erst bei Vertragsunterzeichnung mit seinem Ehepartner spricht und dann einen Rückzieher macht, ist so gut wie jedem Personalberater aus eigenem Erleben leidvoll bekannt.

Diese Elemente sollten vor der Angebotserstellung sorgfältig durchgerechnet und auch im Hinblick auf Marktlage und Vertrauenswürdigkeit des Nachfragers eingesetzt werden. Insbesondere der Einkauf von Fremdleistungen (z. B. Medialeistung bei Personalberatung, Fahrtkosten, Zukauf von speziellen Dienstleistungen) sollte unbedingt gesondert ausgewiesen und eingefordert werden, damit man als Personaldienstleister hier nicht den Auftraggeber bei einem Misslingen des Auftrags über die Maßen subventioniert.

Üblicherweise kann man bei beratenden Personaldienstleistungen von folgenden Preisspannen ausgehen (siehe auch Hillebrecht und Peiniger 2012, S. 46 ff.; zu Einzelaspekten Eckelt 2015, S. 47 ff.; Pichler 2010, S. 46 f.):

- Personalberatung: bei erfolgreicher Vermittlung meist 25–40 % des tatsächlich vereinbarten Jahresgehalts („contingency search"), in Einzelfällen auch Werte von ca. 5–12 Tagewerken pro Auftrag („retained search"), mit einem Tagessatz von ca. 800 € aufsteigend bis zu ca. 2500 €;
- Allgemeine Personalberatung (strategische Beratung, Beratung zur Personalentwicklung, Vertrags- und Vergütungsberatung etc.): ca. 1200–3000 € pro Tagewerk, sofern eine arbeitsrechtlich angelegte Beratung durch Rechtsanwälte erfolgt, können auch die anwaltlichen Honorarordnungen, mit dem Streitwert als Orientierungspunkt, oder ersatzweise eine freie Honorarvereinbarung zugrunde liegen;
- Personalvermittlung: entweder Verrechnung des „Aktivierungs- und Vermittlungsgutscheins" (auf den gleich noch einzugehen ist) oder eine je nach Auftrag vereinbarte Summe bis maximal ca. 5000 €;
- Trainingsleistungen für eine Inhouse-Schulung zu einem Tagessatz von ca. 700 € aufwärts; Teilnahmegebühren für offene Seminare beginnen je nach Zielgruppe und Branche bei ca. 100 € für ein Tagesseminar und können in bestimmten Branchen auf der Ebene des Top-Managements bis zu 1500 € reichen, wobei mit der Preisgestaltung auch bewusst bestimmte Teilnehmer angesprochen oder ausgeschlossen werden sollen;
- Coaching -Leistungen, Mediation und Karriereberatung: ca. 70–300 € pro Beratungsstunde, wobei sich bei Coaching-Leistungen ein Mittelwert von 168 € in 2016 ergeben hat (vgl. Middendorf und Salomon 2017, S. 38 f.), bei Karriereberatung eine durchschnittliche Spannweite von ca. 100-150 Euro in 2015 pro Beratungsgespräch (vgl. DGfK 2015, S. 3);

- Outplacement-Leistungen: ca. 5000–30.000 € bei Einzel-Outplacement, wobei immer öfter das Jahresgehalt als Bezugsgröße genannt wird und davon ca. 22 % als Honorar angeboten werden (vgl. o. V. 2014b, ähnlich Rautenberg 2015, S. 65), ab ca. 10.000 € bei Gruppen-Outplacement.

Die genannten Werte verstehen sich jeweils als Nettopreis ohne Mehrwertsteuer und sind als Anhaltswerte anzusehen. Es kann durchaus sein, dass Berater auch Sätze erzielen, die deutlich darüber liegen (insbesondere im Bereich der Beratung für high-class-Personal) oder auch darunter. Letzteres ist z. B. in Branchen möglich, die von vornherein für derartige Maßnahmen nur geringere Budgets einplanen, wie es nach eigener Anschauung z. B. in der Buchbranche üblich sein kann. Zudem ist vorab zu klären, ob Aufwendungen für Suchanzeigen und Spesen (z. B. für Reisen) und in welcher Form (gegen Nachweis, ggf. mit Limit, oder mit Pauschalsumme, wie z. B. 20 % auf das vereinbarte Honorar) diese abgerechnet werden dürfen

Für die Kalkulation eines Beratungsangebotes werden Unternehmens- und Personalberater in der Regel von folgenden Eckwerten ausgehen, die in Abb. 4.4 niedergelegt sind. Dabei geht man davon aus, dass der dargestellte Musterberater einen Tagessatz von ca. 1800 € netto (ohne Mehrwertsteuer) abrechnen kann.

Der eingesetzte Wert von 80 Beratungstagen jährlich ist bei vielen Beratungsunternehmen in der Betriebsgröße bis zu ca. 15 Mitarbeitern Branchenstandard. Man muss dabei berücksichtigen, dass wie in der Tabelle angeführt ergänzende Arbeiten wie Akquisition und eigene Fortbildung ebenso erforderlich sind wie auch Verwaltungstätigkeiten, die man

Position	Eingesetzter Wert
Kalkulierter Tagessatz, netto ohne MwSt.	€ 1.800,--
Verkaufte Tage im Jahresdurchschnitt: 80 Tage * € 1.800 (= geplanter Umsatz)	€ 144.000,--
Abzüglich Kosten für Sozialversicherung: Krankenversicherung: ca. € 5.000,--; Altersvorsorge: € 9.000,--	€ 14.000,--
Aufwand für eigene Fortbildung (Teilnahmegebühren plus Spesen), bei 10 Tagen jährlich: € 1.500,-- * 10 Tage	€ 15.000,--
Aufwand für Akquise (Fahrtkosten, nützliche Aufwendungen etc.), bei 10 Tagen jährlich: € 1.000,-- * 10 Tage	€ 10.000,--
Bürokosten: 12 Monate * € 1.000,-- Warmmiete	€ 12.000,--
Mobilität (Auto, Bahn, Flug), die nicht als Spesen dem Kunden verrechenbar ist	€ 10.000,--
Sonstige Sachmittel (Porto, Telekom, Online, Büromaterial, …)	€ 2.500,--
Werbe-/PR-Budget (Flyer, eigene Anzeigen, …)	€ 2.500,--
Einkommen vor Steuern:	€ 90.000,--
Abzüglich Einkommensteuern	€ 32.000,--
Einkommen nach Steuern:	€ 58.000,--

Abb. 4.4 Umsatz- und Kostenplanung für einen freiberuflichen Personalberater. (Quelle: eigene Erstellung)

4.3 Preispolitische Entscheidungen

kaum direkt auf einen Beratungskunden überwälzen kann. Insofern muss die Preisstellung für den Tagessatz so gerechnet werden, dass alle über das Jahr anfallenden Tätigkeiten bei durchschnittlicher Auslastung von den tatsächlich möglichen Erlösen abgedeckt sind. Zudem sind in diesen Werten nicht Aufträge zu anderen Honorarwerten abgebildet. Ein Fortbildungsseminar wird je nach Zielgruppe und Veranstalter mit einem Honorar von 500–1000 € entlohnt, was den geplanten Tagessatz deutlich unterbietet. Andererseits kann man damit durchaus sehr wirkungsvoll neue Kunden oder Vermittlungskandidaten generieren, so dass man den fehlenden Betrag zum geplanten Tagessatz ggf. als „Werbebudget" oder „bezahlte Akquisition" ansieht.

Bei (Personal-)Beratungsunternehmen mit einem größeren Mitarbeiterstab werden in der Regel Tagessätze von deutlich mehr als 1800 € berechnet. Werte im Bereich von 3000 € und mehr, als Abrechnungssatz für Seniorberater, sind durchaus üblich. In derartigen Beträgen ist in der Regel ein Zuschlag für den „Overhead" (Geschäftsführung, allgemeine kaufmännische Dienste wie Sekretariat, Controlling oder Rechtsabteilung) enthalten, die auf die einzelnen Honorare anteilig umgerechnet werden. Zudem wird man auch eine gespreizte Preisstellung sehen, bei der für erfahrenere Kräfte deutlich höhere Sätze (ab 2500 € aufwärts) in Rechnung gestellt werden und für weniger erfahrene Kräfte Tagessätze von ca. 1200 bis 2000 €. Damit wird man der unterschiedlichen Leistungskraft gerecht.

Ein in der deutschen Personaldienstleistung besonderes Element ist der sog. „Aktivierungs- und Vermittlungsgutschein" (AVGS MPAV) nach § 421 g SGB III, i. V. m. §§ 44–46, 296 f. SGB III. Dieser Gutschein soll es – in der Neuregelung ab 01.04.2012 – Arbeitslosen und Arbeitssuchenden ermöglichen, in Zusammenarbeit mit privaten Arbeitsvermittlern einen neuen Arbeitsplatz zu finden. Die Verwendung des Gutscheins ist mit einigen Rahmenbedingungen versehen. Der Arbeitnehmer erhält den Gutschein auf Antrag von der Arbeitsverwaltung. Der beauftragte Personalvermittler muss von der Bundesagentur für Arbeit zugelassen sein, gemäß der Akkreditierungs- und Zulassungsverordnung Arbeitsförderung (AZAV). Die Arbeitsvermittlung muss durch den Vermittler erfolgt sein und bezieht sich nicht auf Personen, die bereits im wirtschaftlichen Umfeld des Vermittlers tätig sind. Das vermittelte Beschäftigungsverhältnis dauert mindestens 3 Monate und umfasst mindestens 15 h pro Woche Arbeitszeit. Der Arbeitsvermittler erhält 1000 € nach 6 Wochen ausgezahlt, weitere 1000 € nach 6 Monaten Beschäftigungsdauer. Bei Behinderten und Langzeitarbeitslosen kann sich die Summe auf maximal 2500 € erhöhen. Bei entsprechender Arbeitsorganisation können diese Beträge durchaus einen auskömmlichen Umsatz bieten.

Diese Maßnahme scheint sich inzwischen gut am Markt etabliert zu haben. Nach Angaben des Bundesministeriums für Arbeit und Sozialordnung wurden im Zeitraum Januar bis Oktober 2010 ca. 634.000 Vermittlungsgutscheine ausgegeben, von denen knapp 50.000 eingelöst wurden (vgl. BMAS 2011, S. 11).

Eine Schweizer Besonderheit, die ebenfalls an dieser Stelle anzuführen ist, findet sich in der Verordnung vom 16.01.1991 über Gebühren, Provisionen und Kautionen im Bereich des Arbeitsvermittlungsgesetzes, mit Stand vom 04. Juli 2006. Diese Verordnung bestimmt verschiedene Entgelthöhen für Personaldienstleister. So dürfen maximal 40 Schweizer Franken sog. „Einschreibegebühr" von Arbeitssuchenden oder maximal 5 % des Bruttojahreslohnes, in bestimmten Ausnahmefällen wie z. B. bei Fotomodellen maximal 12 % des vereinbarten Honorars bei erfolgreicher Vermittlung erhoben werden.

Die Kalkulation eines Seminars schließlich unterliegt folgenden Kriterien:

- Raummiete, nach Angebot des Hotels bzw. Dienstleisters (in der Regel zwischen 100 und 500 € pro Tag)
- Tagungsgetränke und Verpflegung (zwischen 10 und 40 € pro Person)
- Tagungsmaterial (z. B. Skripten, Moderationsausstattung: ca. 10–30 € pro Person, sofern keine besondere Ausstattung benötigt wird)
- Kostensatz für Verwaltungstätigkeiten (Seminaranmeldung, Teilnehmerverwaltung) und Marketingmaßnahmen (Anzeigen, Flyer, persönliche Ansprache etc.)
- Honorar für den Trainer, in der Regel zwischen 500 und 1000 € pro Schulungstag, zuzüglich Spesen für Fahrtkosten, Unterbringung an den Reisetagen etc.

Natürlich können besondere Seminarformen, wie z. B. ein Teamtraining in einem Hochseilgarten oder die Einweisung in bestimmte EDV-Anwendungen an entsprechenden Arbeitsplätzen, andere Kosten verursachen. Hierzu werden aber auch verlässliche Kalkulationsunterlagen in Form von Kostenvoranschlägen der entsprechenden Anbieter vorliegen. Bei mehrtägigen Veranstaltungen ist ergänzend der Zimmerpreis für die Übernachtung einzurechnen, wobei einige Seminaranbieter hierzu mit dem Tagungshotel vereinbaren, dass die Teilnehmer dieses gesondert und direkt abrechnen und folglich nur die Übernachtungskosten für die Trainer einzurechnen sind

Als Anhaltswert gilt: Ein kostendeckender Betrag sollte auf der Basis einer Mindestteilnehmerzahl von ca. 6–8 Personen erreicht werden. Darüber hinaus gehende Teilnehmerzahlen können dann für den Seminaranbieter Überschüsse generieren. Übliche Seminarpreise pro Veranstaltungstag liegen bei:

- Seminaren für Fachkräfte in Wirtschaft und Verwaltung: ca. 200–600 € pro Seminartag (im sozialen Sektor oder bei Berufsverbänden selten über 300 € pro Tag)
- Angeboten für Führungskräfte der mittleren Ebene: ca. 300–900 € pro Seminartag
- Trainings für Führungskräfte auf höherer Ebene: ab ca. 1000 € pro Seminartag aufwärts

Diese Werte sind als Anhaltswert zu verstehen und können entsprechend der jeweiligen Branchengepflogenheiten, dem Träger (Berufsverband, Branchenverband, Kammern oder kommerzieller Anbieter) und weiterer Parameter variieren. Zentral ist für Personaldienstleister, insbesondere wenn das Seminargeschäft eines von mehreren Arbeitsfeldern ist, dass Schulungsangebote in der Regel eher als Kommunikations- und Akquiseinstrument dienen und daher keine größeren Überschüsse erwirtschaftet werden.

4.3.4 Die Preisgestaltung bei assistierenden Personaldienstleistungen

4.3.4.1 Allgemeine Überlegungen zur Preisgestaltung bei assistierenden Personaldienstleistungen

Die Preisgestaltung bei assistierenden Personaldienstleistungen bedient sich in der Regel folgender Parameter (siehe auch Beste et al. 2014, S. 92 ff.; Bretscheider 2012, S. 36 ff.):

- die Höhe des Stundensatz für Arbeitnehmerüberlassung (ggf. variiert nach Qualifikationsniveau); bei Interims-Management ggf. auch für bestimmte längere Zeiträume (Wochen, Monate) definiert
- die Erhebung einer Vermittlungsgebühr bei Übernahme eines Zeitarbeiters in Festanstellung, die bis zu drei Monatsgehälter umfassen kann (vgl. Knoppik 2012) und teilweise auch an eine bestimmte Entleihdauer (z. B. bis zu maximal 12 Monaten Ausleihe, danach gebührenfreie Übernahme) geknüpft sein kann
- möglicherweise ein Konzeptionshonorar für das Einsatzkonzept, was aber in der Regel vom entleihenden Unternehmen eher als Kundendienst begriffen wird und folglich nicht gesondert bezahlt wird
- Gebühren für bestimmte Dienstleistungen bei Outsourcing, als Stundensatz für eingesetztes Personal oder als allgemeines Aufwandshonorar (z. B. für 10 L+G-Abrechnungen werden jeweils x Euro veranschlagt) definiert

Variationen dieser Parameter sind insbesondere durch die Zahlungsweisen (Vorauszahlung, Zahlung nach Leistungserbringung) und durch bestimmte Verfahrensweisen (Konzernrabatte etc.) möglich.

Die Ermittlung eines geeigneten Verrechnungssatzes für Leiharbeit kann auf Basis eines relativ einfachen Kalkulationsschemas erfolgen. Ausgangspunkt ist der Lohnsatz, der für eine Arbeitsstunde dem Arbeitnehmer brutto gewährt wird. Entsprechend des Grundsatzes des „equal payment s" bzw. „equal treatment s" (siehe Hurst 2010, S. 4 f.) wird dieser zumeist einen für die Stammbelegschaft annähernd üblichen Lohnsatz umfassen, sofern hier kein eigenständiger Tarifvertrag zugrunde gelegt werden kann (vgl. Hurst 2010, S. 13 ff.).

Darauf sind die Kosten für die Arbeitgeberanteile an den gesetzlichen Sozialleistungen zu rechnen. Der Betrag umfasst ca. 22 % des Arbeitnehmer-Bruttogehalts und führt zum so genannten „Arbeitgeber-Brutto". Des Weiteren wird man auch noch zusätzliche Kosten haben, z. B. für freiwillige Sozialleistungen wie Fahrtkostenerstattungen, Fortbildung etc. Aber auch die Lohnfortzahlung bei Erkrankung und im Urlaub müssen kalkulatorisch angesetzt werden. Damit erhält man die Arbeitgeber-Gesamtkosten, die je nach Branche mit einem Wert von 45 bis 85 % vom Arbeitnehmer-Brutto gerechnet werden. In der Zeitarbeit wird man mit ca. 50–55 % gut liegen, wobei sicher jedes Unternehmen hier entsprechend der eigenen Kostenstrukturen variieren wird (siehe auch Bretscheider 2012).

Position	Prozentwert und Rechenfaktor mit Bezug auf AN-Brutto	Eingesetzter Wert
Gesamt-Preis für eine Arbeitsstunde Leiharbeit	200 % = 2,00	€ 24,00
+ Gewinnaufschlag	10 % = 0,10	€ 1,20
+ Aufschlag für „Nicht-Verleih"	10 % = 0,10	€ 1,20
+ Aufschlag für Akquisition und Disposition	30 % = 0,30	€ 3,60
= Gesamtgehaltskosten	150 % = 1,50	€ 18,00
+ . sonstige Sozial- und Personalverwaltungskosten des Arbeitgebers (Lohnfortzahlung, Urlaubsgeld, freiwillige Sozialleistungen etc.)	28 % = 0,28	€ 3,36
= Arbeitgeber-Bruttogehaltskosten („AG-Brutto")	122 % = 1,22	€ 14,64
+ Arbeitgeberanteile an den Sozialversicherungen (jeweils 50 % an RV, KV, PV, AV; UV zu 100 %), zusammen ca. 22 %	22 % = 0,22	€ 2,64
= *Arbeitnehmer-Bruttogehalt („AN-Brutto")*	100 % = 1,00	€ 12,00
./. Steuern nach Steuertabelle (0-42 %) und Arbeitnehmer-Anteile an den Sozialversicherungen (jeweils 50 % Anteil an RV, KV, PV, AV, zusammen ca. 22 % vom Brutto-Gehalt) Hier aufgrund Steuersatz mit 10 % Steuerabzug angesetzt	22 % 10 %	€ 2,64 € 1,20
= Arbeitnehmer-Netto	68 % = 0,68	€ 8,16

Abb. 4.5 Kostensatzkalkulation für Zeitarbeit (mit gerundeten Werten, bei einem Stundenlohn von 12,00 € und einer vereinfachten Aufteilung der Sozialversicherungsanteile). (Quelle: eigene Erstellung)

Auf diesen Wert sind weitere Kosten aufzuschlagen, insbesondere die Kosten für Auftragsakquisition und Disposition, sowie einen Ausgleichsbetrag für die Zeit, in der ein Arbeitnehmer nicht ausgeliehen werden kann, aber dennoch bezahlt werden muss. Zudem ist ein Gewinnaufschlag vorzunehmen. Dieser Sachverhalt ist in Abb. 4.5 dargestellt, wobei aus Vereinfachungsgründen die Besonderheiten in der Aufteilung der Beitragsteile für die Kranken- und die Pflegeversicherung hier nicht eingearbeitet sind. Der Arbeitgeber trägt die Unfallversicherung allein, der Arbeitnehmer seinerseits hat etwas höhere Anteile an der Pflegeversicherung und an der Krankenversicherung zu tragen. Als Ausgangswert ist der arbeitsvertraglich vereinbarte Lohnsatz für den Arbeitnehmer zu nehmen, da er allen Seiten bekannt ist. In dieser Tabelle ist außerdem noch das „Arbeitnehmer-Netto" angegeben, um einen Anhaltswert für das tatsächlich ausgezahlte Gehalt zu bekommen.

In der Tat wird man feststellen, dass in der Praxis der Zeitarbeit zumeist 175–190 % des Arbeitnehmer-Bruttos durchsetzbar sind, was auch mit einer hohen Konkurrenz der Zeitarbeitsunternehmen untereinander zu tun hat. Entsprechend der aktuellen Lündendonk-Studie für die Zeitarbeitsbranche reichen die durschnittlichen Verrechnungssetze pro Einsatzstunde dabei von 17,60 € für einfache Helfertätigkeiten über 26,10 € für Bürotätigkeiten bis hin zu 50,70 € für Ingenieursstunden im Konstruktions-Service (vgl. Lüerßen und Devici 2013, S. 85). Derartige Verrechnungspreise erlauben dennoch eine Umsatzrendite von ca. 3,5–4,5 %.

Der so ermittelte Kostensatz für einen eingesetzten Arbeitnehmer kann auch als Kalkulationsbasis für Outsourcing-Dienstleistungen genommen werden, wenn man zusätzlich angemessene Posten für die weiteren benötigten Ressourcen wie EDV-Ausstattung und Räumlichkeiten einrechnet. Dazu wird man den durchschnittlichen Aufwand für die erforderlichen Verwaltungsprozesse bestimmen und damit einen durchschnittlichen Zeitaufwand erhaben. Auch die Weiterverrechnung von zusätzlichen Leistungen, wie z. B. einem Fahrdienst in ländlichen Einsatzgebieten der Arbeitnehmerüberlassung, oder für die Entwicklung und Verwendung von elektronischen Systemen der Zeiterfassung kann hier bei entsprechender Marktmacht einkalkuliert werden.

Die Kalkulation von Interims-Management wird nach einem ähnlichen Schema, aber mit deutlich höheren Honorarsätzen erfolgen. Hier wird ein Interim-Manager nicht nur ein marktübliches Gehaltsniveau ansetzen, sondern auch einen Ausgleich für die Zeiten, in denen er keine Beschäftigung vorweisen kann. Diese umfasst zum Teil die Hälfte der jährlichen Arbeitszeit. Als Beispiel: Der Arbeitskreis für Interim Management-Provider geht in seiner aktuellen Marktstudie von einem durchschnittlichen Tagessatz von 882 € und einem Auslastungsgrad von 122 Tagen pro Jahr aus. Dabei kann die Spannweite des Tageshonorars zwischen 650 und 1750 € streuen (vgl. Hoffmann 2014, S. V2/19; Steinbach 2012, S. V3/4). Eine Studie eines Beratungsinstitutes für Interimsmanagement geht hingegen von einem durchschnittlichen Einsatz von ca. 200 Tagen im Jahr aus, bei einem Tagessatz von ca. 925 € (vgl. Furkel 2013b, S. 61; ähnlich König 2013). Von daher wird man relativ gut auf den angegebenen Durchschnittswert von ca. 900 € setzen können, hinsichtlich der durchschnittlichen Auslastung aber eher von einem relativ breiten Range von ca. 120–200 Tagen jährlich ausgehen müssen, mit der entsprechenden Unsicherheit bezüglich den konkreten Auftragsvolumina.

Schließlich wird ein Interims-Manager auch Vermittlungsprovisionen für Vermittlungsagenturen einplanen müssen, die üblicherweise ca. 20–30 % umfassen (siehe auch Steinbach 2012, S. V3/4).

4.3.4.2 Die Bedeutung von Tarifverträgen als preispolitischer Einflussfaktor

Im Bereich der Zeitarbeit wird man im Beschaffungsmarketing gegenüber dem Arbeitnehmer einen bestimmten Stundenlohn anbieten, ergänzt um zusätzliche Sozialleistungen wie z. B. die Übernahme bestimmter Aufwendungen (z. B. Fahrtgeld, Erstattung von Ausbildungskosten für Qualifikationsnachweise wie Führerschein, Staplerschein, Schweißerschein) sowie ergänzend Prämien für Betriebstreue. In der Schweiz können über den temptraining-Fonds seit Jahresbeginn 2013 auch Fortbildungsmaßnahmen für Zeitarbeiter unterstützt werden. Hierzu führen Personalverleiher und Temporärarbeiter ein Prozent ihres Arbeitslohnes an die Vollzugstelle ab, die ihrerseits den Anspruch prüft und die jeweilige Maßnahme unterstützt (vgl. Rueger 2012).

Hierbei kommt insbesondere in der Zeitarbeit der Anbindung an Tarifverträge eine hohe kostenrechnerische und kommunikationspolitische Bedeutung. So werden viele Arbeitnehmer, die meisten Betriebsräte und inzwischen auch eine breite Öffentlichkeit sehr viel Wert auf eine „faire" Entlohnung, also eine Beachtung von tarifvertraglich üblichen

Stundenlöhnen Wert legen (siehe auch o. V. 2012c). Tarifverträge gibt es derzeit für (siehe auch Astheimer 2012):

- Die Metall- und Elektroindustrie (Tarifvertrag über Branchenzuschläge für Arbeitnehmerüberlassung in der Metall- und Elektroindustrie vom 22.05.2012)
- Die Chemische Industrie (Tarifvertrag über Branchenzuschläge für Arbeitnehmerüberlassungen in der Chemischen Industrie vom 19.06.2012)
- Die kunststoffverarbeitende Industrie und die Kautschukindustrie (Tarifverträge über die Zuschläge in der kunststoffverarbeitende Industrie und in der Kautschukindustrie, beide vom 03.08.2012, mit Wirkung zum 01.01.2013)
- Die Verkehrsbranche (Tarifvertrag über die Branchenzuschläge im Schienenverkehr vom 09.08.2012, mit Wirkung zum 01.04.2013)
- Die Textil- und Bekleidungsindustrie (mit Wirkung zum 01.04.2013)
- Für die Holzindustrie (mit Wirkung zum 01.04.2013)
- Für die Papier- und Pappeverarbeitung (mit Wirkung zum 01.05.2013)
- Für die Druckereiwirtschaft (mit Wirkung zum 01.07.2013)

Vertragspartner sind auf der einen Seite die Arbeitgeberverbände, insbesondere der Bundesarbeitgeberverband der Personaldienstleister (BAP), die Interessensgemeinschaft Zeitarbeit (IGZ) sowie der Arbeitgeber- und Wirtschaftsverband der Mobilitäts- und Verkehrsdienstleister (Agv MoVe), diverse DGB-Gewerkschaften (u. a. IG Metall, Verdi, IG BCE) und verschiedene christliche Gewerkschaften (CGM, DHV, CGZP; wobei die CGHP laut BAG-Urteil vom Dezember 2010 nicht als tariffähige Organisation anerkannt wurde, vgl. o. V. 2010) andererseits. Der Vollständigkeit zuliebe sei angemerkt, dass entsprechend des BAG-Urteils vom 13.03.2013 (Az. 5 AZR 954/11) auch eine Entlohnung nach dem DGB-Tarifvertrag für den Arbeitgeber keine eindeutige Rechtslage bedeuten muss, wenn man einen „mehrgliedrigen Arbeitsvertrag" ableiten kann (siehe auch Miller und Friemel 2013).

In Österreich gibt es einen eher allgemein gehaltenen Tarifvertrag zwischen der Gewerkschaft PRO-GE und dem Arbeitgeberverband für Zeitarbeit, der Mindestlöhne für ca. 65.000 Leiharbeitnehmer vorsieht. Zudem sind nach §§ 22a AÜG 0,25 % der Lohnsumme für berufliche Fördermaßnahmen in einen Fonds einzuzahlen. In der Schweiz gilt der Gesamtarbeitsvertrag Personalverleih (GAV), der neben Lohnsätzen übrigens auch eine Förderung der beruflichen Weiterbildung von Temporärarbeitern vorsieht.

Die Tarifverträge sehen in Deutschland so genannte „Branchenzuschläge" vor, die entsprechend der Einsatz- und Beschäftigungsdauer und abhängig vom Tarifgebiet (West oder Ost) für die Mitarbeiter zum Teil substanzielle Zulagen auf den Basislohnsatz bedeutet (vgl. Hess 2013, S. 62 f.; ergänzend o. V. 2014a). Damit möchte man zum einen Lohndumping vermeiden, zum anderen aber auch den Leiharbeitnehmern einen Anreiz zum motivierten Mitarbeiten bieten – wer länger dabei bleibt und aufgrund der längeren Verweildauer auch höherwertige Arbeit abliefert, erhält automatisch auch einen höheren Lohn und sieht damit einen direkten Erfolg für Engagement und Selbstdisziplin. Dies ist vor allem deswegen von Bedeutung, weil viele Zeitarbeitnehmer aus der Arbeitslosigkeit heraus rekrutiert werden (siehe auch BAP 2012, S. 11 ff., ebd., 2013b; Öchsner 2011) und demzufolge einerseits erst einmal Berufserfahrung sammeln müssen, andererseits aber auch die Möglichkeit haben sollen, Selbstbewusstsein im Leiharbeitsverhältnis zu entwickeln. Auch in der Außenwirkung bieten Branchenzuschläge einige Vorteile, da sie dem sozialen Frieden im Unternehmen dienen, durch die Vermeidung von Neid auf die Stammbelegschaft, und den Gewerkschaften die Akzeptanz des Einsatzes von Leiharbeitnehmern erleichtern. Erste Erfahrungen zeigen ein gemischtes Bild zur Akzeptanz des Branchenzuschlags, bei dem aber allem Anschein nach die Vorteile überwiegen (vgl. Furkel 2013a, S. 52 ff.; igz 2013zuschlag), aber auch verantwortlich gemacht wird für einen Rückgang in der Nachfrage nach Zeitarbeit (vgl. Hess 2013, S. 60 ff.). Allerdings bedeuten Branchenzuschläge oft ein Mehr an Bürokratie (siehe auch Furkel 2013a, S. 53) und eine Einschränkung des Preiswettbewerbs – gerade Personen ohne ausreichende Arbeits- und/oder Branchenerfahrungen können sich bei potenziellen Arbeitgebern am ehesten über einen niedrigeren Einstiegslohn durchsetzen. Ein nicht unerheblicher Aspekt, wenn man davon ausgehen muss, dass zwei Drittel der in 2011 eingestellten Zeitarbeitnehmer vorher ohne Beschäftigung waren und davon ein Fünftel sogar länger als ein Jahr arbeitslos war (vgl. Öchsner 2011; o. V. 2012reuters).

Flankiert wird dies durch die „equal pay"-Regelung des § 3 AÜG – so müssen Leiharbeitnehmer grundsätzlich zu den gleichen Anstellungsbedingungen entlohnt werden, wie sie für vergleichbare Stammbeschäftigte gelten. Zudem dürfen nach § 9 V AÜG die Verleiher von ihren Mitarbeitern keine wie auch immer gearteten Vermittlungsgebühren erheben. Allerdings bieten Branchentarifverträge der Zeitarbeit auch bestimmte Möglichkeiten, die equal-pay-Regelung auszuhebeln (vgl. Knoppik 2012).

4.3.4.3 Die Transaktionskosten als Entscheidungsparameter

Aufgrund der Debatte um angemessene Stundenlöhne und Verrechnungssätze für Zeitarbeit haben Crimmann und Lehmann (2012) die Transaktionskosten als Referenzgröße in die wissenschaftliche Diskussion eingebracht. Dahinter steckte die Überlegung, dass bei korrekter betriebswirtschaftlicher Betrachtung eine Entscheidung über den Einsatz von Leiharbeit nicht allein im direkten Vergleich der zu bezahlenden Stundenlöhne zu treffen ist. Vielmehr sind weitere Gesichtspunkte zu beachten, insbesondere die Kosten für die Abwicklung des Personaleinsatzes (Personalplanung, Beteiligung des Betriebsrates etc.), für die Suche nach Personal (Anzeigenkosten, Kosten der Auswahlgespräche), die Kosten für die weitere Personalentwicklung und Personalbetreuung sowie ggf. auch für den Ausstellen von Personal bei entsprechender konjunktureller Entwicklung. Bei Leiharbeitnehmern kommen als Transaktionskosten aus Sicht des empfangenden Unternehmens die Kosten für die Auswahl geeigneter Anbieter, die Vertragsgestaltung und die Koordination des Einsatzes von Leiharbeitnehmern. Dazu setzen Crimmann/Lehmann die durchschnittlichen Arbeitskosten in der deutschen Industrie mit 32,82 € pro Stunde im Jahr 2010 an und vergleichen auf dieser Referenzbasis den Aufwand zwischen dem Einsatz eigener Arbeitnehmer und dem Einsatz von Leiharbeitnehmern. Vor diesem Hintergrund sehen sie die gesamten Transaktionskosten für Leiharbeitnehmern höher an als diejenigen für eigene Arbeitnehmer (vgl. Crimmann und Lehmann 2012, S. 28 ff., insb. S. 34 f.).

Diese Argumentation spricht zunächst einmal gegen den Einsatz von Zeitarbeitnehmern, und sie hat bei nüchterner Betrachtung viel für sich. Andererseits gibt es dennoch gute Gründe, Leiharbeitnehmer einzusetzen, die insbesondere im vereinfachten Handlingprozess für den Auftraggeber zu finden sind sowie in der Möglichkeit, Auftragsspitzen und kurzfristige Vakanzen leichter auffangen zu können. Von daher sollten bei Pricing-Überlegungen niemals die reinen Stundenlöhne oder die Transaktionskosten in die Preisgestaltung und den Vertragsabschluss einfließen. Vielmehr kommt es darauf an, bei der Preisgestaltung neben den monetären Gesichtspunkten auch nichtmonetäre Aspekte zu berücksichtigen und diese entsprechend auch im Verkaufsgespräch anzubringen.

4.3.5 Die Durchsetzung von Preisen im Verkaufsprozess

Personaldienstleistungen werden in der Regel in persönlichen Verkaufsgesprächen dem Kunden unterbreitet und zum Vertragsabschluss gebracht. Dabei zählt eine gute Vorbereitung auf das Verkaufsgespräch zu den wesentlichen Erfolgsfaktoren (siehe auch Niedereichholz 2004, S. 159 ff.; speziell auf Personaldienstleistungen bezogen bei Truchseß und Brandl 2013, S. 65 ff.). Zur Vorbereitung sind insbesondere drei Fragen zentral:

- Was will der Kunde? Eine Frage zur Konzeption des Angebots und vor allem der zu bewirkenden Problemlösung, bei der auch schon die Preisbereitschaft des Kunden ins Kalkül gezogen werden kann
- Was ist meine Leistung wert? Als Definition der Preissumme, auf Basis der vermuteten Preisbereitschaft des Kunden, und zusätzlicher Aspekte, wie z. B. Aspekte rund um die Risikosenkung für den Kunden durch zusätzliche Expertise, bei Outsourcing können auch Überlegungen wie „Ich übernehme die freizustellenden Mitarbeiter, womit Sie die Abfindung sparen" in die Bewertung der Leistung einfließen
- Was ist meine Leistung tatsächlich wert? Als Bestimmung dessen, was der Dienstleister an Ausbildung, Einarbeitung, Suchaufwand, einbringt und der Kunde selbst einbringen müsste, wenn er die Leistung selbst erbringen müsste

Ein erfolgreiches Verkaufsgespräch behält dabei immer den Aspekt Problemlösung im Auge. Eine angemessen erscheinende Problemlösung wird in der Regel nicht vom Angebotspreis in Frage gestellt werden. Von daher ist es sinnvoll, zunächst einmal die Arbeitsfragen des Kunden aufzugreifen und auf hilfreiche Lösungsmöglichkeiten abzuklopfen. Wenn die Problemsituation und die mögliche Lösung einvernehmlich definiert sind, kann man als Anbieter einer Personaldienstleistung sein Leistungsangebot skizzieren und dabei insbesondere die eigenen Vorteile für den Kunden herausstellen. Bei dieser Darstellung lässt sich auch nochmals hinterfragen, ob die definierte Problemlösung wirklich die Bedürfnisse des Kunden erfüllt oder nicht am Ende sich die Problemsituation anders darstellt und damit das ursprünglich angedachte Angebot an den Bedürfnissen des Kunden vorbei geht.

Erst wenn die Problemlösung als solche einvernehmlich geklärt ist, sollte das Gespräch auf den Preis gelenkt werden. Kommt der Preis zu früh in die Diskussion, wird sich das Gespräch zu schnell um die Höhe des Preises drehen und auf Kundenseite Unzufriedenheit entstehen, was einem erfolgreichen Abschluss entgegen steht. Meist wird man hier die Erfahrung machen, dass die Einkaufsabteilung ins Spiel kommt und ein gewisser Abschlag gefordert wird, z. B. den Verzicht auf einen Tagessatz. Wer hier zu schnell am Preis nachgibt, wird generell in den Ruf kommen, beim Preis mit sich reden zu lassen und womöglich überzogene Preisvorstellungen zu haben. Von daher sollte ein Nachlass nur dann gewährt werden, wenn der Marktdruck so deutlich ist und dafür auch eine Leistung aus dem Gesamtpaket weggenommen werden kann. Selbst wenn dieses Streichen eher symbolischer Natur ist, signalisiert sie doch dem Kunden, dass man die eigene Leistung sorgfältig kalkuliert hat und jeder Nachlass auch von der Gegenseite einen Verzicht fordert. Von daher wird man gut beraten sein, in das eigene Angebot stets eine Position einzubauen, auf die man leicht verzichten kann, ohne die eigene Leistungsqualität grundsätzlich zu gefährden.

4.3.6 Der Ansatz des Target Costing

Der hohe Konkurrenzdruck in vielen Bereichen der Personaldienstleistung erfordert bereits seit Jahren, die eigene Kalkulation an den Marktgegebenheiten auszurichten, namentlich an der Preisbereitschaft der Kunden. Hier greift der Ansatz des Target Costings (engl.: „Zielkosten-Bestimmung"). Er hilft, die eigenen Kostenstrukturen an den Möglichkeiten auszurichten, die der Markt bietet.

Vereinfacht gesagt, bildet die Überlegung, welcher Preis für ein bestimmtes Produkt bzw. für ein bestimmtes Dienstleistungsangebot am Markt durchsetzbar ist, den Ausgangspunkt. Dieser Preis wird Zielpreis genannt. Damit das Unternehmen mit dem Zielpreis wirtschaftlich auskömmlich arbeiten kann, wird ein angemessener Gewinnteil abgezogen. Übrig bleibt der Betrag, der für das Abdecken der Kosten eingesetzt werden kann, als so genannte „erlaubte Kosten". Dieser Kostenblock wird darauf überprüft, welche Leistungsanteile aus Kundensicht für eine qualitativ überzeugende Dienstleistung erforderlich sind und demzufolge eine besondere Beachtung verdienen (hier sollte man also nichts einsparen), und welche Leistungsanteile aus Kundensicht eher vernachlässigbar sind und demzufolge auch keinen hohen Input seitens des Anbieters erfordern, mithin Rationalisierungspotenziale eröffnen.

Sofern die tatsächlichen Kosten kleiner oder höchstens gleich der erlaubten Kosten sind, wird man ein betriebswirtschaftlich tragfähiges Angebot unterbreiten können. Wenn die tatsächlichen Kosten höher als die erlaubten Kosten sind, gibt es drei verschiedene Handlungsmöglichkeiten:

1. Man unterlässt ein Angebot, da es nicht betriebswirtschaftlich sinnvoll erscheint
2. Man überprüft das eigene Angebot auf zusätzliche Rationalisierungsmöglichkeiten, um die Kostenstrukturen in den Bereich von tragfähigen Beträgen zu senken

3. Man sieht mittelfristig Möglichkeiten, den eigenen Angebotspreis zu erhöhen bzw. durch zusätzliche Verkäufe zu einem späteren Zeitpunkt den eigenen Erlös soweit zu erhöhen, dass sich die Geschäftsbeziehung in betriebswirtschaftlich sinnvollen Bandbreiten bewegt

Entsprechend den kaufmännischen Erwägungen wird eine entsprechende Angebotserstellung erfolgen oder unterbleiben. Zu Punkt 1 sind keine weiteren Erörterungen notwendig. Zu Punkt 2 ist bemerken, dass der Target Costing-Ansatz vorschlägt, jene Angebotselemente besonders zu betrachten, die aus Kundensicht eine besondere Bedeutung besitzen. Im Fall einer Personalberatung ist es die erfolgreiche Vermittlung eines Kandidaten, im Falle der Personalvermittlung die erfolgreiche Vermittlung einer Arbeitsstelle. Jene Arbeitsschritte, die aus Kundensicht nicht wichtig sind oder dem Kunden nicht bewusst sind, können hingegen weniger aufwändig gestaltet werden, z. B. die Recherche als solche. Im Fall einer Personalberatung könnte z. B. die Suche in der eigenen Datenbank oder in Karriere-Netzwerken wie xing und LinkedIn deutliche Kostenvorteile gegenüber einer anzeigengestützten Suche bieten. Allerdings gilt es hier sorgfältig abzuwägen, ob mit einer entsprechenden Rationalisierung trotz alledem die gewünschte Qualität realisierbar ist. Auch bei anderen beratenden Personaldienstleistungen bieten sich Einsparpotenziale, z. B. durch standardisierte Abläufe mit einzelnen, individualisierbaren Abläufen, die in toto weniger kostenträchtig sind als ein in jedem Fall individuell erstelltes und durchgeführtes Vorgehen.

Zum Punkt 3 ist die Überlegung wichtig, welchen Kundenwert (siehe auch Abschn. 5.2) ein potenzieller oder tatsächlicher Kunde verspricht. Ist die Geschäftsbeziehung potenziell umsatzträchtig und mit einem attraktiven Deckungsbeitrag verbunden, wird man am Anfang einer Geschäftsbeziehung durchaus zunächst einen Angebotspreis nennen können, der nicht zu einem Gewinn führt. Auch bei einer langjährigen Kundenbeziehung zu einem wichtigen Kunden kann es im Einzelfall sinnvoll sein, aus Gründen der Kulanz ein wirtschaftlich weniger attraktives Angebot zu unterbreiten. Hierzu sind seitens des Managements klare Kriterien zu definieren und regelmäßig zu überprüfen.

4.4 Die Distributionspolitik

Die Distributionspolitik umfasst alle Entscheidungen über:

- Den Lieferort (z. B. Niederlassungen, Vor-Ort-Büros, Services)
- Die Liefergeschwindigkeit („sofort", mit Frist, mit Termin)
- Die Lieferkette (z. B. direkte Erfüllung, Subunternehmer, ggf. auch über Handel und Handelsvermittlung sowie Logistikketten bei Sachleistungen)

Sie besitzt damit eine große Schnittmenge zur Angebotspolitik, da sie über die Verfügbarkeit des Angebots entscheidet und vor allem bei nicht lagerfähigen Gütern und Dienstleistungen die Qualität des Angebots formt.

4.4.1 Die Entscheidungen zum Lieferort

Dienstleistungen allgemein, Personaldienstleistungen im besonderen sind an die dienstleistende Person gebunden. Es ist daher zu überlegen, in welcher Form die angebotene Dienstleistung eine Präsenz vor Ort, direkt beim Kunden oder zumindest in unmittelbarer Nähe erfordert, oder ob sie auch in Teilen oder gänzlich an einem entfernten Ort erbracht werden kann. Eine Vertrags- und Vergütungsberatung sowie eine Karriereberatung kann durchaus telefonisch oder durch Telefonkonferenz bzw. Online-Chat oder brieflich bzw. per E-Mail erfolgen. Auch ein Outsourcing kann an einem anderen Ort als am Standort des Auftraggebers erfolgen. Personalberatung oder Personalvermittlung hingegen erfordern zumindest zu bestimmten Terminen (Vorstellungsgespräch, Informationsbesuch beim Arbeitgeber vor Ort) eine gewisse zeitliche Präsenz beim Auftraggeber bzw. beim Arbeitgeber. Ebenso erfordern strategische Beratungsleistungen oder Personalentwicklungsleistungen bestimmte Zeiträume vor Ort beim Auftraggeber, z. B. zur Datenerhebung oder bei der Implementierung der Beratungsergebnisse. Allerdings lassen sich hier die erforderlichen Arbeitsstunden vor Ort auch durch entsprechende Anreisen gewährleisten, so dass der Auftragnehmer nicht zwingend ständig vor Ort sein muss.

Eine sehr hohe Präsenz beim Auftraggeber ist mit der Arbeitnehmerüberlassung und dem Management auf Zeit verbunden. Sie wird durchweg vor Ort erbracht und ist entsprechend den Weisungen des Auftraggebers vorzunehmen. Zur Verkürzung der eigenen Anfahrten wird es sich hierbei besonders empfehlen, eigene Niederlassungen in Nähe potenzieller Auftraggeber zu gründen und ggf. auch Betreuungs- bzw. Dispositionskapazitäten im Unternehmen („on-site-Management" im Sinne von Promberger 2006, S. 265) vorzuhalten.

Allgemein gilt: Entsprechend dieser Rahmenbedingungen muss der Anbieter einer Personaldienstleistung seine eigene Verfügbarkeit bzw. die seiner Mitarbeiter disponieren, mit Kommunikationstechnik, Vor-Ort-Arbeit und ggf. eigenen Niederlassungen.

4.4.2 Die Entscheidungen zur Liefergeschwindigkeit

Die Immaterialität der Personaldienstleistungen erfordert es, die Leistungen zum Zeitpunkt des Bedarfs zu erbringen. Gestaltbar ist aber oftmals der Zeitpunkt des Bedarfs, also der konkreten Leistungserbringung. Hierzu wird das Management eines Personaldienstleisters einen geeigneten Zeitplan definieren, der entsprechend der verfügbaren Ressourcen die beauftragten Dienstleistungen einplant und durchführt. Entsprechend muss auch im Auftragsgespräch mit dem Kunden die Dringlichkeit des Bedarfs und der gewünschte bzw. der mögliche Leistungszeitpunkt genau geklärt werden, um eine höhere Planungssicherheit zu erhalten.

Vorsichtshalber sind hier auch angemessene Zeitreserven (Pufferzeiten) bzw. Mitarbeiterressourcen aufzubauen, um im Falle von Leistungsstörungen oder Verzögerungen kundengerecht zu agieren. Einzelberater oder kleinere Beratungsunternehmen werden tendenziell nur 80–90 % ihrer Arbeitszeit fest verplanen. Größere Unternehmen werden in angemessenem Umfang Personalreserven aufbauen, entsprechend ihrer eigenen Erfahrungen mit Auftragsverzögerungen, Ausfallzeiten aufgrund von Erkrankung bzw. Fluktuation usw.

Zudem muss der Dienstleistungsanbieter auch dafür sorgen, dass die mit der Leistung beauftragten Mitarbeiter rechtzeitig beim Auftraggeber vor Ort sind, wenn die Leistung eine Präsenz beim Kunden erfordert. Hierfür sind geeignete Reisewege und -mittel vorzubereiten. So kann bei Zeitarbeit es sinnvoll sein, für die eigenen Mitarbeiter Transportunternehmen anzubieten, die für Transfer zwischen Wohnort und dem jeweiligen Einsatzort sorgen, oder aber zumindest darauf zu drängen, dass die Mitarbeiter selbst geeignete Transportmittel (z. B. eigenes Auto) besitzen. Im Bereich beratender Personaldienstleistungen wird die rechtzeitige Präsenz vor Ort beim Kunden ebenfalls zu einem wichtigen Kriterium. Allerdings kann man hier in der Regel durch gute Termin- und Reiseplanung entsprechend vorsorgen, um zum Zeitpunkt des Bedarfs auch tatsächlich vor Ort zu sein.

4.4.3 Die Entscheidungen über die Lieferkette

Die Lieferkette umfasst alle Entscheidungen über die Anzahl der Beteiligten in der Leistungsübergabe zwischen Leistungsersteller und Leistungsnachfrager. Dies kann entweder durch direkten Absatz der Leistung erfolgen, also direktem Kontakt zwischen Lieferant und Besteller, oder aber durch einen indirekten Absatz. Oftmals impliziert das Einschalten von Distributionspartnern einen größeren Zeitaufwand für die Durchleitung der Leistung. Zudem ist der Distributionspartner an den Erlösen zu beteiligen, was die eigenen Erlöse schmälert. Und man verliert an Einfluss auf die Leistungsqualität, was insbesondere bei komplexeren Beratungsleistungen Qualitätseinbußen mit sich bringen kann. Für einen indirekten Absatz spricht aber auch der Punkt, dass weniger Personal benötigt, als bei einem direkten Absatz. Und man kann möglicherweise von den besseren Marktkenntnissen und Marktzugängen eines Distributionspartners profitieren. Entsprechend muss die Entscheidung anhand verschiedener Prüffragen getroffen werden:

- Wo wird die Ware/Dienstleistung nachgefragt?
- Wie viel Einfluss muss der Dienstleister während der Lieferung und Übergabe nehmen?
- Kann/muss der Dienstleister selbst liefern oder kann/darf er auch durch Beauftragte liefern lassen?
- Welche Kosten entstehen dabei, und lassen sich die die Kosten ganz oder zumindest teilweise überwälzen?

Allerdings muss sehen, dass Dienstleistungen im Gegensatz zu einem greifbaren Gut kaum in eine Handelskette eingebracht werden können. Sie werden daher in der Regel entweder im direkten Absatz durch eigene Mitarbeiter erbracht oder aber über vertraglich eng reglementierte Arrangements in Form von Franchising und ähnlichen Lizensierungen abgegeben. Bei Lizensierungen bleibt der Lizenznehmer ein wirtschaftlich und rechtlich selbstständiger Unternehmer, der in seinem Marktauftritt das Label des Lizenzgebers verwenden darf. Er wird sich dabei an bestimmte Leistungsstandards halten müssen und kann von dem im Netzwerk vorhandenen Know how sowie bestimmten, zentral angebotenen

Dienstleistungen (z. B. Werbung, Verwaltung, gemeinsame Fortbildung) profitieren. Im Gegenzug wird der Lizenznehmer aber bestimmte Gebühren zahlen müssen, die sich meist aus einer Einstiegsgebühr, festen Jahresgebühren und umsatzabhängigen Anteilen zusammen setzen. Beispiele hierzu finden sich im Personalberaternetzwerk von Mummert + Partner, Kienbaum oder Swiss Consult.

Eine besondere Form der Lizensierung findet sich im Franchising -System. Hierbei wird einem Franchise-Nehmer gestattet, in einem bestimmten, vertraglich fixierten Vertriebsgebiet unter dem Namen und nach den Systemvorgaben des Franchising-Gebers den Markt zu bearbeiten. Der Franchising-Geber unterstützt den Franchising-Partner mit einem bereits am Markt erprobten Konzept, gemeinsamen Marketingaktionen, Schulungen etc. Dafür erhält er eine Systemgebühr, die sich zumeist aus einem Fixum und einer umsatzabhängigen Provision zusammen setzt und teilweise auch eine Einstiegsgebühr voraussetzt. Bekannte Beispiele in der PDL-Branche finden sich bei „RENTA" (vgl. Renta 2014) und „Olympia-Personaldienstleisungen" (vgl. Olympia 2014).

4.5 Die Personalpolitik

4.5.1 Die Leistungsfähigkeit des Personals als Marketingaspekt

Personaldienstleistung ist eine Dienstleistung. Als wesentliche Merkmale ergeben sich daraus, dass sie immateriell und damit nicht lagerfähig ist, vom Personal des Anbieters getragen und in einer Interaktion mit dem Kunden erstellt wird. Aufgrund ihrer jeweiligen individuellen Erstellung besitzt sie aus Kundensicht einen hohen Anteil an Vertrauens- und Erfahrungseigenschaften: Der Kunde muss darauf vertrauen, dass die Dienstleistung tatsächlich gemäß der Spezifikation im Angebot erbracht und den intendierten Erfolg erbringt. Insbesondere im Bereich der Zeitarbeit wird oftmals erwartet, dass die entsandten Zeitarbeiter ohne große Einarbeitung in der Lage sind, die gegebenen Aufgaben auszufüllen, auch und gerade bei anspruchsvolleren Aufgabenfeldern (vgl. Schmitt 2011, S. 17). Die fachliche Qualifikation des Personals sowie dessen Leistungsbereitschaft ist also ein sehr zentraler Parameter, der im Marketing zu beachten ist, und damit neben die Angebotspolitik als eigenständigen Handlungsbereich tritt (siehe auch Judd 1987; für Personaldienstleister siehe Heidelberger und Kornherr 2009, S. 173 ff.). Der Personaldienstleister seinerseits wird also die fachlichen Qualifikationen seiner Mitarbeiter prüfen und ggf. entsprechend den Kundenanforderungen weiter entwickeln müssen, um einen akzeptierten Auftritt am Markt zu erreichen. Mit dem Hinweis auf die entsprechenden Qualifikationen und Arbeitserfahrungen seiner Mitarbeiter kann der Dienstleister auch im Angebot seine besondere Kompetenz unterstreichen und für Auftraggeber interessante Marktpositionen erwerben. Beispielhaft lassen sich dazu nennen:

- Im Berufsfeld Senior Berater für strategische Personalberatung, Personalentwicklung oder Coaching: „Lebenserfahrung", d. h. längere berufliche Kenntnisse plus die Fähigkeit zur Einschätzung von bestimmten Sachverhalten sowie Empathie (am Beispiel der

Outplacementberatung dargestellt bei Henties und Köninger 2012, S. 57), ergänzend die Befähigung zur Projektsteuerung und Akquisitionsstärke, sinnvollerweise in einer zusätzlichen Fortbildung mit dem Fokus auf Beratungskompetenzen ergänzt;
- Im Berufsfeld Personalberater: eine fachliche Ausbildung, meist auf der Basis eines Studiums, verbunden mit einer gewissen Berufserfahrung, um sich in die Berufsfelder der möglichen Vakanzen eindenken zu können, eine spezielle Ausbildung im Bereich Personaldienstleistung ist dabei nicht unbedingt erforderlich, da nach wie vor Seiteneinsteiger aus anderen Berufsfeldern sehr erfolgreich als Personalberater arbeiten können (vgl. Gillies 2012). Ihr Wettbewerbsvorteil ist oft die sehr gute Vernetzung in der Branche, so dass oft Führungskräfte in der Personalberatung eine zweite Karriere starten;
- Im Berufsfeld Personalvermittlung der Sachkundenachweis, der in Österreich über die Befähigungprüfung für Arbeitsvermittlung nach Arbeitsvermittlungs-Verordnung erbracht wird; in der Schweiz die Bewilligung zur Betätigung als Arbeitsvermittler nach der Verordnung über die Arbeitsvermittlung und den Personalverleih, hingegen ist in Deutschland keine spezifische Zulassung mehr vonnöten, hier reicht die Gewerbeanmeldung aus
- Im Berufsfeld Mediator: eine Verbindung aus guten theoretischen und praktischen Kenntnissen zur organisationalen Abläufen und innerbetrieblichen Erfordernissen auch hohe Kommunikationsfähigkeit und diagnostische sowie imaginative Fähigkeiten (vgl. Folkersma und Glasl 2013, S. 41)
- Im Berufsfeld Disponent in der Zeitarbeit: Organisationsfähigkeit, Fähigkeit zur Führung von Menschen und zum Umgang mit unterschiedlichen Personen (Flexibilität in sozialer und persönlicher Dimension) sowie Vertriebsstärke, in Österreich auch den Befähigungsnachweis für Arbeitskräfteüberlasser;
- Im Berufsfeld der gewerblichen Mitarbeiter in Zeitarbeitsunternehmen: berufsfachliche Ausbildung und gegebenenfalls auch spezielle Sachkunde (z. B. Staplerschein, Schweißerschein, siehe hierzu Furkel und Durian 2013, S. 56), möglichst auch Berufserfahrung, Arbeitsbereitschaft/Selbstmotivation und Selbstdisziplin, oft räumliche Mobilität (Fahrerlaubnis und Fahrzeug).

Interessanterweise findet sich mit dem Berufsbild des Kaufmanns für Personaldienstleistungen seit 2008 ein Ausbildungsgang, der z. B. im Bereich von Verwaltungspersonal oder auch Zeitarbeitsdisponenten eine solide Basis bietet (siehe hierzu BiBB 2008; ergänzend Beste et al. 2013; Giese et al. 2012). Darauf aufbauend werden auch IHK-Lehrgänge zum geprüften Fachwirt für Personaldienstleistungen angeboten, z. B. durch die Deutsche Angestellten-Akademie in Bielefeld (vgl. BAP und DAA 2014).

Ergänzend kann man auf die akademischen Ausbildungen hinweisen, die inzwischen von verschiedenen Hochschulen wie der Welfenakademie Braunschweig (dualer Bachelorstudiengang), der Dualen Hochschule Lörrach (dualer Bachelorstudiengang) oder der Donau-Universität Krems (berufsbegleitender Master-Studiengang) angeboten werden. Sie sorgen als anerkannte Ausbildungsinstitutionen ebenfalls für geeignet vorbereitete Mitarbeiter und damit eine qualitativ höherwertige Dienstleistung. Ebenso sind Kooperationen zwischen Arbeitgeberverbänden und Hochschulen für geeignete Fortbildungen denkbar, wie es z. B. das Fortbildungszentrum der Hochschule Mittelhessen mit einem „Zertifikatskurs Personaldienstleistungen" (vgl. THM 2013) oder die SRH-Hochschule Heidelberg mit einem Schwerpunkt „Personaldienstleistungen" im Rahmen eines Masterstudiengangs praktiziert, in Kooperation mit dem Bundesarbeitgeberverband Personaldienstleistungen (vgl. BAP 2013a).

Des Weiteren muss der Kunde sowohl bei beratenden als auch assistierenden Dienstleistungen darauf vertrauen können, dass der Dienstleister bzw. sein Personal mit den während der Interaktion erworbenen Informationen vertrauenswürdig umgeht und nicht die Insiderkenntnisse Dritten zur Kenntnis gibt oder gegen den Auftraggeber verwendet.

Diese Unsicherheitsfaktoren aus Kundensicht verweisen auf eine hohe Bedeutung von Signalling-Elementen. Für das Signalling dienen neben einem angemessenen Auftritt im Kundenkontakt die Vorlage von geeigneten Referenzen sowie das Einhalten von vereinbarten Projektschritten.

4.5.2 Ausgewählte personalpolitische Aspekte im Marketingkontext

Damit das Personal seinen Aufgaben gerecht werden kann, muss es zum einen durch Schulungen, Anleitungen und eigenständige Fortbildung die eigenen Kompetenzen pflegen und entwickeln. Zum anderen sollten seitens der Unternehmensleitung bestimmte Kennwerte festgelegt werden, die das eingesetzte Personal vor Überforderung schützen und damit die Gefahr einer dauerhaft geminderten Leistungsqualität vermeiden. Nicht zuletzt sind anforderungsgerechte Anstellungsbedingungen anzubieten, um im Wettbewerb mit anderen Unternehmen der gleichen, aber auch anderer Branchen die notwendigen Fach- und Führungskräfte zu gewinnen. Dies können Arbeitszeitmodelle, Karriereoptionen, aber auch attraktive Gehaltsstrukturen sein, wie sich z. B. in den soliden Lohnerhöhungen beim Personalberater Michael Page zum Jahresanfang 2014 zeigte (vgl. Astheimer 2014). Aber auch Karrierechancen, insbesondere für Personenkreise, die anderenorts Diskriminierung erfahren, zählen hierzu, z. B. für Migranten oder weibliche Beschäftigte. So verweist der BAP Bundesarbeitgeberverband der Personaldienstleister im Herbst 2013 – also auf dem Höhepunkt der Quotendiskussion für Führungskräfte – darauf, dass in der Zeitarbeit mehr als 50 % der Führungskräfte weiblich sind (vgl. BAP 2013c).

Hinsichtlich der Leistungsfähigkeit gibt es unterschiedlich ausführliche Instrumente, mit deren Hilfe die aktuelle Leistungsfähigkeit und die zukünftigen Leistungsbedarfe bestimmt werden können. Ein relativ einfaches, in der Praxis bereits hinlänglich bewährtes Modell stellt einerseits auf drei Kompetenzenebenen ab, zum anderen auf gegenwärtige und zukünftige Anforderungen (vgl. Hillebrecht 2001). In einen einfachen Erhebungsbogen umgesetzt, wie in Abb. 4.6 beispielhaft dargestellt, können Vorgesetzte und Mitarbeiter den jeweiligen Abgleich zwischen zukünftigen Anforderungen und aktuellem Stand feststellen, in dem sie zum einen den aktuellen Stand (z. B. mit x) und zum anderen den zukünftigen Bedarf in ca. 2–3 Jahren (z. B. mit o) darstellen. Sofern sich Entwicklungsbedarf ergibt, lässt sich dieser bereits mit konkreten Maßnahmen hinterlegen.

Kompetenzen-bereich	Grundkenntnisse	Tägliche Anwendung	Führungsebene	Trainerkompetenz	Bemerkungen
Fachliche Kompetenzen:					
.- Einsatz-planung	X	O			Unterweisung am Arbeitspl.
.- Arbeitsrecht	X	O			Schulung
.- Personalauswahlverfahren		X		O	Schulung
.- Eignungsdiagnostik	X	O			Schulung
Soziale Kompetenzen					
.- Teamleitung	X	O			Hospitation
.- Gesprächsführung		X	O		Kurs
.- Konfliktmanagemt.		XO			Training
Persönliche Kompetenzen					
.- Selbstorganisation		XO			

Abb. 4.6 Erhebung von aktuellen Kompetenzen und Personalentwicklungsbedarf. (Quelle: eigene Erstellung auf Basis von Hillebrecht 2001)

Selbstredend werden diese Erhebungsinstrumente regelmäßig eingesetzt, um einen Entwicklungsverlauf festzustellen. Bei einer transparenten Handhabung ist eine hohe Akzeptanz seitens der Mitarbeiter gewährleistet, insbesondere in den Fällen, in denen der betroffene Mitarbeiter die Gelegenheit hat, zu den Einstufungen selbst Stellung zu nehmen und auf notwendig erachtete Maßnahmen selbst Einfluss zu nehmen. Dies ist z. B. über eigene Vorschläge möglich oder auch über die Einstufung von Prioritäten der einzelnen Maßnahmen.

Diese Aufstellung ist jeweils entsprechend der Branche und der Arbeitsebene der einzelnen Mitarbeiter zu erstellen.

Ein weiterer Aspekt sind Normwerte, die zur Beurteilung der Leistungsfähigkeit des Personals dienen. In der Zeitarbeit als Beispiel ist unter anderem auf die Zahl der Disponenten pro Zeitarbeits-Mitarbeiter zu verweisen. Hieran lässt sich die Delikatesse derartiger Kriterien aufzeigen. Bei verhältnismäßig günstigen Werten kann eine gute Betreuung und wirkungsvollere Akquisitionen gewährleistet werden. Andererseits stellen sie einen Kostenblock dar, der womöglich Angebotspreise außerhalb der wettbewerblich vertretbaren Größenordnungen nach sich zieht. Das Verhältnis sollte idealerweise zwölf bis 15 Zeitarbeitnehmer pro Disponent betragen (vgl. Willenbrock 2005, S. 98, ähnlich Lehmann und Bouncken 2012), kann in der Realität aber durchaus auch bei bis zu 25 oder 30 Zeitarbeitnehmern pro Disponent und mehr liegen. Dies ist nicht zuletzt auf das Niveau der auszuleihenden Mitarbeiter (z. B. Ingenieure und Techniker versus gewerbliche Hilfskräfte) zurückzuführen sowie dem damit verbundenen Betreuungsaufwand und den verrechenbaren Kostensätzen.

Analog lassen sich in der Personalberatung oder im strategischen HR-Consulting bestimmte Kennwerte festlegen, die auf das Leistungsniveau reflektieren. So kann man auf die Anzahl von Aufträgen pro Mitarbeiter abstellen, die bei Executive Search nicht mehr als fünf bis sechs Aufträge gleichzeitig umfassen sollten, damit sich Mitarbeiter nicht verzetteln. Bei strategischer Beratungsleistung sollten Mitarbeiter möglichst nicht mehr als drei Projekte gleichzeitig bearbeiten. Auch hier kann eine zu starke Differenzierung zu einem Vernachlässigen einzelner Projekte führen, mit den entsprechenden Qualitätsmängeln.

4.5.3 Das Personalmarketing als längerfristige Orientierung

4.5.3.1 Grundlagen des Personalmarketings

Unter Personalmarketing versteht man die Gestaltung der Beziehungen zu den gegenwärtigen und zukünftigen Mitarbeitern unter Marketingaspekten. Das Unternehmen möchte sich als attraktiven Arbeitgeber präsentieren, um so die benötigten Arbeitskräfte leichter anzuwerben, sie besser an das Unternehmen zu binden und vor allem im Wettbewerb um besonders begehrte Fachkräfte einen Wettbewerbsvorteil zu erzielen. Personalmarketing hat also drei Zielrichtungen:

- Personalmarketing vor der Einstellung, bei dem durch Employer Branding die besonderen Werte des Unternehmens sowie seine Erwartungen an zukünftige Mitarbeiter kommuniziert werden;
- Personalmarketing während des Arbeitsverhältnisses, um die Mitarbeiter über die besonderen Leistungen des Unternehmens zu informieren und zur Mitarbeit und ggf. auch Karriere zu motivieren
- Personalmarketing nach dem Arbeitsverhältnis, um sie auch weiterhin als Multiplikatoren für das Unternehmen zu pflegen, sie zur Nachfrage nach Dienstleistungen des Unternehmens anzuregen (insbesondere dann, wenn sie zu einem Kundenunternehmen gewechselt sind) bewegen und ggf. auch noch zu einem späteren Zeitpunkt wieder zur Rückkehr zu bewegen

Gerade in der Zeitarbeit scheint hier ein besonders dringliches Aufgabenfeld zu liegen, wenn man die Zufriedenheitsquoten im Vergleich zu Zeitarbeitnehmern in anderen Ländern vergleicht – allem Anschein nach will über die Hälfte der Beschäftigten das Unternehmen bei erstbester Gelegenheit wieder verlassen (vgl. Endres 2014). Von daher besitzen Imagekampagnen wie „Randstad wirkt!" (näher vorgestellt in Abschn. 5.2.1.2) ihre eigene Berechtigung und hohe Dringlichkeit.

Bestandteile des Personalmarketings sind:

- Eine klare Wertestruktur, die in der Corporate Identity verankert wird, und sich z. B. im Führungssystem oder im Kundenkontakt zeigt
- Maßnahmen zur Mitarbeiterinformation und zum unternehmensinternen Dialog, wie Intranet, Betriebszeitungen, Mitarbeiterversammlungen oder regelmäßiger Austausch zwischen Unternehmensleitung und Mitarbeitern

- Besondere Angebote für die Mitarbeiter zur Arbeitszeitgestaltung und zur Work-Life-Balance und Familienfreundlichkeit, bis hin zum betrieblichen Gesundheitsmanagement, durch Gesundheitstage, Angebote für Ausgleichssport, Ernährungsberatung etc.
- Freiwillige Sozialleistungen, z. B. zu bestimmten familiären Situationen oder Notfällen
- Incentives für besondere Leistungsträger, in Form von Geschenken, besonderen Reisen und betrieblichen Veranstaltungen, Dienstwagen etc.
- Imagewerbung, mit Imageanzeigen, Flyern, Webauftritten etc.
- Präsenz von Mitarbeitern bei Zielgruppen, z. B. auf Messen und Kongressen, in Schulen und Hochschulen und weiteren öffentlichkeitswirksamen Veranstaltungen
- Möglichkeiten zur persönlichen und fachlichen Weiterbildung, wie sie z. B. der schweizerische Verband der Personaldienstleister swiss staffing aufgrund des Gesamtarbeitsvertrages für Temporärarbeiter verpflichtend anbietet.
- Nicht zuletzt in der Zeitarbeit ein attraktiver Kundenkreis, was für Zeitarbeitnehmer die mögliche Einsetzbarkeit insgesamt erhöht.

Wichtig hierbei ist Authentizität und Wahrhaftigkeit. Wer in diesem Bereich zu viel verspricht, wird schnell in den einschlägigen Kommunikationswegen entsprechend vorgeführt. Vielmehr geht es darum, aus dem Bündel der Möglichkeiten das für den jeweiligen Betrieb Passende auszuwählen. Dabei muss man darauf achten, dass die Infrastruktur auch ein dauerhaftes Angebot gewährleisten kann. Hier sind oftmals Großunternehmen aufgrund ihrer breiten Ressourcen und weiter reichenden Möglichkeiten der Gehaltsgestaltung im Vorteil. Sie können mit nachhaltigen und umfassenden Konzepten der beruflichen Förderung in den Wettbewerb eintreten (vgl. Biedenbach 2012, S. 103 ff.). Kleinunternehmen können an dieser Stelle einen Wettbewerbsvorteil durch informelle und damit schnellere Entscheidungswege sowie familiäre Arbeitsatmosphäre punkten.

4.5.3.2 Überführung in eine Employer branding -Strategie

Employer branding gilt als ein Ansatz, die Technik der Markenführung auf das Personalmarketing zu überführen. Wenn ein Unternehmen in der Lage ist, am Arbeitsmarkt als attraktive Marke, sprich als attraktiver Arbeitgeber aufzutreten, wird das Unternehmen sowohl im Wettbewerb um besonders wichtige Fach- und Führungskräfte als auch in der Bindung der Mitarbeiter einen entscheidenden Vorsprung erzielen und der Arbeitgeber am Arbeitsmarkt eine bestimmte „Marke" darstellen (vgl. Beck 2012, S. 12 ff.). Employer Branding verbindet dabei rational zugängliche Elemente wie wettbewerbsfähige Gehaltsangebote, Arbeitsplatzsicherheit und Karriereoptionen mit emotionalen Elementen, die bei Nennung des Arbeitgebernamens oder der Branche des Arbeitgebers mitschwingen. So kann sowohl eine bestimmte Branche (z. B. Personalberatung oder Unternehmensberatung) eine besondere Wertigkeit oder Einzigartigkeit ausdrücken, als auch ein bestimmter Firmenname besondere Konnotationen hervor rufen, wie man auch an den diversen Imagebildern bestimmter Berufe ablesen kann (siehe z. B. die Allensbacher Berufsprestige-Skala 2011, vgl. o. V. 2012). Aber auch besondere Arbeitsumstände wie eine erhöhte Arbeitsplatzunsicherheit und häufig wechselnde Arbeitsorte können – negativ – auf ein Unternehmen bzw. auf die Branche der Zeitarbeit generell abstrahlen (vgl. Bundesagentur für Arbeit 2013, S. 18–23).

Als Arbeitgebermarke gelten dabei alle Vorstellungen bei aktuellen und potenziellen Mitarbeitern über das, was einen als Mitarbeiter bei diesem Unternehmen erwartet und was das Arbeiten dort besonders bzw. einzigartig machen kann, so dass man als bevorzugter Arbeitsort gilt. Dies können harte Fakten wie Gehaltsstrukturen und Arbeitsplatzsicherheit ebenso sein wie weiche Faktoren, die mit „angenehmes Betriebsklima" oder „dynamisches, cooles Arbeitsumfeld" zu beschreiben sind und insgesamt einem Mitarbeiter zeigen, dass hier eine optimale Problemlösung auf seinen Wunsch nach Einkommen und sinnvoller Tätigkeit angeboten wird.

Employer branding geht damit auf das Austauschverhältnis zwischen Mitarbeitern und Unternehmen ein und zeigt auf, welche Leistungen man für die engagierten Beiträge der Mitarbeiter anbieten kann. Dies können neben der Gehaltsstruktur und dem Arbeitsort auch besondere Verhaltensweisen (z. B. das bei vielen skandinavischen Unternehmen übliche Duzen, bei weltanschaulich geprägten Unternehmen nach § 118 II BetrVerfG die Beachtung einer besonderer Dienstgesinnung), Karrieremöglichkeiten, Angebote für die Work-Life-Balance etc. sein. Hier sieht man auch einen engen Zusammenhang zwischen dem Employer Branding und der Corporate Identity (im nachfolgenden Kap. 5 aufgegriffen). So können bestimmte Elemente wie „Familienunternehmen mit Tradition" ein Nutzenversprechen wie sichere Arbeitsplätze und familiäre Atmosphäre versprechen, aber auch sehr auf Traditionen und den Inhaber zugeschnittene Umgangsformen befürchten lassen. Analog kann die Zuschreibung „expandierendes Unternehmen" viele Gestaltungsmöglichkeiten und Karriereoptionen eröffnen, aber auch ein gewisses Chaos und übermäßige örtliche Flexibilität erwarten lassen. Aber auch Chance auf Übernahme von einem Zeitarbeitsverhältnis in eine feste Anstellung nach zwei bis drei Jahren, z. B. bei der Volkswagen AG oder der Daimler AG tarifvertraglich abgesichert (vgl. o. V. 2014c), oder aber besondere Aufmerksamkeit für ältere Arbeitnehmer können besondere Merkmale im employer branding der entsprechenden Zeitarbeitsfirmen sein.

Diese grundsätzlichen Fragen sind in entsprechende Maßnahmen umzusetzen, wie z. B. dem Angebot von besonderen Kinderbetreuungsangeboten, wenn man die Familienfreundlichkeit als Kriterium betont. So bietet die Dresdner Niederlassung des Zeitarbeitsunternehmens Manpower eine eigene Kindertagesstätte an, da insbesondere Mitarbeiter in der Halbleiter-Branche neben einer guten Gehaltsstruktur eine Unterstützung der Familienaufgaben erwarten. Genauso können auch Auszeichnungen wie z. B. „Golden Career Best Recruiters" (z. B. für Adecco) oder besondere Bewertungen in sozialen Netzwerken wie kununu.de/kununu.at von Vorteil sein. Wobei hierzu eine Anmerkung vorzunehmen ist: auch in allgemeinen Bewertungsportalen wie dooyoo.de kann man inzwischen Bewertungen zu Zeitarbeitsunternehmen (Beispiel Adecco) erhalten.

Insgesamt stehen für das Employer Branding zur Verfügung:

- Gestaltung der Arbeitsbedingungen (Gehaltsstrukturen, Arbeitszeitmodelle, Arbeitsorte)
- Sozialleistungen (z. B. Pausengetränke, Kantine, Fahrkostenzuschüsse, private Nutzung dienstlicher Ausstattung wie Dienstwagen, Laptop, Mobiltelefon)
- Gestaltung des Betriebsklimas, durch Führungssysteme und Mitarbeiterkommunikation, Mitarbeiterveranstaltungen (Betriebs-/Abteilungsausflüge, Weihnachtsfeiern, …)

- Anlassbezogene Geschenke (z. B. zu Firmenjubiläen)
- Kommunikationsmaßnahmen (Intranet, Firmenpublikationen wie Mitarbeiter- oder Kundenzeitschriften, Werbeartikel, …)
- Jobangebote in eigenen und fremden Medien
- PR-Beiträge über Arbeitsbedingungen
- Präsenz in Arbeitgeberbewertungsportalen wie kununu.de
- Sponsoring
- Präsenz bei potenziellen Mitarbeitern (Vorträge an Schulen, Hochschulen, bei Berufsinformationsveranstaltungen, Stände bei Berufsmessen, …), auch durch Zuhilfenahme von Social Media -Anwendungen (vgl. Mersch 2013, S. 50 f.).

Diese Instrumente sind entsprechend ihrer Wirksamkeit und ihrer Akzeptanz bei den Zielgruppen so einzusetzen, dass einerseits betriebswirtschaftliche Vorgaben (Budget, Kosten-Nutzen-Relation) beachtet werden, zum anderen ein authentisches, stimmiges Bild erzeugt wird (siehe auch Petkovic 2008, S. 228 ff.). Als Anhaltswert gilt „lieber weniger, und dafür das Richtige tun". In der Verantwortung für die wirkungsvolle Umsetzung stehen neben Unternehmensleitung und Personalarbeit auch die einzelnen Mitarbeiter, insbesondere jene mit Führungsaufgaben.

Fazit
Dem Personaldienstleistungsunternehmen stehen in der operativen Marktbearbeitung eine Vielzahl an Handlungselementen zur Verfügung. Entsprechend den Marktbedürfnissen können diese kombiniert werden. Neben dem eigentlichen Leistungsangebot in seinen Spielarten sind Preise und Zahlungsbedingungen sowie Angebotsorte bzw. Liefergeschwindigkeiten zu bestimmen, die den Nachfragebedingungen gerecht werden. Aufgrund der immateriellen Charakteristik und der Interaktion zwischen Anbieter und Nachfrager muss auch auf den Leistungsfaktor Personal ein hoher Wert gelegt werden.

Literatur

AIMP Arbeitskreis Interim Management Provider (2008) Satzung des AIMP vom 31.01.2008. www.aimp.de. Zugegriffen am 02.04.2013

Allensbacher Berufsprestige-Skala (2012) Allensbacher Berufsprestige-Skala 2012, Präsentation vom 07.04.2013. www.ifd-allensbach.de. Zugegriffen am 23.05.2013

Astheimer S (2014) „15 % mehr Geld für alle".www.faz.net/aktuell/beruf-chance/im-gespraech-goran-baric-chef-von-michael-page-15-prozent-mehr-geld-fuer-alle-12745074.html. Zugegriffen am 10.01.2014

Auerbach E (2015) Mediation bei Mobbingfällen im Unternehmen. ZKM Z Konfliktmanag 18(4):104–107

BAP Bundesarbeitgeberverband der Personaldienstleister (Hrsg) (2012) Qualifizierung von Zeitarbeitskräften, Berlin

BAP Bundesarbeitgeberverband der Personaldienstleister (2013a) Zeitarbeit als Chance. www.personaldienstleister.de/branche/infos-fuer-arbeitnehmer/zeitarbeit-als-chance.html. Zugegriffen am 14.01.2013

BAP Bundesarbeitgeberverband der Personaldienstleister (2013b) Master. www.personaldienstleister.de/themen/bildung/fuer-personaldienstleister/master.html. Zugegriffen am 17.09.2013

BAP Bundesarbeitgeberverband der Personaldienstleister (2013c) Zeitarbeit – Bereits mehr als 50 % weibliche Führungskräfte, Pressemitteilung vom 21.10.2013

BAP/DAA (Hrsg) (2014) Geprüfte/r Personaldienstleistungsfachwirt/in. als Flyer veröffentlicht, Bielefeld

Baumgarth C (2004) Markenpolitik, 2. Aufl. Gabler, Wiesbaden

BDU Bundesverband Deutscher Unternehmensberater (2009) Grundsätze ordnungsgemäßer Personalberatung, Version 2.1. pdf-Ressource vom Dezember 2009. http://bdu.de/GoP.html. Zugegriffen am 22.06.2012

BDU Bundesverband Deutscher Unternehmensberater (Hrsg) (2013) Outplacement in Deutschland 2012/2013. www.bdu.de/media/31998/studie-outplacementberatung-in-deutschland-2012-2013.pdf. Zugegriffen am 16.01.2017

Beck C (2012) Personalmarketing 2.0 – vom Employer Branding zum Recruiting, 2. Aufl. Luchterhand, Köln

Bents R, Blank R (1995) Typisch Mensch – Einführung in die Typentheorie. Beltz Test, Göttingen

Berg-Peer J (2003) Outplacement in der Praxis. Gabler, Wiesbaden

Beste J et al (2013) Personaldienstleistungskaufleute – 2. Ausbildungsjahr. Bildungsverlag eins, Köln

Beste J et al (2014) Personaldienstleistungskaufleute – 3. Ausbildungsjahr. Bildungsverlag eins, Köln

BiBB Bundesinstitut für Berufsinformation (Hrsg) (2008) Personaldienstleistungskaufmann/Personaldienstleistungskauffrau – Ausbildung gestalten. Bertelsmann, Bielefeld

Biedenbach W (2012) Anders denken, handeln, zusammenarbeiten. Haufe, Freiburg

Bilen S, Steppan R (2012) Pssssst, www.hochschulanzeiger.faz.net/los-jag-mich-die-geheimnisse-der-headhunter-industrie-pssssst-11952875.html. Zugegriffen am 07.11.2012

BMAS Bundesministerium für Arbeit und Sozialordnung (2011) Vermittlungsgutscheine und die Beauftragung Dritter in der Arbeitsvermittlung, Bundestagsdrucksache Nr. 17/4986 vom 03.03.2011

Böhler M (2011) Entwicklungspotenziale der Personalberatung. Gabler, Wiesbaden

Böhner C, Schwertfeger E (2017) Was bringt der „zertifizierte Mediator"? Wirtsch Weiterbild 2:36–38

Böhnke CM (2012) ePlacement. VPRM, Troisdorf

Boenig J (2015) Outplacement. SpringerGabler, Wiesbaden

Borkenau P, Ostendorf F (2008) NEO-Fünf-Faktoren Inventar nach Costa und McCrae (NEO-FFI), 2. Aufl. Hogrefe, Göttingen

Braun E (2008) Kollegiale Beratung als Instrument der Führungskräfteentwicklung. Betriebswirt 49(1):27–31

Braun E, Hillebrecht S (2011) Klotzen oder Kapitulieren. Personal 63(6):34–35

Bretscheider U (2012) Kalkulation in der Zeitarbeit. Edition Aumann, Coburg

Bundesagentur für Arbeit (2013) Arbeitsmarktberichterstattung Juli 2013. http://statistik.arbeitsagentur.de/Statischer-Content/Arbeitsmarktberichte/Arbeitsmarkt-Allgemein/generische-Publikationen/Arbeitsmarkt-Deutschland-Zeitarbeit-Aktuelle-Entwicklung-2HJ2012.pdf. Zugegriffen am 29.07.2013

Clausen S (2014) „15.000 Euro Tagessatz für einen Profi-Aufsichtsrat", 28.1.2014. www.manager-magazin.de/unternehmen/artikel/christoph-zeiss-mitgruender-der-personalberatung-heads-im-interview-a-945901.html. Zugegriffen am 28.01.2014

Crimmann A, Lehmann C (2012) Der Preis der Flexibilität. Personalführ 45(7):28–35

Csillag D (2013) Schöne Worte genügen nicht. Personalmanag 11:62–63

Dahl H (2009) Interim Management. In: Dahl H et al (Hrsg) Personaldienstleister in Deutschland. Haufe, Freiburg, S 118–137

DBVC Deutscher Bundesverband Coaching (2011) Coaching-Markt-Analyse 2011. www.dbvc. de/fileadmin/user_upload/dokumente/Coaching-Marktanalyse_2011.pdf. Zugegriffen am 02.04.2013

DGfK Deutsche Gesellschaft für Karriereberatung (Hrsg) (2015) Karriereberatung in Deutschland – Markterhebung 2015 (als PDF veröffentlicht). www.dgfk.org/publikationen.html. Zugegriffen am 02.08.2016

DGfK Deutsche Gesellschaft für Karriereberatung (Hrsg) (2016) DGfK-Standards und ethische Grundsätze. www.dgfk.org/ethische-grundlagen.html. Zugegriffen am 02.08.2016

Dilk A, Littger H (2008) Die Nethunter. Capital 12:164–170

Dohmke B, Verfürth C (2017) Manche werden einfach vom Hof gejagt. Harvard Business Manager 1:54–57

Dreyer M (2009a) On-Site-Management. In: Dahl H et al (Hrsg) Personaldienstleister in Deutschland. Haufe, Freiburg, S 80–117

Dreyer M (2009b) Outsourcing. In: Dahl H et al (Hrsg) Personaldienstleister in Deutschland. Haufe, Freiburg, S 139–189

Dumrese A (2010) Personalvermittlung. Diplomica, Hamburg

Durian A, Noll B (2012) Der neue Ethik-Kodex des iGZ. Personalwirtsch 5:54–55

Eckelt WK (2015) Kandidaten lesen. SpringerGabler, Wiesbaden

Endres H (2014) Jeder zweite Leiharbeitnehmer will weg, www.spiegel.de/karriere/berufsleben/ zeitarbeit-ist-in-deutschland-laut-studie-unbeliebt-a-943248.html. Zugegriffen am 15.01.2014

Faber M, Thomas T (2015) Interim Management erfolgreich gestalten. Gabler, Wiesbaden

Fiedler M (2013) Interimsmanager – Die Elite der Zeitarbeiter,. www.spiegel.de/karriere/berufsleben/fuehrungskraefte-auf-zeit-nachfrage-nach-interimsmanager-steigt-a-891333.html. Zugegriffen am 01.04.2013

Filbert D et al (2013) Vorstandsvergütung im Spannungsfeld von Regulatorik, Öffentlichkeit und unternehmerischer Notwendigkeit. In: Niedereichholz C et al (Hrsg) Handbuch der Unternehmensberatung. Erich Schmidt, Köln (Ergänzungslieferung 20, Nr. VIII/2013, Abteilung 3980)

Fischer S, Zimmermann A (2013) Tickt der Mittelstand anders? Personalmag 4:42–45

Fischer-Epe M (2011) Coaching. rororo, Reinbek

Folkersma P, Glasl F (2013) Mediatoren sollten Mehrfachqualifikationen aufweisen. Wirtschaft + Weiterbildung 24(2):40–41

Freckmann A (2012) Arbeitnehmerüberlassung, 4. Aufl. Verlag Recht und Wirtschaft, Frankfurt am Main

Froitheim UJ (2014) Reden ist Silber. brand1 Thema 1:58–63

Furkel D (2013a) Der Beginn einer neuen Ära. Personalmag 5:52–54

Furkel D (2013b) Der Interimsmarkt wandelt sich. Personalmag 5:60–62

Furkel D, Durian A (2013) Unser Bedarf ist selten planbar. Personalmag 5:56

Geiselmann F (2011) Prozessoptimierung im HR Shared Service Center. Management & Karriere, Düsseldorf

Gerhard T, Ritter J (2004) Management Appraisal – Die Egon Zehnder Methode. Campus, Frankfurt am Main

Giese I et al (2012) Personaldienstleistungskaufleute, 1. Ausbildungsjahr, 2. Aufl. Bildungsverlag, Köln

Gillies C (2012) So wird man Headhunter, www.ftd.de/karriere/karriere/:consulting-so-wird-ma-headhunter/70041635.html. Zugegriffen am 30.05.2012

Gröschel B, Wübbelmann K (2005) Management Appraisal – Mehrwert durch Perspektivenvielfalt. Wirtschaftspsycholog aktuell 1:10–11

Grunert M (2017): Mit Coach zum neuen Job, Beitrag vom 14.03.2017. www.faz.net/aktuell/rheinmain/frankfurt/mit-outplacement-coaching-zum-neuen-job-14923319.html. Zugegriffen am 21.03.2017

Grünberg L, Lambrich T (2013) Die richtigen Klauseln nutzen. Personalmag 8:65–67
Gütegemeinschaft Personaldienstleistungen (Hrsg). (o. J.) Verantwortung in der Zeitarbeit, PDF-Ressource unter. www.guetegemeinschaft-personaldienstleistungen.de/ohne Datum
Gulder A (2007) Finde den Job, der dich glücklich macht. Campus, Frankfurt am Main
Gutmann J, Kilian S (2011) Zeitarbeit, 2. Aufl. Haufe, Freiburg
Haller P, Jahn EJ (2014): Hohe Dynamik und kurze Beschäftigungsdauer, IAB-Kurzber 13:1–12
Hamann A, Huber JH (2007) Coaching, 6. Aufl. Rosenberger, Leonberg
Heidelberger M, Kornherr L (Hrsg) (2009) Handbuch der Personalberatung. Vahlen, Wiesbaden
Heise, D (2012) Ein Neuanfang für ausscheidende Mitarbeiter, Beitrag vom 25.02.2012 www.impulse.de/recht-steuern/rechtliche-tucken-beim-outplacement/1030933.html. Zugegriffen am 21.07.2016
Henties C, Köninger H (2012) Neu-)Positionierung von Executives. Personalwirtsch 4:56–57
Herold I (2002) Personalberatung und Executive Search. Wissenschaft & Praxis, Berlin
Hess D (2013) Zeitarbeit hat an Attraktivität verloren. Personalführ 11:60–63
Hillebrecht S (2001) Die Gestaltung eines Personalentwicklungsplans. Betriebswirt 42(1):24–28
Hillebrecht S (2011) Personaldienstleistungen. wisu Das Wirtschaftsstudium 40(11):1491–1495
Hillebrecht S, Peiniger AA (2012) Grundkurs Personalberatung, 4. Aufl. Rosenberger Fachverlag, Leonberg
Hirsch C (2012) Coaching als Instrument der Personalentwicklung. diplomica, Hamburg
Hoffmann J (2014) Ein Mann für besondere Fälle. Süddeutsche Zeitung 68:V2/19
Hofmann D, Steppan R (2010) Headhunter – Blick hinter die Kulissen einer verschwiegenen Branche. Gabler, Wiesbaden
Homburg C, Krohmer H (2006) Marketing-Management, 2. Aufl. Gabler, Wiesbaden
Hurst A (2010) Tarifverträge in der Zeitarbeit. VPRM, Troisdorf
IGZ Interessensgemeinschaft Zeitarbeit (2013) Branchenzuschläge verkraftet, Pressemitteilung vom 14.11.2013. www.ig-zeitarbeit.de/artikel/19639. Zugegriffen am 12.12.2013
Ion FK, Brand M (2011) Die 16 Lebensmotive in der Praxis. Gabal, Offenbach
Judd VC (1987) Differentiate With the 5th P: People. Ind Mark Manage 16:241–247
Kinnear A (2013) Headhunting. Schwartzkopf & Schwartzkopf, Berlin
Kleiner N et al (2012) Verantwortung endet nicht mit der Kündigung. Personalwirtsch 4:52–54
Knoppik S (2012) Umstrittener Klebeeffekt, www.sueddeutsche.de/karriere/zeitarbeit-umstrittener-klebeeffekt-1.198221.html. Zugegriffen am 10.05.2012
König A (2013) Interim-Manager verdienen 185.000 Euro. www.handelsblatt.com/unternehmen/leasing-spezial/talent-leasing-interim-manager-verdienen-185-000-euro/8141982.html. Zugegriffen am 30.04.2013
Kuchenbecher K-J, Schmitt J (2005) Outplacement und Transfergesellschaften. VDM, Saarbrücken
Kutter I, Roseneck B. (2011) Outplacement – Anstoß für Entlassene, Beitrag vom 07.04.2011. www.zeit.de/2011/15/C-Outplacement-Berater. Zugegriffen am 21.07.2016
Leendertje J (2014) Zum Abschied gibt's noch einen Coach, Beitrag vom 08.02.2014. www.wiwo.de/erfolg/beruf/outplacement-zum-abschied-gibts-noch-einen-coach/9438510.html. Zugegriffen am 21.07.2016
Lehmann C, Bouncken R (2012) Aktuelle Ergebnisse der Zeitarbeitsforschung, online veröffentlichtes Begleitmaterial zum. www.guetegemeinschaft-personaldienstleistungen.de/wordpress/wp-content/upload/2010/06/Vortrag-Lehmann.pdf. Zugegriffen am 27.02.2012
Linnhoff C (2013) Profis für den Ernstfall. Süddeutsche Zeitung 148:V2/12
Lipinski W, Praß A (2013) Todesstoß für die Zeitarbeit? Deutscher Anwaltsspiegel 11:13–15
Lippmann ED (2009) Intervision – kollegiales Coaching professionell gestalten, 2. Aufl. Springer, Berlin
Lohaus D (2010) Outplacement. Hogrefe, Göttingen

Lüerßen H, Acke A (2013) Nicht mehr auf Kandidaten hoffen – mehr finden. Personalwirtschaft Sonderheft 1:12–15

Lüerßen H, Devici A (2013) Lünendonk-Studie 2013 „Führende Zeitarbeits- und Personaldienstleistungs-Unternehmen in Deutschland", als Umdruck veröffentlicht. Lünendonk, Kaufbeuren

Mai J et al (2011) Frauen verzweifelt gesucht. www.wiwo.de/erfolg/trends/management-frauen-verzweifelt-gesucht/5308544.html. Zugegriffen am 23.07.2011

Maisel U, Heidelberger M (2009) Qualitätsmanagement in der Personalberatung. In: Heidelberger M, Kornherr L (Hrsg) Handbuch der Personalberatung. Vahlen, München

Martin P (2013) Die nächste Generation. Personalmanagement 11:60–62

Meier F (2011) Scheiden tut weniger weh, wenn es richtig gemacht wird. HR Today Das Schweizer Magazin für Human Resources Management 5:24–27

Meffert H (1991) Marketing, 7. Aufl. Gabler, Wiesbaden

Mersch T (2013) Stresstest für den Arbeitgeber. Handelsblatt 222:50–51

Middendorf J, Salomon L (2017) 15. Coaching-Umfrage – die Honorare steigen wieder. Wirtsch Weiterbild 1:38–40

Migge B (2008) Handbuch Coaching und Beratung, 2. Aufl. Beltz, Weinheim

Migge B (2011) Handbuch Business Coaching. Beltz, Weinheim

Miller M, Friemel K (2013) Auch bei DGB-Tarifverträgen drohen Nachzahlungen. www.haufe.de/personal/arbeitsrecht/auch-bei-dgb-tarifvertraegen-drohen-nachzahlungen.html. Zugegriffen am 13.06.2013

Moitz R (2013) Handbuch für Personaldienstleistungskaufleute, 3. Aufl. vprm, Troisdorf

von Möller P und von Windau J (2011) Nachfolgeplanung und -umsetzung. In: Niedereichholz C (Hrsg) Handbuch der Unternehmensberatung. Erich Schmidt, Berlin, S 3910–3919

Müller-Hagedorn L (1990) Einführung in das Marketing. Wissenschaftliche Buchgesellschaft, Darmstadt

Nadig T, Flum BR (2008) Entlassung – Entlastung? Outplacement als Brücke zwischen Entscheidern und Betroffenen. Orell Füssli, Zürich

Niedereichholz C (2004) Unternehmensberatung, Band I: Beratungsmarketing und Auftragsakquisition, 4. Aufl. Oldenbourg, München

Niedereichholz C (2006) Unternehmensberatung, Band II: – Auftragsdurchführung und Qualitätssicherung, 4. Aufl. Oldenbourg, München

Nieschlag R et al (1991) Marketing, 16. Aufl. Duncker & Humblot, Berlin

Öchsner T (2011) Warum Zeitarbeit besser ist als ihr Ruf, www.sueddeutsche.de/karriere/chancen-auf-uebernahme-warum-zeitarbeit-besser-ist-als-ihr-ruf-1.1186120.html. Zugegriffen am 11.12.2011

Olympa-Personaldienstleistungen (Hrsg) (2014) Unser Franchise-Konzept – Drehbuch für Ihren Erfolg. www.olympia-franchise.de/olympia-franchise/konzept/index.html. Zugegriffen am 05.02.2014

o. V. (2010) Bundesrichter setzen Signal gegen Lohndumping, www.spiegel.de/wirtschaft/soziales/zeitarbeit-urteil-bundesrichter-setzen-signal-gegen-lohndumping-a-734627.html. Zugegriffen am 14.12.2010

o. V. (2011) Die besten Headhunter, www.wiwo.de/tabelle-die-besten-headhunter/5784882.html. Zugegriffen am 01.10.2011

o. V. (2012a) „HR Process Outsourcing" – neue Wege in der HR-Administration, Beitrag vom 30.08.2012. www.hrtoday.ch/article/hr-process-outsourcing-neue-wege-der-hr-administration. Zugegriffen am 08.03.2013

o. V. (2012b) Wie man vom Headhunter gefunden wird, 23.10.2012. www.wiwo.de/erfolg/jobsuche/jobsuche-wie-man-vom-headhunter-gefunden-wird/7289748.html. Zugegriffen am 23.10.2012

o. V. (2012c) Lexikon Zeitarbeit – was ist eigentlich Zeitarbeit. www.derzeitarbeits-check.de. Zugegriffen am 29.07.2012

o. V. (2013b) Headhunter bringen sich in Stellung. www.wiwo.de/unternehmen/dienstleister/kampf-um-frauenkoepfe-headhunter-bringen-sich-in-stellung-/9095494.html. Zugegriffen am 19.11.2013

o. V. (2013c) Daimler verteidigt Beschäftigung von Leiharbeitern. www.handelsblatt.com/unternehmen/industrie/streit-mit-betriebsrat-daimler-verteidigt-beschaeftigung-von-leiharbeitern/8284276.html. Zugegriffen am 31.05.2013

o. V. (2013d) „Angerufen werden ist noch kein Kompliment". www.spiegel.de/karriere/berufsleben/headhunter-annette-kinnear-verraet-wie-ma-mitarbeiter-abwirbt-a-907719.html. Zugegriffen am 10.07.2013

o. V. (2013e) Der Gang zum Mediator kann sich oftmals lohnen,. www.welt.de/120431400. Zugegriffen am 27.09.2013

o. V. (2014b) Ich schmeiß dich raus und suche dir was neues. www.spiegel.de/karriere/berufsleben/outplacement-berater-helfen-gekuendigten-in-neue-jobs-a-956391.html. Zugegriffen am 01.03.2014.

o. V. (2014c) Daimler wechselt von Werkverträgen auf Leiharbeit. www.manager-magazin.de/unternehmen/autoindustrie/a-936978.html. Zugegriffen am 28.11.2013

o. V. (2014d) Transfergesellschaften – ein Sprungbrett ins Ungewisse. Beitrag vom 24.03.2014 www.boersenblatt.net/787746/. Zugegriffen am 21.07.2016

o. V. (2016) Nur 260 Opelaner haben einen neuen Job, Beitrag vom 12.01.2016. www.wiwo.de/erfolg/management/opel-transfergesellschaft-nur-260-ex-mitarbeiter-haben-einen-neuen-job/12819724.html. Zugegriffen am 21.07.2016

Parment A (2009) Die Generation Y – Mitarbeiter der Zukunft. Gabler, Wiesbaden

Petkovic M (2008) Employer Branding: Employer Branding – ein markenpolitischer Ansatz zur Schaffung von Präferenzen bei der Arbeitgeberwahl, 2. Aufl. R. Hampp, München

Petry T (2013) Honorarmodelle in der Personalberatung – je erfolgsabhängiger, desto besser. In: Haufe (Hrsg) Personaldienstleister. Haufe, Freiburg, S 12–14

Pichler M (2010) Trainerverband gibt Honorarempfehlungen. Wirtsch Weiterbild 21(10):42–47

Pichler M (2013) Aufbruchstimmung bei den Mediatoren. Wirtsch Weiterbild 24(2):36–38

Planitz C von der (2009) Vermittlung von Personal. In: Dahl H et al (Hrsg) Personaldienstleister in Deutschland. Haufe, Freiburg, S 13–28

Pollert D, Spieler S (2011) Die Arbeitnehmerüberlassung in der betrieblichen Praxis. Rehm, München

Promberger M (2006) Leiharbeit – Flexibilität und Prekarität in der betrieblichen Praxis. WSI-Mitt 56(5):263–269

Quiring A (2007) Executive Search unter dem AGG. Z Unternehmensberatung 2:75–80

RAL Deutsches Institut für: Gütesicherung und Kennzeichnung (Hrsg) (2010) Personaldienstleistungen RAL-GZ 909 Landsberg/Lech und St. Augustin, 2010. www.guetegemeinschaft-personaldienstleistungen.de/wordpress/wp-content/uploads/2010/07/Gütesicherung-RAL-GZ-9091.pdf. Zugegriffen am 21.06.2016

Rautenberg S. (2015) Es geht weiter. Süddeutsche Zeitung, Nr. 239 vom 15.10.2015, S 65

Rautenberg, S (2016) Es geht weiter. Süddeutsche Zeitung, Nr. 239 vom 15.10.2016, S 65

Rautenberg S, König C (2016) Abschied mit Anstand, in: Süddeutsche Zeitung, Nr. 239 vom 15.10.2016, S 65

Reddig K (2013) Wenn es passt, dann passt es. Personalwirtsch 40(9):70–72

Renta (Hrsg) Wir suchen Sie als langfristigen und selbständigen Vertrags- und Franchising-Partner. www.go-renta.de/franchise.html. Zugegriffen am 05.02.2014

Reufels M et al (2018) Personaldienstleistungen, 2. Aufl. C. H. Beck, München

von Richthofen C et al (2013) Handbuch Karriereberatung. Beltz, Weinheim

Rueger M (2012) GAV-Personalverleih – neue Perspektiven dank Bildung, Beitrag vom 27.11.2012. www.hrtoday.ch/article/personalverleih-neue-perspektiven-dank-bildung. Zugegriffen am 08.03.2013

Rütten K-G (2013) Gute Trennungen zahlen sich aus. Personalwirtsch 40(7):59–61

Rütti N (2017) Wenn der Berater im Nebenraum wartet, Beitrag vom 18.03.2017 www.nzz.ch/wirtschaft/wie-die-outplacement-branche-tickt-wenn-der-berater-im-nebenraum-wartet-ld.152052. Zugegriffen am 21.03.2017

Rumpp J et al (2011) HAYS-HR-Report 2011 Schwerpunkt Mitarbeitergewinnung. www.hays.de/mediastore/pressebereich/Studien/pdf/HAYS-Studie_HR-Report_2011.pdf. Zugegriffen am 01.12.2011

Rumpp J et al (2012) HAYS-HR-Report 2012–2013 Schwerpunkt Mitarbeiterbindung. www.hays.de/mediastore/pressebereich/Studien/pdf/HAYS-Studie_HR-Report_2012-2013.pdf. Zugegriffen am 28.11.2012

von Rundstedt S (2009) Outplacement. In: Dahl H et al (Hrsg) Personaldienstleister in Deutschland. Haufe, Freiburg, S 191–220

Schleufe M (2015) Chefs auf Abruf, Beitrag vom 06.10.2015. www.zeit.de/karriere/beruf/2015-10/interim-manager-beruf.html. Zugegriffen am 15.10.2015

Schmitt K (2011) Unmögliches wird sofort erledigt. Personalmag 5:16–19

Schneider K (2011) Handbuch für Direktansprache, Executive Search, Headhunting, Recruiting. Management & Karriere, Düsseldorf

Schröder G (2010) Fleißig, billig, schutzlos – Zeitarbeit in Deutschland. BPB, Bonn

Schwaab M-O, Schäfer W (2013) Zuwanderung – neue Herausforderungen für das Personalmarketing. Pers Q 65(2):34–39

Schwantes K (2004) Zeitarbeit, 2. Aufl. Cornelsen, Berlin

Schwarz T (2010) Externes executive recruiting. Grin, München

Schwerdtfeger B, de Haan E (2013) „Coaching-Studie – auf die Beziehung kommt es an". Wirtsch Weiterbild 25(7–8):38–40

Seeger K, Seeger A (2010) Management von Industriedienstleistungen. Gabler, Wiesbaden

Sher B (2012) Du musst dich nicht entscheiden, wenn du tausend Träume hast. dtv, München

Siemann C (2013) Freiwilligkeit liegt im Trend. Personalmag 5:32–35

Siemann C (2015) Die Such-Spezialisten. Personalwirtschaft 8:38–43

Steinbach A (2012) Die Interim Managerin des Jahres. Süddeutsche Zeitung 124:V3/4

Stephan J (2014) Auf die persönliche Wellenlänge kommt es an. werben verkaufen 10:48–49

Stephan S (2016) Wenn Ihr Name in dieser Kartei geführt wird, verdienen Sie beim nächsten Anruf eine halbe Million. Mindestens. Focus Nr. 41 vom 08.10.2016, S 74–78.

Steppan R (2004) Teilsieg für Headhunter. Personal 56(5):58–60

Steppan R (2012) Erstarkte Konkurrenz für Egon Zehnder, www.manager-magazin.de/unternehmen/karriere/0,2828,855913,00.html. Zugegriffen am 26.09.2012

Sunkel U (2014) Management auf Zeit – aber sicher. Personalmag 12:42–45

Swissstaffing (Hrsg) (2011) Die Temporärarbeit in der Schweiz. Eigenverlag, Dübendorf. www.swissstaffing.ch/fileadmin/customer/Branche/Studien/2011_Die_Temporärarbeit_in_der_schweiz.pdf

Sywottek C (2016) Heute hier, morgen dort. brandeins 18(2):76–80

THM Technische Hochschule Mittelhessen (2013) Zertifikatslehrgang Personaldienstleistungen. 20.09.2013. www.thm.de/site/zertifikatslehrgang-personaldienstleistung.html. Zugegriffen am 12.04.2014

Tietze K-O (2010) Wirkprozesse und personenbezogenen Wirkungen von kollegialer Beratung. Springer VS, Wiesbaden

Triebsch T (2013) Den passenden Weg finden. Personalwirtschaft Sonderheft 1:16–18

Truchseß N, Brandl M (2013) Erfolgreich in der Personaldienstleistung. vprm-Verlag, Troisdorf
Vogelauer W (2010) Coaching spürt keine Krise, Coaching-Befragung der Trigon-Entwicklungsberatung 2010. www.coachingdachverband.at/media/pdf_content_acc/CoachingBefragung2010CoachingsprtkeineKirse.pdf. Zugegriffen am 02.04.2013
Walwei U, Dörre K (2009) Zeitarbeit als Perspektive der Wirtscaft. BRANDaktuell – Arbeitsmarktpolitischer Service der Landesagentur für Struktur und Arbeit 4:13–17
Weick C (2008) Executive Search – Auf der Suche nach Erfolg. Weick Media, Titisee-Neustadt
Westhoff K et al (Hrsg) (2004) Grundwissen für die berufsbezogene Eignungsauswahl nach DIN 33430. Pabst Science Publishers, Lengerich
Willenbrock H (2005) Die Putzerfische. brand1 7:96–100
Winkler K, Niemann G (2013) Wenn die Führungskraft gehen muss. Personalwirtsch 40(7):56–58
Winkler B et al (2013) Wie funktioniert Führungskräfte-Coaching? OrganisationsEntwickl 32(3):23–33
Winter A, Kuntz B (2016) Das Coaching-Geschäft ist regional. Wirtschaft+Weiterbildung 11–12:48–50
Witte J (1999) Zeitarbeit nur als Zwischenstopp. Personal 2:44–47
Wucknitz UD, Heyse V (2008) Retention Management – Schlüsselkräfte entwickeln und binden. Waxmann, Münster
Zielke C et al (2007) Coaching. Kohlhammer, Stuttgart
Zoch H et al (2015) Wertschätzung ist der erste Schritt. Personalwirtsch 2:47–49

Die Unternehmenskommunikation 5

> **Zusammenfassung**
>
> Die Kommunikationspolitik dient dem Dialog des Unternehmens mit seinen Zielgruppen außerhalb und innerhalb des Unternehmenssystems. Bedürfnisse der Zielgruppen sollen damit aufgenommen und mit der eigenen Leistungsfähigkeit konfrontiert werden. Kernpunkt ist hierbei, dass das Unternehmen eine Anpassungsleistung der jeweiligen Zielgruppe einfordert, die dann erbracht wird, wenn die eigene Leistung überzeugend dargestellt wird.

5.1 Die Aufgaben und Bestandteile der Unternehmenskommunikation

In den meisten Lehrwerken zur Unternehmenskommunikation wird diese als ein Bestandteil des Marketing-Mixes angesehen (siehe pars pro toto Bruhn 2010, S. 8 ff.). Der Autor teilt diese Sichtweise, hält allerdings einen Aspekt für so wichtig, dass eine eigenständige Betrachtung der Kommunikationspolitik außerhalb des Marketing-Mixes nahe liegt. Mit den Parametern der Produkt-, Preis-, Distributions- und Personalpolitik nimmt das Unternehmen eine Anpassungsleistung an den Markt und seine Nachfrageentscheidungen, vulgo die sinnvollen Möglichkeiten der Problemlösung vor. Mit der Kommunikationspolitik hingegen verschiebt sich das Anpassungsbedürfnis. Kommunikation dient dazu, dass sich der Adressat öffnet, seine eigenen Bedürfnisse und Erwartungen äußert, sich für die Angebote (=„Möglichkeiten der Problemlösung") interessiert und eine Nachfrageentscheidung abgibt. Manfred Bruhn spricht von der Ausgestaltung eines „Beziehungsmarketings", einer „lernenden Beziehung" (ebd. 2010, S. 31 f.). Nunmehr wird also eine Anpassungsleistung eingefordert, wie es die nachfolgende Abb. 5.1 schematisch aufzeigt.

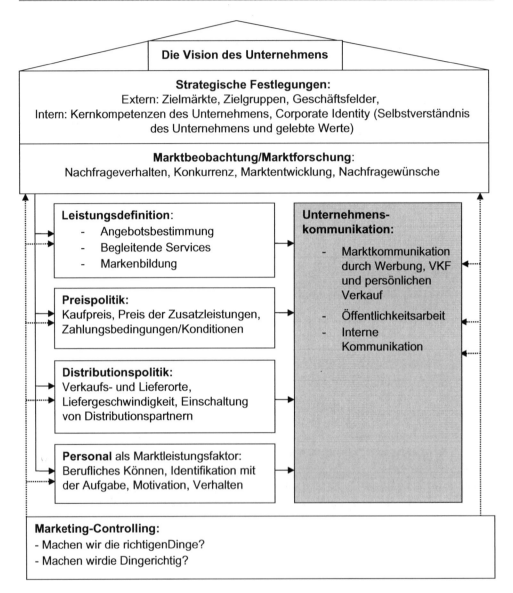

Abb. 5.1 Die Stellung der Kommunikationspolitik im Marketing-Haus. (Quelle: eigene Erstellung)

Besondere Bedeutung gewinnt die Kommunikation im Personaldienstleistungssektor vor dem Hintergrund, dass es sich einerseits um eine hochgradig von Vertrauen geprägte Beziehung mit vielen Unsicherheitsquellen handelt (siehe auch die Aufarbeitung bei Kaiser et al. 2015, S. 77 ff.). Andererseits scheinen die Gesprächsebenen und Zielsysteme zwischen der Personalabteilung und den Personaldienstleistungsunternehmen von sehr unterschiedlichen Aspekten geprägt zu sein (vgl. Bevort und Poulvelt 2015, S. 102 ff.), womit Missverständnissen gleichsam Tür und Tor geöffnet wird. Der Kommunikationspolitik ist damit die wichtige Aufgabe zugewiesen, Vertrauen aufzubauen und zu erhalten und die Komplikationen in der Interaktion zwischen Kunden und Anbietern von Personaldienstleistungen möglichst gering zu halten. Die Unternehmenskommunikation dient dem Dialog mit den externen und internen Bezugsgruppen. Hierzu zählen in erster Linie im Bereich der externen Kommunikation

- Die Kunden
- Die Eigenkapitalgeber
- Die Fremdkapitalgeber
- Die Lieferanten von Vorprodukten, wobei diese im Bereich von Personaldienstleistungen nur geringfügig zur Wertschöpfung beitragen
- Die zukünftigen Mitarbeiter
- Das politisch-rechtliche System,
- Die Gesamtgesellschaft, als allgemeiner Handlungsraum

Im Bereich der internen Kommunikation werden vor allem die eigenen Mitarbeiter adressiert. Man geht dabei von der Überlegung aus, dass Mitarbeiter im Dienstleistungssektor die wesentlichen Produktionsfaktoren sind und sie demzufolge auch in die Art der Dienstleistungserstellung angemessen einzubeziehen sind. Daneben kann man auch die Eigenkapitalgeber einbeziehen, da sie ja als Anteilseigner sozusagen Bestandteil des Systems sind und vor allem bei vielen kleineren und manchen größeren Unternehmen auch gleichzeitig oft genug Mitglieder der Geschäftsleitung stellen, zumindest aber Mitglieder des Aufsichtsrates.

Kunden sind zunächst einmal der Hauptzweck eines Unternehmens, den die Befriedigung ihrer Bedürfnisse sichert die Erträge, die zur Weiterführung des Unternehmens und zur Bedienung von Fremd- und Eigenkapital notwendig sind. Auf eine tiefergehende Diskussion soll hier verzichtet werden, insbesondere die Frage, ob man in der Unternehmenstheorie eher die Stakeholder-Orientierung oder eher die Shareholder-Orientierung verfolgen soll (siehe z. B. Jordi 2010, S. 195 ff.). Anders ausgedrückt: geht es allein darum, die Anteilseigner mit möglichst hohen Gewinnen und deren Ausschüttung zu erfreuen, womit man sich möglichst schnell um profitable Kunden zu kümmern hat. Oder begreift man sicher als Bestandteil eines komplexen Umwelt, wobei das Unternehmen dann langfristig am Markt bestehen wird, wenn es die Interessen der Anteilseigner ebenso zu befriedigen weiss wie diejenigen der Mitarbeiter, der Kunden, der gesellschaftlichen Umgebung und der Fremdkapitalgeber. Damit wird der Kundennutzen als ein Teilziel unter mehreren Zielen angesehen. Konsequenterweise wird die Unternehmenskommunikation den möglichen Kunden das eigene Leistungsportfolio darlegen, den besonderen Anwendungsnutzen verdeutlichen und Möglichkeiten der Zusammenarbeit aufzeigen.

Die Eigenkapitalgeber sind diejenigen, die das für längerfristige Ziele notwendige Kapital bereit stellen und sich dafür im Gegenzug eine Verzinsung versprechen, die attraktiv genug ist im Vergleich zu anderen Anlageformen, insbesondere im Hinblick auf die möglichen Risiken der Wirtschaftstätigkeit. Ihnen gegenüber wird man die Zukunftsträchtigkeit des eigenen Geschäftsmodells erläutern und aufzeigen, in welcher Form das bereit gestellte Kapital verwendet wird.

Ähnlich wird man den Fremdkapitalgebern gegenüber zeigen, wie das bereit gestellte Geld verwendet und mit welcher Sicherheit es verzinst wird.

Die Lieferanten von Vorprodukten und ergänzenden Services erhalten mittels der Kommunikation Hinweise, wozu ihre Beiträge eingesetzt werden und welche Entwicklungsmöglichkeiten der Marktpartner sieht. Hierbei kann eine proaktive Zusammenarbeit sich gegenseitig Impulse für Weiterentwicklungen und Innovationen verleihen, womit man die eigene Marktstellung gegenüber den Kunden verbessert.

Die zukünftigen Mitarbeiter erfahren über die Unternehmenskommunikation, welche Karrierechancen das Unternehmen bietet, in welcher Form es auf die weiteren Bedürfnisse wie die Zusammenarbeit im Kollegenkreis, Fortbildung oder Unterstützung in den familiären Verpflichtungen einzugehen vermag. Gerade im Hinblick auf den prognostizierten Fachkräftemangel wird dieses Handlungsfeld deutlich an Bedeutung gewinnen. Hierzu existieren sehr enge Beziehungen zum gesellschaftlichen und politischen Umfeld, da ein attraktiver Arbeitgeber in der Regel auch sehr positiv in der Gesellschaft wahrgenommen wird und auch etwas leichter seine Anliegen an die gesetzliche Ausgestaltung von Arbeitsbedingungen und sozialen Verpflichtungen durchzusetzen vermag.

Als Bezugsrahmen gilt hierzu das Selbstverständnis des Unternehmens, die so genannte „Corporate Identity". In ihr legt sich alles dar, was ein Unternehmen besonders macht (vgl. Ruisinger und Jorzik 2013, S. 24). Besondere Gründungsmythen oder Traditionen können ebenso dazu zählen wie eine besondere Erfolge, insbesondere unter starkem Wettbewerb, besondere Verhaltensweisen, ein besonderes Werteverständnis im Verhältnis zu Kunden oder Mitarbeitern usw. Beispiele außerhalb der Personaldienstleistungsbranche zeigen sich z. B. in der Ford Inc. (Henry Ford als Begründer der Fließbandfertigung, mit dem Ergebnis, dass Ford v. a. auf den rationellen Bau von Autos rekurriert), Robert Bosch GmbH als sozial verantwortliches Unternehmen (die Stiftungserlöse der Robert-Bosch-Stiftung gehen in soziale Projekte wie Krankenhäuser und Wissenschaftsförderung) oder Bertelsmann SE als gemeinwesenorientiertes Unternehmen mit einer Bertelsmann-Stiftung im Hintergrund, die Projekte der gesellschaftlichen Entwicklung fördert. Die Corporate Identity umfasst verschiedene Handlungsbereiche, insbesondere (vgl. Ruisinger und Jorzik 2013, S. 24 ff.):

- Corporate Behaviour, als Maßgabe des internen und externen Verhaltens der Mitarbeiter, mit Festlegungen wie z. B. zu den Umgangsformen der Mitarbeiter untereinander oder gegenüber Kunden und Lieferanten
- Corporate Communications, als Vorgabe für die Marktkommunikation und mit einer Schnittmenge zum Corporate Behavior (eher konservativ oder eher innovativ, wird z. B. im skandinavischen Duktus für die Mitarbeiter das Duzen vorgeschrieben, wie dürfen sich Mitarbeiter zum Beispiel gegenüber Medien oder in Social Media -Anwendungen äußern, welches Corporate Wording ergibt sich daraus für uns?; so war es vom Grundsätzlichen her durchaus beachtenswert, als die Bundesanstalt für Arbeit sich in eine Bundesagentur umwandelte und ihre Klientel als Kunden betrachtete, allerdings

5.1 Die Aufgaben und Bestandteile der Unternehmenskommunikation

muss diese Umwandlung auch für die relevante Zielgruppen wie externe Partner und Mitarbeiter erfahrbar werden
- Corporate Design als Visualisierung der Unternehmenswerte: welches Logo, welche typischen Unternehmensfarben und Schrifttypen sowie weitere Gestaltungselemente drücken unser Selbstverständnis am besten aus? Wie müssen demzufolge Büroräume, Geschäftsdrucksachen, Websites etc. gestaltet werden, ergeben sich daraus auch für unsere Mitarbeiter bestimmte Bekleidungsvorschriften (z. B. Business-Uniform für Mitarbeiter im direkten Kundenkontakt)
- Corporate Publishing, mit der Festlegung der Kommunikationsmittel (Online-Veröffentlichungen, Broschüren und Flyer, Mitarbeiter- und Kundenzeitungen etc.), ihrer Zwecke und Inhalte

Eine besondere Wirksamkeit erfahren diese Vorgaben, wenn sie im Rahmen einer „integrierten Kommunikation" (Bruhn 2010, S. 87 ff.; ähnlich auch Ruisinger und Jorzik 2013, S. 26 f.) gefahren werden. Damit ist gemeint, dass die Kommunikationspolitik nach sorgfältiger Zielbildung, entsprechend den Anforderungen der jeweiligen Zielgruppen in einen in sich stimmigen und widerspruchsfreien Maßnahmenplan umgesetzt und durchgeführt werden. In der Kommunikation mit den einzelnen Zielgruppen werden Bedürfnisse der jeweiligen Zielgruppe erkannt, die eigene Fähigkeit zur Problemlösung dargelegt und im Idealfall zu einem gemeinsamen Vorgehen (insbesondere Kaufabschluss, Fortsetzung der Kundenbeziehung) gebracht. So sieht das Zeitarbeitsunternehmen adecco in der werblichen Präsenz bei Formel 1-Rennen alle möglichen Zwecke erfüllt, von einer weltweiten Präsenz zur Imagesteigerung über das Arbeitgebermarketing bis hin zu einer erhöhten Mitarbeiterbindung, wenn Zuschauerkarten als Incentive vergeben werden (vgl. Schumacher und van den Broek 2014). Ein anderes Anwendungsbeispiel zeigt sich in den CI-Richtlinien des Crailsheimer Personaldienstleisters Franz & Wach GmbH, das in seinem „F&W-Kompass" für die Mitarbeiter einen geschlossenen Katalog anbietet, mit den Inhalten (vgl. Franz und Wach 2015):

- Vision und Mission des Unternehmens, basierend auf der Historie und den Wettbewerbsmerkmalen des Unternehmens
- Eine Orientierung zur Strategie und den Zielkunden der nächsten Jahre
- Hinweise zu den Arbeitsprozessen und Qualitätsmerkmalen
- Hinweise zu den Grundsätzen der Unternehmenskommunikation, aufgeteilt in die Bereiche Kundenkommunikation, Bekleidungs- und Gesprächsregeln, Gesstaltung der Firmenfahrzeuge und Publikationen
- Sowie als Abrundung der Hinweis auf die Unternehmenswerte

Entsprechend sind die Kommunikationsaktivitäten auf die umfassende Wirkung auszurichten, wozu ein geschlossenes System wie jenes von „Franz & Wach" einerseits eindeutig genug ist, um eine umfassende Orientierung zu gewährleisten, andererseits aber auch genug Handlungsspielraum für das individuelle Ausfüllen durch jeden Mitarbeiter bietet.

5.2 Die externe Kommunikation

Die Kommunikationspolitik dient dazu, die definierten Leistungsangebote dem möglichen Kunden bekannt zu machen und ihn zu einer Nachfrageentscheidung zu bewegen. Wie in Abb. 5.1 bereits aufgezeigt und zu Beginn dieses Kapitels erläutert, empfiehlt es sich, die kommunikationspolitischen Parameter erst dann festzulegen und umzusetzen, wenn die übrigen Bestandteile des Marketing-Mixes hinreichend geklärt sind. Mit der Kommunikationspolitik wird nämlich nicht allein ein Produkt oder eine Dienstleistung beworben, sondern auch ein Leistungsversprechen zur Lösung eines Problems beim Kunden gegeben. Hierzu müssen die Bestandteile des Leistungsversprechens bekannt sein, um nicht etwas anderes zu versprechen, als man tatsächlich leisten kann.

Die Aufgaben der Kommunikationspolitik betreffen insbesondere:

- Die Kommunikation des Angebots und seiner besonderen Vorteilhaftigkeit für den Kunden
- Mit dem Ziel, einen Auftrag oder zumindest einen intensiveren Kontakt zwischen Anbieter und Nachfrager zu bewirken, mit der Perspektive einer Geschäftsbeziehung

Dabei sind Kommunikationsziele zu definieren, insbesondere:

- Eine (erhöhte) Bekanntheit des Unternehmens bzw. seiner Dienstleistungen (z. B. gestützte oder ungestützte Bekanntheit von 80 % in der Zielgruppe, innerhalb der nächsten drei Jahre)
- Die Erringung eines bestimmten Images (Einstufung als modernes oder familienorientiertes Unternehmen unter mindestens 50 % in der jeweiligen Zielgruppe)
- Verdopplung der Anforderung von Informationsmaterial innerhalb der nächsten 12 Monate
- Erhöhung von Bewerbungen auf eigene Stellen um 20 % bis zum Ende des nächsten Jahres

Als Bestandteile der Marktkommunikation gelten:

- Die Werbung, als direkte Aufforderung zum Kauf bzw. zur Informationsanforderung
- Die Öffentlichkeitsarbeit, Imagepflege gedacht, zur allgemeinen Information relevanter Zielgruppen und als Angebot zum Dialog
- Der Persönliche Verkauf, als direkte Interaktion mit dem Kunden und dem Ziel eines Abschlusses
- Die Verkaufsförderung, als Zusammenfassung aller Aktionen, die einen Einblick in die Leistungsfähigkeit bieten und damit den Kunden zu einer intensiveren Kundenbeziehung bewegen sollen

Darüber hinaus werden Aufgabenfelder wie das Sponsoring der Öffentlichkeitsarbeit zugeordnet, da mithilfe derartiger Aktivitäten das Bild des eigenen Unternehmens verbessert werden soll.

5.2.1 Die Werbung

5.2.1.1 Die Aufgaben der Werbung

Die Werbung hat, wie bereits erwähnt, die Aufgabe, Kunden zu einer direkten Vertragsbeziehung zu bringen, zumindest aber zu einem intensiveren Kontakt mit dem Anbieter. Dazu stehen der Werbung verschiedene Instrumente zur Verfügung:

- Werbeanzeigen in Print- und Online-Medien inklusive Social Media -Angeboten, in Ambient Media (d. h. Plakatwerbung usw.) und ähnlichen medialen Wegen
- Werbebroschüren, Flyer etc.
- Mailings (Brief, Online)
- Messen und Events, als Möglichkeit, die eigene Leistung einem interessierten Fachpublikum zu präsentieren
- Guerilla-Marketing-Aktionen
- Give aways, also verschiedenen werblich gestalteten Gegenständen

Damit diese Instrumente ihre optimale Wirkung entfalten, sollten zunächst sinnvolle Werbeziele (z. B. Bekanntheit bei einer Zielgruppe) bestimmt und mit einem ausreichenden Werbebudget hinterfangen werden. Die Umsetzung selbst wird in einem Werbeplan festgelegt Dabei muss man davon ausgehen, dass nicht jedes Werbeinstrument gleichermaßen gut wirkt und oftmals erst in einer sinnvollen Abfolge ihre besondere Wirksamkeit entfalten. Um dies zu verstehen, sei ein Ausflug in die Theorie der Werbewirkung gestattet. Bereits in der Mitte des letzten Jahrhunderts wurden verschiedene Vorschläge unterbreitet, wie man die Wirkung von Werbung besser verstehen kann, zumal nicht jeder Werbeimpuls gleich zu einem Kaufakt führt, wie es oftmals die AIDA-Formel suggeriert. Diese unterstellt, dass man durch attraktive Inhalte (Attraction) ein gewisses Interesse am Produkt (Interest) und Begehren (Desire) beim Kunden erzeugen und ihn damit zum Kaufakt (Action) führen kann. Als Gegenentwurf sei auf das Stufenmodell von Lavidge und Steiner (1961) verwiesen. Sie gehen davon aus, dass Werbeimpulse zunächst einmal auch nur ein etwas höheres Wissen über das Produkt oder auch eine etwas positivere Einstellung zum beworbenen Angebot bewirken und damit ein späterer möglicher Kaufakt auch längerfristig vorbereitet werden kann. Konkret sehen sie sieben Stufen (vgl. Lavidge und Steiner 1961, S. 59 ff.):

- Unawareness (Unwissen)
- Awareness (Bewusstsein um die Existenz der Marke)

- Knowledge (Wissen um die Marke und einzelne Eigenschaften)
- Liking (Sympathie)
- Preference (Vorzug)
- Conviction (Überzeugung)
- Purchase (Kauf)

Diese Stufen zeigen auf, dass es durchaus ein Werbeerfolg sein kann, wenn man einen möglichen Kunden vom Unwissen zum Bewusstsein für das Angebot oder gar zu einer Sympathie bewegen kann. Gerade wenn der Kaufentscheidungsprozess etwas umfangreicher ist, wird man besser darauf achten, den möglichen Kunden in angemessenen Schritten die Treppe empor zu führen. Es kommt im Verlauf des Entscheidungsprozesses darauf an, dem Kunden die jeweils benötigten Informationen mit dem richtigen Instrument zu geben, also z. B. den Schritt von Unwissen zu Bewusstsein mit einer Anzeige zu gehen, den Schritt zum Wissen um Eigenschaften mit einer Werbebroschüre oder einem Fachbeitrag in einer Fachzeitschrift, den Schritt zur Sympathie oder einem konkreten Vorzug mit einem Gesprächstermin auf einer Branchenmesse oder einem Seminar und den letztendlich entscheidenden Schritt zum Einkauf z. B. bei einem persönlichen Termin beim Kunden vor Ort. Aufgabe der Werbeplanung ist es folglich, die Wirkungsketten zu kennen, also sich mit den Bedürfnissen der möglichen Kunden und ihrem Informationsverhalten (sprich: Mediennutzung etc.) auseinander zu setzen und entsprechend den Einsatz der Werbeinstrumente darauf abzustimmen.

Nebenbei muss man der Fairness zu liebe auch festhalten, dass viele Werbeimpulse eine bei Lavidge/Steiner nicht benannte Richtung nehmen können. Wer mit den falschen Werbeinstrumenten operiert oder unangemessene Werbeschritte geht, kann auch eine „Treppe bergab" gehen, also zu einem „Disliking" (Ablehnung) und mehr. Hier muss man notfalls den Kundenkontakt abbrechen und sich potenziell ertragreicheren Möglichkeiten zuwenden.

5.2.1.2 Die Planung von Werbemaßnahmen

Werbeplanung beginnt mit der Definition von Zielgruppen, Werbezielen und angemessenen Budgets. Zielgruppen sind soziodemografisch und/oder psychografisch genau bestimmbare und damit abgrenzbare Personengruppen. Diese Personengruppen können natürliche Personen (z. B. Mitarbeiter mit einer gewerblichen Ausbildung; Assistenzkräfte mit einer Ausbildung in kaufmännischen Berufen) oder juristische Personen (z. B. GmbHs in der Chemieindustrie) sein. Die Zusammenfassung zu Gruppen mit ähnlichen Verhaltensweisen erleichtert die Ansprache, da ähnliche Verhaltensweisen in der Regel auch vergleichbare Informations- und Entscheidungsweisen nach sich ziehen und damit relativ standardisiert erreichbar sind.

Ziele sollten auch hier als objektiv messbare Zustände zu einem bestimmten Zeitpunkt (siehe Abschn. 2.2) bestimmt werden. Beispielhaft lassen sich nennen:

5.2 Die externe Kommunikation

- Imageziele, wie z. B.: Wir wollen in den nächsten 24 Monaten einen ungestützten Bekanntheitsgrad von 80 % unter allen Personalverantwortlichen erreichen
- Verkaufsziele, wie z. B.: Wir wollen bis zum Jahresende 2014 mindestens 2 Mio. € Jahresumsatz mit Zeitarbeit erreichen; wir wollen in den nächsten 12 Monaten insgesamt 15 Coaching-Aufträge in der Gesundheitswirtschaft bewirken
- Marktanteilsziele: durch die Werbung wollen wir unseren Marktanteil in der Personalberatung für die Medienwirtschaft auf 10 % erhöhen

Entsprechend dieser Zielbildung sind geeignete Werbebotschaften zu entwickeln und mit passenden Werbeinstrumenten zu verbinden. Diese Werbeinstrumente können einzelfallbezogen eingesetzt werden, z. B. als Imageanzeige in Wirtschaftszeitungen und -zeitschriften bzw. Online-Medien, oder auch im Rahmen einer umfassenden Werbekampagne. Hierzu sei auf das Beispiel der Image-Kampagne „Randstad wirkt" eines großen Zeitarbeitsanbieters verwiesen (vgl. Randstad 2013). Im Rahmen der Imagekampagne werden:

- Verschiedene Imageanzeigen in Wirtschaftsmedien, ingenieurwissenschaftlichen Blättern und Tageszeitungen veröffentlicht, als Auftakt
- Ergänzend Werbespots im Radio ausgestrahlt
- Über die Website www.randstad-wirkt.de Interessierte zum Dialog mit dem Unternehmen eingeladen

Dabei kommt dem Werbebudget eine zentrale Rolle zu. Das Werbebudget definiert die in einer Planungsperiode verwendbaren Geldmittel und sollte anhand der Werbeziele aufgestellt werden. So können relativ offensive Werbeziele (z. B. bei einem Markteintritt oder im Verdrängungswettbewerb) einen deutlich höheren Betrag erfordern als eher defensive Werbeziele, z. B. rund um allgemeine Imagewerbung. Die Abb. 5.2 zeigt in einem Beispiel auf, welche Gelder eingeplant werden können, auf der Basis eines Personaldienstleisters mit ca. 10 Mio. € Umsatz:

Die Relation zwischen einem Umsatzvolumen von ca. 10 Mio. € und einem Werbebudget von ca. 240.000 € kann als sehr gut angesehen werden. Üblicherweise geben Dienstleistungsunternehmen nach eigener Anschauung maximal ein bis zwei Prozent ihres Umsatzes für Werbung aus. Der im Beispiel vorgestellte Wert erklärt sich aus einigen Besonderheiten. So wird mit einem Kunden ein „Geschäft auf Gegenseitigkeit" geplant, was für beide Seiten interessant sein kann. Vermutlich werden die daher nicht die gesamten eingeplanten Mittel ausgaberelevant. Allerdings sollten sie der kaufmännischen Wahrheit und Klarheit zuliebe trotzdem in voller Höhe aufgeführt werden. Im Bereich Social Media wird ein Praktikant eingeplant, ein aktuell durchaus häufig gegangener Weg. Dahinter steckt die Überlegung, dass sich jüngere Leute mit diesem Kommunikationsweg besser auskennen. Allerdings bietet dieser Weg auch eine Gefahr, die in der regelmäßigen Fluktuation der Praktikanten begründet liegt. Die Betreuung durch eine Assistentin der Geschäftsführung vermag der Gefahr zumindest teilweise zu begegnen, dürfte aber auch

Instrumente	Budget-Ansatz	Bemerkungen
Print-Anzeigen	€ 50.000,--	Vorzugsweise in Fachinformationstiteln der Personalwirtschaft
Broschüren, Flyer	€ 45.000,--	Bei Druckerei Mayer & Co KG bestellen und möglichst auf Gegenseitigkeit abwickeln (gegen Personalverwaltung und Personalvermittlung)
Messe-Auftritt bei - „Personal-Messe", - „Kongress Personal und Führung" - Messe „Personal und IT"	€ 80.000,--	Kosten für Standmiete und Reisespesen, Messestand kann vom Vorjahr genutzt werden
Social Media	€ 35.000,--	Personalkosten für Praktikant und ¼-Anteil an Personalkosten Assistentin der Geschäftsführung
Give aways/Werbegeschenke	€ 2.000,--	Bestellungen bei Westerwälder Shop
Sponsoring	€ 30.000,--	Fokussierung auf regionale Sportvereine mit Mannschaftssport
Gesamt	€ 242.000,--	

Abb. 5.2 Werbebudget für einen Personaldienstleister. (Quelle: eigene Erstellung, auf Basis von Unternehmensunterlagen)

keine dauerhafte Gewähr bieten. Diese Kosten sind direkt der Werbung zurechenbar und sollten entsprechend aufgeführt werden.

Zudem muss man davon ausgehen, dass auch bei bestimmten besonderen Anlässen ad hoc Werbemaßnahmen ergriffen werden können. So hat das in Nürnberg beheimatete und regional aktive Unternehmen „Lorenz Personal" am 17.11.2010 aufgrund kritischer Berichterstattung über Zeitarbeit in der Lokalzeitung eine erklärende Anzeige geschaltet, die in Abb. 5.3 mit freundlicher Genehmigung des Unternehmens widergegeben wird.

Hier einfügen: Abb. 5.3: Imageanzeige der Lorenz Personal (Quelle: Nürnberger Nachrichten vom 1711.2010 (mit freundlicher Genehmigung der Lorenz Personal)

In der Literatur wird regelmäßig darauf hingewiesen, dass derartige Einzelmaßnahmen verpuffen können, wenn keine Nacharbeit bzw. keine Einbettung in umfassendere Kommunikationsstrategien erfolgt. Die auf dem Papier richtige Aussage ist vor dem Hintergrund zu relativieren, dass gerade die kleineren Unternehmen nicht über eigenständige Kommunikationsabteilungen verfügen, die genau diese Einbettung verantworten. Es sollte aber immer darüber nachgedacht werden, wie man im Nachgang den Kommunikationsnutzen verbreitern kann, z. B. durch das Angebot an Medien für Interviews oder die Bereitschaft, bei Berufsinformationstagen als Praxisexperte die Hintergründe zu erläutern.

Eine ergänzende Erläuterung: Im vorliegenden Werk wird Sponsoring in einem eigenständigen Unterabschnitt (Abschn. 5.2.6) behandelt, jedoch sollten die Ausgaben für Sponsoring im Werbebudget eingesetzt werden. Die steuerrechtliche Berücksichtigung von

5.2 Die externe Kommunikation

Sponsoring-Ausgaben ist laut Erlass des Bundesministeriums für Finanzen vom 18.02.1988 (Nr. IV B 2– S 2144–40/98; IV B 7– S 0183–62/98) nur dann möglich wenn der Sponsor einen deutlich erkennbaren Kommunikations-Gegenwert erhält, z. B. durch Abdruck einer Werbeanzeige oder deutliche Hervorhebung seines Logos und seine Rolle als Sponsor. Mit anderen Worten, Sponsoring bedeutet „Nehmen und Geben" für soziale, künstlerische, sportliche, wissenschaftliche oder ähnliche Zwecke und eine entsprechende werbliche Gegenleistung. Von daher ist es nur konsequent, das Sponsoring im Werbebudget zu verbuchen. Das Beispiel in Abb. 5.3 rekurriert übrigens auf regionale Mannschaftssportvereine, da auf diese Weise ein besonderes Anliegen von Personaldienstleistern transportiert werden kann: Der Kampf um Hochleistung im Team. Fleißigen Sportschau-Zuschauern ist daher sicher auch schon aufgefallen, dass diverse Personaldienstleister wie z. B. Randstad oder Tuja verschiedene Fussballvereine der 2. und 3. Bundesliga unterstützen.

Ein entsprechender Werbeplan kann z. B. in Form einer Tabelle (beispielhaft Abb. 5.3) erstellt werden, mit einer Aufgliederung des Jahres nach Kalenderwochen und der im Jahresablauf anzuwendenden Werbeinstrumente:

Die Steuerung der Instrumente basiert in dieser Tabelle auf einem Wirkungszusammenhang, den man bereits aus den vorhergehenden Geschäftsjahren kennt und in geeigneter Form weiter entwickelt. So zeigen sich gerade die Social Media -Instrumente in den letzten zwei Jahren mit deutlich zunehmender Bedeutung. Die Art und Weise, wie Mitarbeiter z. B. auf Bewertungsportalen wie kununu über ein bestimmtes Unternehmen sprechen, die Nutzung von Imagefilmen auf AV-Medien-Portalen wie youtube oder die Weitergabe von Vakanzen über Microblogging-Dienste wie Twitter nimmt gerade rasant zu, wobei man auch die Zielgruppen beachten muss. Bisher kann man davon ausgehen, dass jüngere Menschen eher Social Media nutzen, im Vergleich zu älteren Menschen. Ebenso muss man davon ausgehen, dass eher akademisch ausgebildete Menschen auf sozialen Netzwerken aktiv sind und unter den Akademikern scheinbar Wirtschafts- und Sozialwissenschaftler deutlich häufiger aktiv sind Naturwissenschaftler oder Ingenieure (vgl. Braun und Hillebrecht 2011, S. 34 f.). Allerdings kann sich dieses Bild im Angesicht der hohen Dynamik in den neuen Medien bereits in zwei bis drei Jahren völlig anders darstellen. Eine regelmäßige Evaluation im Hinblick auf die tatsächliche Resonanz und das damit verbundene Kosten-Nutzen-Verhältnis ist folglich selbstverständlich.

	KW 1	KW 2	KW 3	KW 4	KW 5	KW 6	KW 7	KW 8	KW 9
Anzeigen		Fach-zeit-schrift PW							
Flyer			Druck neue Flyer						
Messe-stand					Personal-messe in x-Stadt				

Abb. 5.3 Beispiel für einen Werbeplan. (Quelle: eigene Erstellung)

5.2.1.3 Der Mediaplan

Der Mediaplan ist eine Aufstellung möglicher Werbewege, der damit verbundenen Kosten sowie einiger technischer Daten. Daten zu Zeitungen und Zeitschriften enthalten z. B. Formate, der Basispreis pro Anzeigen-Millimeter oder Flächenformate (1/4-Seite, 1/3-Seite etc.), den Satzspiegel, Hinweise zum Anzeigenschluss und zum Erstverkaufstag bzw. Erscheinungstag und zur Übermittlung der Anzeigenvorlagen. Bei Rundfunkmedien werden die Preise für Spots und mögliche Platzierungen im Sendeablauf sowie Vorgaben zur technischen Darstellung der Werbespots aufgenommen. Bei Online-Medien zählen hierzu Angaben zur Dateneingabe bzw. Datenübermittlung, den Laufzeiten der Anzeige usw. Auf alle Fälle werden auch Hinweise zur Zielgruppe sinnvoll sein, wie z. B. Zielgruppenanteile unter der Gesamtnutzerschaft. Der Werbekunde kann anhand des Media-Plans für sich bestimmen, welche Medien für den Transport seiner Botschaft sinnvoll sind und wie sich das Werbebudget nutzenoptimal einsetzen lässt. Die nachfolgende Abb. 5.4 bietet ein Beispiel für einen Mediaplan, wobei zur Illustration bereits eine Größenangabe enthalten ist. Man nimmt dabei an, dass die Suchanzeige für eine Abteilungsleitung in einer Tageszeitung in der Größe von 3 Spalten und 150 mm pro Spalte erfolgen soll, beim Branchenfachblatt in der Größe einer halben Seite. Für Online-Medien gelten derartige Größen nur bedingt, vor allem bei Werbeformen im redaktionellen Umfeld, z. B. für Pop-up- und Banner-Werbung. Im Gegensatz zu Print-Werbung werden neben den hier dargestellten Festpreisen auch andere Kostenmodelle angeboten, z. B. die Einbettung in bestimmte Umfelder, die im Preis entsprechend höher oder niedriger ausfallen oder auch mit einem Maximalpreis gedeckelt werden können.

Für Personaldienstleister kann dieser Mediaplan an zwei Stellen Bedeutung gelangen: Bei der Buchung der Werbung für das eigene Unternehmen und bei der Beratung von Kunden bei der Personalsuche bzw. dem Personalmarketing. Im zweiten Fall gehört es zur Beratungsaufgabe, geeignete Werbemedien vorzuschlagen und meistens auch die Werbeanzeige für den Kunden zu schalten. In diesem Fall kommt die sogenannte „AE-Provision" zum Tragen, die meistens zwischen 15 und 20 % beträgt. Die Abkürzung für „Anzeigen-Expedition" weist auf den Charakter der Provision hin. Das Werbemedium bedankt sich dabei bei der zwischengeschalteten Agentur für die Vermittlung der Anzeige. Dazu schickt das Medienhaus die Rechnung in zweifacher Ausfertigung, eine mit dem Originalpreis, zur Weiterverrechnung an den Endkunden, und eine Ausfertigung mit dem Abzug der AE-Provision, die durch den Personalberater selbst zu zahlen ist.

Allerdings muss man davon ausgehen, dass die meisten Kundenunternehmen inzwischen Kenntnis von den AE-Provisionen haben und teilweise auf einer Beteiligung an derselben oder gar an der kompletten Überlassung der AE-Provision interessiert sind. Personalberater, die nach Stundenaufwand arbeiten, sehen sich dazu leichter in der Lage als solche, die allein auf Erfolgsbasis arbeiten und mit der AE-Provision zumindest eine rudimentäre Einnahmequelle besitzen.

5.2 Die externe Kommunikation

Medium	Preis	Anzeigenschluss (AZ) Erstverkaufstag (ET)	Sonstiges	Reichweite
Zeitung 1	€ 15,60 pro mm Bei Anzeige 3spaltig 150 mm =€ 7.020 + MwSt	AZ: Di, 12.00 Uhr ET: Sa	Spaltenbreite 80 mm Bei Korrekturabzug ist AZ Mo, 11.00 Uhr	500.000 Aufl., bei 2,3 LpN = 1,15 Mio. Leser Zielgruppenanteil ca. 5 %
Zeitung 2:	€ 14,80 pro mm Bei Anzeige 3spaltig 150 mm =€ 6.660 + MwSt	AZ: Di 12.00 Uhr ET: Sa	Spaltenbreite 80 mm Bei Korrekturabzug ist AZ Mo 14.00 Uhr	550.000 Aufl., bei 2.4 LpN = 1,32 Mio. Leser, Zielgruppenanteil ca. 4 %
Zeitung 3	€ 11,00 pro mm Bei Anzeige 3spaltig 150 mm =€ 4.950 + MwSt	AZ: Di 15.00 Uhr ET: Sa	Spaltenbreite 79 mm Bei Korrekturabzug ist AZ Mo 13.00 Uhr	200.000 Aufl., bei 2,1 LpN = 420.000 Leser, Zielgruppenanteil 10 %
Branchenfachzeitschrift	½ Seite: € 2.300 + MwSt	AZ: 10. Des Vormonats ET: 28. Des Vormonats	Satzspiegel 195 * 272 mm	38.000 Auflage, davon 38 % Personalentscheider
Online-Stellenbörse 1	€ 950 + MwSt	Veröffentlichung innerhalb 24 Stunden, 2 Monate online	Texteingabe in Content-Management-System oder als PDF	350.000 Page Impressions pro Monat, Click-through-Rate 3 %, Zielgruppenanteil 45 %
Online-Stellenbörse 2	€ 450 + MwSt	Veröffentlichung innerhalb 24 Stunden, 30 Tage online	Texteingabe in Content-Management-System	280.000 Page Impressions pro Monat, Click-Through-Rate ca. 6 %, Zielgruppenanteil 53 %

Abb. 5.4 Beispiel für einen Mediaplan. (Quelle: eigene Erstellung)

5.2.2 Die Öffentlichkeitsarbeit

Öffentlichkeitsarbeit, auch Public Relations oder PR genannt, hat zum Zweck, im gesellschaftlichen Umfeld um im Dialog mit Bezugsgruppen wie Medienvertretern, Politik, Arbeitgebern, Arbeitnehmern etc. die eigenen Positionen möglichst wirksam darzulegen und zum Dialog über eigene Anliegen einzuladen. Ziel ist also die Erarbeitung und die Pflege von Vertrauen bei den relevanten Bezugsgruppen (siehe auch Herbst 2012, S. 41 ff.), weniger der direkte Verkauf, auch wenn allgemein erarbeitetes Vertrauen beim Verkauf im

Einzelfall zu helfen vermag. Ein damit direkt zusammen hängender Ansatz ist die Darstellung des „Public Value", also des Wertes, den das Unternehmen zum Gemeinwohl beiträgt (vgl. Meynhardt 2013, S. 4 ff.). Im Bereich der Personaldienstleistungen umfasst dieser Wert für die Allgemeinheit insbesondere:

- Die Verbindung zwischen Arbeitnehmern und Arbeitgebern, zur leichteren Stellenbesetzung
- Die Erhöhung des Produktivitätskapitals von Arbeitnehmern, durch gezielte Fort- und Weiterbildung, Beratungsangebote etc.
- Damit die Vermittlung neuer Arbeitsplatzperspektiven für Arbeitnehmer
- Ergänzend die Unterstützung von Arbeitgebern in der Personalverwaltung und Personalbetreuung, so dass diese auf einem qualitativ höheren Niveau oder zumindest auf einem gleichbleibenden Qualitätsniveau bei reduzierten Kosten (und damit einer höherern Wettbewerbsfähigkeit) erfolgen kann
- Insgesamt die Mitwirkung an einem funktionierenden Arbeitsmarkt

Öffentlichkeitsarbeit hat sich damit schon lange vom Ziel einer „Propaganda" gelöst (siehe pars pro toto Herbst 2012, S. 11 ff.; Bentele et al. 2008) und schließt inzwischen auch die „Interne PR" ein, also der Dialog der Unternehmensleitung mit den Mitarbeitern. Dahinter steckt die Erkenntnis, dass gerade die Mitarbeiter außerhalb des Unternehmens stets auch als Vertreter des Unternehmens wahrgenommen werden und entsprechend für das Unternehmen wirken können, was im nachfolgenden Abschn. 5.3. zu vertiefen ist.

Öffentlichkeitsarbeit sollte ähnlich wie Werbung auf der Basis einer Kommunikationsstrategie mit klaren Kommunikationszielen geplant und durchgeführt werden. Hierzu legt man die Bezugsgruppen fest und analysiert ihre jeweiligen Interessen und bevorzugten Informationswege. Darauf aufbauend können allgemeine Informationsinhalte und einzelfallbezogene Informationen definiert und in den Prozess der Meinungsbildung eingebracht werden.

Als Instrumente stehen hierzu vor allem bereit (siehe auch Herbst 2012, S. 94 ff.):

- Media Relations, in Gestalt von Pressekonferenzen, Pressemeldungen, Hintergrundgesprächen etc., die zu Medienberichterstattung führt
- Eigene Medienkolumnen und Fachaufsätze in Fach- und Publikumsmedien, als Beispiel die Reihe von Georg Kaiser in der Süddeutschen Zeitung (siehe Kaiser 2014)
- Studien zu besonderen Themen der Personaldienstleistung, hier sind insbesondere Studien der Fachverbände und Wirtschaftsforschungsinstitute (z. B. IW 2011) zu nennen, aber auch Studien von Personaldienstleistern wie die regelmäßigen „HAYS-Studien" (vgl. Rump et al. 2012) oder einzelfallbezogene Studien wie die Kienbaum-Studie zu den Arbeitsmarktperspektiven von ehemaligen Abgeordneten (vgl. Kienbaum 2014)
- Tag der offenen Tür
- Beteiligung an Ausbildungs- und Berufsmessen mit eigenen Informationsständen, Gesprächsangeboten, Vorträgen etc., was allerdings eine Schnittmenge zur Werbung besitzt
- Informationstage in Schulen und Hochschulen

5.2 Die externe Kommunikation

- Informationstage bei Arbeitsverwaltung
- Geeignete eigene Medien (z. B. JobCasts online stellen, Flyer für den Download), die allerdings einen Grenzbereich zur Werbung darstellen
- Beteiligung an Social Communities wie „Moderne Personaldienstleistung in Deutschland" auf xing.de
- Usw.

Ein besonders beliebtes Instrument der PR bietet sich in den Expertenkolumnen vieler Tageszeitungen und Wirtschaftszeitschriften zu Bewerbungsfragen. Personalberater gelten hier als Experten sui generis und können sich einmal wöchentlich oder monatlich (z. B. in der Samstagsausgabe der „Süddeutschen Zeitung") mit ihren Erfahrungen und Ratschlägen einem größeren Publikum präsentieren, anhand von konstruierten oder tatsächlichen, selbstverständlich anonymisierten Beispielen. Derartige Kolumnen werden sehr breit beachtet und schaffen damit einen erheblichen Wahrnehmungskreis.

Als **Praxisbeispiel** sei auf eine besondere Fragestellung der Gesundheitswirtschaft verwiesen, das ein Zeitarbeitsunternehmen in den Mittelpunkt stellt. Da gerade die Kürzungen im Gesundheitswesen in einigen Fällen zum Abbau von Personal an Kliniken und Krankenhäusern geführt hat, können bei umfangreicheren Erkrankungen die betroffen Einrichtungen schnell an die Grenze eines funktionsfähigen Pflegedienstes kommen. Das Modellunternehmen geht daher im Gespräch mit regionalen Medien auf das Thema ein, in dem es die Zahlen zum aktuellen Pflegenotstand darlegt. Zugleich kann das Unternehmen auf Beschäftigungschancen für Rückkehrer nach einer Elternzeit oder Umschüler hinweisen, die im Beispielunternehmen eine geeignete Fortbildung und anschließend Praxiserfahrungen durch die unterschiedlichen Einsatzorte vermittelt bekommen. Das jeweilige Lokalmedium bekommt hiermit eine Geschichte, zu der es auch Betroffene Arbeitnehmer sowie Personalverantwortliche befragen kann und auf eine hohe persönliche Betroffenheit rechnen kann. Die Berichterstattung in der Lokalzeitung wird für eine deutlich höhere Glaubwürdigkeit und Beachtung sorgen, als dies eine Anzeige oder persönliche Ansprache via Arbeitsverwaltung könnte.

Eine **Wirkungskontrolle** kann insbesondere in Gestalt des „Media-Monitoring" erfolgen, also der systematischen Auswertung von Medien, nach folgenden Überlegungen:

Eine Wirkungskontrolle kann insbesondere in Gestalt des „Media-Monitoring" erfolgen, also der systematischen Auswertung von Medien, nach folgenden Überlegungen:

- Welche Themen, die wir eingebracht haben, wurden aufgenommen? Und welche Themen nicht?
- Wie breit war die Berichterstattung? (z. B. Seitenumfang/-anteil bei Printmedien, Länge des Fernseh- oder Radiospots, Resonanzwerte bei Online- und Social Media)
- Welche Tonalität kam in der Berichterstattung durch? (eher positiv für uns, eher neutral, eher neutral?)
- Welche Folgen hatte die Berichterstattung? (z. B. Anfragen weiterer Medien oder Kunden)

Ein besonders interessanter Aspekt, der auf die Breite der Berichterstattung verweist, ist der so genannte „Anzeigen-Äquivalenzwert". Dabei prüft man den räumlichen Umfang der Berichterstattung in Printmedien bzw. den zeitlichen Umfang in Rundfunkmedien und berechnet, wie teuer eine vergleichbar große Werbeeinspielung gewesen wäre. Öffentlichkeitsarbeiter versuchen auf diese Weise u. a. die wirtschaftliche Sinnhaftigkeit ihrer eigenen Arbeit nachzuweisen. Ergänzen muss man hierzu, dass redaktionelle Berichterstattung in der Regel eine höhere Beachtung erfährt als werbliche Beiträge und auch positiver eingeschätzt wird. Von daher dürfte die Werbewirkung von PR-Beiträgen bei formal gleich großen Anzeigen noch deutlich darüber liegen.

5.2.3 Der persönliche Verkauf

Der persönliche Verkauf wird als die direkte, persönliche Interaktion zwischen Vertretern des Personaldienstleisters und des möglichen Kunden angesehen. Dabei geht es in erster Linie darum, den konkreten und individuellen Bedarf des möglichen Kunden zu hinterfragen, die eigene Problemlösungsfähigkeit an die spezielle Bedarfssituation anzupassen und gemeinsam eine optimale Problemlösung zu entwickeln. Das Gespräch ist die Plattform, um die Vorteilhaftigkeit des eigenen Angebotes darzulegen und den Kunden zum Vertragsabschluss zu bewegen. Die Merkmale des persönlichen Verkaufs sind also:

- Eine Interaktion zwischen physisch präsenten Personen
- Sehr gute Möglichkeiten zum Erkennen des Kundenbedarfs
- Entsprechendes Potenzial zum Eingehen auf Kundenwünsche im Verkaufsgespräch (das sog. „Customizing")
- Mit dem Ziel des direkten Abschlusses, aufgrund der Kontrolliertheit der Situation

Damit der persönliche Verkauf gut funktioniert, bereitet man sich in der Regel mit Hilfe eines Akquisitionsplanes vor. Dieser umfasst:

- Die Definition von Kernkompetenzen und Wettbewerbsmerkmale, um sie im Verkaufsprozess aktiv einsetzen zu können
- Die Definition von Umsatzzielen und Ertragszielen als Richtgröße sowie Erfolgskriterien für die beteiligten Mitarbeiter
- Die Bestimmung von Zielkunden bestimmen (Größen, Branchen, regional, …)
- Die Vorgaben für den operativen Akquisitionsplan, mit der Abstimmung der Kontaktaufnahme (z. B. telefonische Kontaktvereinbarung), einer Besuchsplanung und einer Nachverfolgung, die sich im Angebotsmanagement niederschlagen.

Die beteiligten Mitarbeiter werden auf die Vorgehensweise und die Kennzahlen im Rahmen von Zielvereinbarungsgesprächen verpflichtet und hinsichtlich ihrer Unterstützungswünsche (z. B. Schulungsbedarf, Bedarf an Verkaufshilfen und Verkaufsunterlagen) befragt.

Die einzelnen Verkaufsgespräche sind in der Regel dann erfolgreich, wenn sie bei guter Vorbereitung (z. B. telefonische Vereinbarung des Kontakts) systematisch aufgebaut werden, z. B. in der Form von:

- Begrüßung und Bezug auf Kontaktauslöser (Messe, Anruf, Mail, ...)
- Anschließende Bestätigung der allgemeinen Leistungsfähigkeit als Anbieter
- Gemeinsame Erarbeitung des konkreten Kundenbedürfnisses, durch Verkäufer und Vertreter des Kunden
- Dabei Eingehen auf die Kundenbedürfnisse im Verkaufsgespräch (Customizing) mit dem Ziel eines abschlussfähigen Angebots

Erfolgreiche Vertriebsbeauftragte wissen dabei, dass es zumeist mehrerer Kontakte bedarf, um tatsächlich zu einem Abschluss kommen. Vielmehr müssen durch eine sinnvolle Abfolge von telefonischen und persönlichen Kontakten notwendige Informationen gewonnen und darauf aufbauend die Vorteile des eigenen Angebots kommuniziert werden (siehe ausführlicher Truchseß und Brandl 2014, S. 16 ff.). Gute Verkaufsgespräche dienen also nicht allein dem Abschluss eines Auftrages, sondern erfragen auch zusätzliche Informationen, wie z. B. die Wahrnehmung von Konkurrenten durch den Kunden, zukünftiger Bedarf an Personaldienstleistung oder Potenziale für Zusatzverkäufe. Damit können sie zur Basis einer längerfristigen Kundenbeziehung werden.

5.2.4 Die Verkaufsförderung

Die Verkaufsförderung (VKF), auch Sales Promotion genannt, ist ein Kommunikationsinstrument, das die kostenlose Abgabe von Warenproben sowie weitere Unterstützung wie z. B. Aufsteller zur Erzeugung eines höheren Verkaufsdrucks. Hauptanliegen der VKF ist es, durch gezielte Aktionen das Publikumsinteresse auf die eigenen Produkte und Dienstleistungen zu lenken, den Eindruck von besonders günstigen Angeboten – z. B. durch Zugaben und Prämien – zu erwecken oder auch eine risikoarme Erprobung durch Warenproben anzubieten.

Auch wenn dieser Ansatz eher aus dem Handel bzw. dem Handwerk üblich ist, bietet er auch Personaldienstleistungen eine Handhabe. So kann man interessierten Kandidaten z. B. in Zusammenarbeit mit Tageszeitungen eine besondere Beratungsaktion anbieten, in Form eines Gehaltschecks oder einer Überprüfung von Bewerbungsunterlagen.

5.2.5 Das Customer Relationship Management als Kommunikationsebene

Regelmäßiger Kundenkontakt hilft beim Verkauf der eigenen Angebote und der Bindung des Kunden an das eigene Unternehmen. Der Begriff des Customer Relationship Managements (CRM) geht auf eine systematische Kommunikationspolitik mit dem Kunden ein, um:

- Den Kunden in seiner Entscheidung für das anbietende Unternehmen zu bestärken
- Den Kunden länger an das Unternehmen zu binden
- Mögliche Bedürfnislagen rechtzeitig zu erkennen und mit geeigneten Angeboten zu befriedigen
- Mögliche Störungen in der Kundenbeziehung rechtzeitig zu entdecken und zu beheben (Reklamationsmanagement)

Dazu lassen sich eine Vielzahl an kommunikationspolitischen Instrumenten systematisch miteinander miteinander verbinden. Die regelmäßige Aussendung von Produktinformationen, der Besuch durch den Außendienst oder telefonische Nachfragen gehören ebenso dazu wie die professionelle Abwicklung von Reklamationen und Zahlungsverkehr sowie die Einladung zu Kundenevents. Bei allen Maßnahmen ist darauf zu achten, dass:

- Der Kunde die Kommunikationswege und -instrumente akzeptiert
- Der Aufwand für das CRM in einem sinnvollen Verhältnis zum Ertrag steht, ggf. durch so genannte ABC-xyz-Analysen abgesichert (siehe auch Kap. 6)

Ein Zuviel kann daher genauso schädlich sein, wie ein Zuwenig. Ein Zuviel liegt insbesondere dann vor, wenn der Kunde irgendwann das Gefühl von Belästigung entwickelt oder wenn die eingesetzten Kommunikationsmittel den Kunden nicht interessieren, z. B. aufgrund eines „Information Overflows" bei Werbebriefen oder eines Zeitmangels bei Kundenveranstaltungen. Ein Zuwenig liegt dann vor, wenn Kommunikationswünsche seitens des Kunden nicht aufgenommen werden. Von daher muss austariert werden, welchen Aufwand ein Unternehmen hier sinnvollerweise betreiben kann.

5.2.6 Sponsoring und Corporate Social Responsability als Kommunikationsansätze

Von Unternehmen erwartet die Gesellschaft neben sinnvollen Produkten bzw. Dienstleistungen und sicheren Arbeitsplätzen oftmals auch zusätzliches Engagement für die Gesellschaft. Darauf gehen die Ansätze des Sponsoring und seit kürzerer Zeit auch des Corporate Social Responsability ein. Das Unternehmen verspricht sich von der Unterstützung sozial wünschenswerter Zwecke einerseits eine höhere Reputation in der Gesellschaft. Andererseits kann dies auch nach innen gegenüber Mitarbeitern und Kapitalgebern positiv auswirken, weil sie eine höhere Befriedigung aus der Tätigkeit für ein entsprechend engagiertes Unternehmen ziehen. Allerdings sollte bei diesen Maßnahmen immer darauf geachtet werden, dass sie sowohl zur Unternehmenskultur und den Unternehmenszielen passen – sozusagen authentisch sind – als auch von den Adressaten als glaubwürdig wahrgenommen werden.

Als Sponsoring wird die Unterstützung mildtätiger, sportlicher, wissenschaftlicher oder künstlerischer Zwecke verstanden, bei denen der Unterstützte im Gegenzug dem Sponsor

5.2 Die externe Kommunikation

eine Plattform zur Selbstdarstellung gibt (vgl. Hofmann 2010). Der Erlass des Bundesministeriums für Finanzen vom 18.02.1988 (Nr. IV B 2– S 2144–40/98; IV B 7– S 0183–62/98) setzt diese deutliche werbliche Gegenleistung als essenziell für die steuerrechtliche Anerkennung von Sponsoringausgaben an. Die Gegenleistung kann insbesondere in einer deutlichen Kennzeichnung in Medien und Anzeigen des Unterstützten gegeben sein.

Corporate Social Responsability greift noch weiter als Sponsoring. Unter dem Akronym CSR werden alle Maßnahmen zusammengefasst, die das Unternehmen zur Unterstützung von förderwürdigen Zwecken ergreift. Neben Sponsoring-Aktivitäten können z. B. das zeitweise Abstellen von Führungskräften für Nonprofit-Organisationen, die ehrenamtliche Beteiligung von Mitarbeitern in sozialen Projekten und dergleichen mehr verstanden werden (vgl. Hardtke und Kleinfeld 2010). Genauso können Beteiligungen an Berufsinformationstagen, Spendenaktionen und Verlosungen anlässlich von Stadtfesten und dergleichen mehr als CSR verstanden werden, die Förderung von Breiten- und Spitzensport, ständige Leihgaben von Kunstgegenständen an öffentliche Museen, usw. Der Katalog der CSR-Maßnahmen ist damit kaum abschließend darzustellen und umfasst letztendlich alles, mit dem ein Unternehmen einen besonderen Einsatz für die Allgemeinheit oder besonders förderwürdige Teile der Gesellschaft zeigt. Als weitere Handlungsfelder, die gleichzeitig auch ein neues Mitarbeiterpotenzial erschließen, stellen sich besondere Angebote für bestimmte Mitarbeitergruppen dar. So können Zeitarbeitsunternehmen ihr soziales Engagement mit dem Arbeitgebermarketing verbinden. Dazu zählen z. B.

- Das Eingehen auf besondere Bedürfnisse von Eltern mit kleinen Kindern, durch das Angebot betriebsinterner Kinderbetreuung (Spielecken, eigene Kindertagesstätten); das Nürnberger PDL-Unternehmen Neumüller GmbH bietet ihren Mitarbeitern sogar einen „Nanny-Service" im Spielzimmer an, für den Fall, dass die Mitarbeiter einmal Kinder mit in das Unternehmen mitbringen müssen
- Eine besondere Ansprache der Generation 50plus
- Die Bereitschaft, auch behinderte Mitarbeiter für Zeitarbeit einzusetzen, und damit nebenbei auch dem Suftraggeber die Möglichkeit zu geben, seine Ausgleichsabgabe abzusenken (siehe hierzu Solibieda 2009, S. 40 ff.; allgemeiner bei Winkler 2000)

Sponsoring und CSR gemein ist die Notwendigkeit, dass sich im Engagement des Unternehmens authentische Beteiligung zeigt, die auf besonderen Werten im Unternehmen gründet und möglichst auch einen guten Bezug zur Zielgruppe der eigenen Unternehmen hat. Wenn eine Versicherung einem Kindergarten technisch sichere Spielgeräte stiftet, ist dies eine sehr glückliche Verbindung zwischen dem Versprechen von Sicherheit und dem Engagement für den Nachwuchs, der regelmäßig in der Öffentlichkeit positiv aufgenommen wird und auch zu einer breiten Beachtung in den Medien führt. Bei Personaldienstleistern kann eine

Als Beispiel sei auf die „Stiftung Neue Perspektiven" (www.stiftung-neue-perspektiven.de) eines Würzburger Personaldienstleisters verwiesen. Diese Stiftung unterstützt einerseits die Integration von psychisch Erkrankten in den Arbeitsmarkt durch ein Café, andererseits die Förderung einer hochwertigen, projektorientierten Ausbildung von Studenten durch die Beteiligung am Deutschland-Stipendium. Die Neumüller Ingenieur GmbH hat ebenfalls eine Stiftung zur Unterstützung von hilfsbedürftigen Kindern namens „Consilatio" gegründet (www.neumueller.org/consilatio-stiftung.html) und bettet die Aktivität in ein insgesamt sehr breit gefächertes soziales Engagement ein. Aber auch mit kleineren Aktionen lassen sich Zeichen setzen, was sich insbesondere für die kleineren Unternehmen anbietet. So stiftet Wenzel & Partner, ein Anbieter aus Heilbronn, einem Kindergarten jede Woche einen Korb frisches Obst und beauftragt regionale Künstler mit der Gestaltung eines Kalenders, der an Kunden verteilt wird. Diese Ansätze besitzen einen hohen Kommunikationswert, da die Verbindung von Chancen geben und Personaldienstleistung plausibel ist und die Zielgruppen des CSR dieses Engagement entsprechend aufnehmen können.

5.2.7 Beteiligungen an Messen und Ausstellungen

Messen und Ausstellungen dienen vielerorts als Instrument sowohl der Werbung als auch der Öffentlichkeitsarbeit und des persönlichen Verkaufs. Diese gemischte Funktion ergibt sich aus der Eigenart der Messen: Man trifft auf Fachpublikum und teilweise auch allgemeines Publikum in der breitesten Zusammensetzung. Bei einem Berufsinformationstag wird man vorrangig potenzielle Nachwuchsmitarbeiter treffen und teilweise auch auf Wettbewerber. Bei einer Personalfachmesse hingegen hat man es sowohl mit Fachentscheidern und damit Einkäufern als auch mit Konkurrenten und Multiplikatoren zu tun, wie in der nachfolgenden Abb. 5.5 deutlich wird:

5.2.8 Studien als Kommunikationsinstrument

Studien zu relevanten Themenfeldern einer Branche oder Berufsgruppe sind ein immer wieder gern genutztes Kommunikationsinstrument. Mit ihnen kann man, bei entsprechender thematischer Ausrichtung und inhaltlichen Ergebnissen:

- Eine hohe Kommunikationswirkung entfalten, durch mediale Berichterstattung sowie Beachtung in der Branche
- Auf eigene Expertise aufmerksam machen, indem man Ergebnisse insbesondere bei Kongressen und Fachveranstaltungen vorträgt, diese aber auch bei persönlichen Gesprächen mit bestehenden und potenziellen Kunden einsetzt (sog. „Türöffner-Funktion")

Nebenbei dienen Studien immer wieder auch dazu, sich selbst mit neuen Themen zu beschäftigen und damit die eigene fachliche Fortbildung zu unterstützen und das eigene Fachwissen aktuell zu halten oder auch neue Angebotsfelder sich zu erschließen. Gerade

5.2 Die externe Kommunikation

	Berufsinformations-messen bzw. -tage	Fachmessen zu Personalthemen	Fachmessen der jweiligen Branche (z. B. Drupa für Druck- und Papiertechnik)
Zielpublikum	Berufseinsteiger, evtl. auch Lehrkräfte und Mutliplikatoren der Arbeitsverwaltung	Personalverantwortliche aller Art (Fachvorgesetzte, Personalleiter, Personalreferenten) Personalwirtschaftlich orientierte Fachjournalisten	Facheinkäufer und Entscheider der jeweiligen Unternehmen, Branchenorientierte Fachjournalisten
Informations-gegenstand	Typische Ausbildungs- und Karrierewege, Anforderungen an Berufsanfänger	Aktuelle Entwicklungen in der Personalwirtschaft Anforderungen an Personaldienstleister	Aktuelle Entwicklungen in der Branche, für Personaldienstleister abgeleitet: Bedürfnisse der Nachfrager
Typische Angebote	Informationsstände, Fachvorträge zur Berufswahl	Informationsstände, Fachvorträge zur Personalwirtschaft, Diskussionen, teilweise Akquise potentieller Kandidaten für Stellenbesetzung im Personalbereich	Informationsstände, Fachvorträge zur Branche, Diskussionen, Akquise potentieller Fachkräfte/Kandidaten auf allen Ebenen der Branche
Kommunikations-richtung/-ziele	Platzierung als attraktiver Arbeitgeber bzw. Ausbildungsbetrieb Kennenlernen von Nachwuchskräften und deren Bedürfnisse	Platzierung als professioneller Anbieter von Personaldienstleistungen Kontakte zu Entscheidern	Platzierung als professioneller Personaldienstleister, Kontakte zu Entscheidern, Gewinnung von Namen und Adressen interessanter Personen für die Personalberatung

Abb. 5.5 Funktionen einzelner Messen. (Quelle: eigene Erstellung)

rund um die Personaldienstleistung können viele Themen genannt werden, die sowohl bei Unternehmen als auch bei Arbeitnehmern auf großes Interesse stoßen, wie z. B. Gehaltsfragen (durchschnittliches Gehalt, Zusatzleistungen), Arbeitszeitgestaltung, Zufriedenheit mit dem Arbeitsplatz und Loyalität gegenüber dem Arbeitgeber, durchschnittliche Krankheitstage und typische Ursachen für Erkrankungen, Bereitschaft zur Entsendung ins Ausland u.v.m. Besondere Bekanntheit haben z. B.

- Der HAYS-HR-Report (vgl. Rump et al. 2012)
- Die Kienbaum-HR-Trend-Studie (vgl. Kienbaum 2013)
- Die PagePersonnel-Studie zur Wahrnehmung von Zeitarbeit und Interimsmanagement weltweit (PagePersonnel 2014)
- Die Orizon-Studie zur Imagewahrnehmung der Zeitarbeitsbranche (vgl. o. V. 2014)

Als Beispiel wird auf die vom Verfasser gemeinsam mit zwei kooperierenden Unternehmen initiierte Studie zur Burnout-Frage in der Region Mainfranken verwiesen. Den Trägern der Studie fiel in den zwei Jahren zuvor die breite Resonanz des Themas im medialen Umfeld auf. Zeitgleich kam eine Novelle des Arbeitsschutzgesetzes hinzu, die im Deutschen Bundestag im Frühjahr 2013 erstmals beraten wurde und vor allem auf den Schutz übermäßiger mentaler Beanspruchungen abstellt. Das Arbeitsschutzgesetz wurde im September 2013 entsprechend geändert.

Nach derzeitigem Stand haben sich als Ergebnisse gezeigt:

- Vorabberichterstattung in der Kammerzeitschrift der IHK Würzburg-Mainfranken, in der Dezemberausgabe 2012 (Hillebrecht 2012)
- Eine öffentliche Präsentation der Ergebnisse der Studie am 27.02.2013, im Rahmen des „28. Beckhäuser Personalforums", mit ca. 220 Teilnehmern aus Unternehmen, Beratung und Nonprofit sowie breiter Berichterstattung in Print- und Online-Medien (z. B. Wiesner und Hillebrecht 2013)
- Eine Fachveröffentlichung (vgl. Braun und Hillebrecht 2013)
- Diverse Fachvorträge vor Unternehmern bzw. Unternehmerverbänden, aus denen sich einzelne Anfragen und Aufträge ergaben

Als Aufwand für die genannte Studie waren in der Nachschau ca. 40 Tagewerke (auf insgesamt vier Personen verteilt), für das Untersuchungsdesign, die Durchführung und Auswertung der Interviews und die Aufbereitung zu einem Berichtsband zu veranschlagen. Im Abgleich zwischen Aufwand und Ertrag wird man zunächst keinen positiven Return on Investment erkennen. Jedoch zeigt sich der langfristige Gewinn derartiger Studien in anderen Punkten, wie z. B. die Möglichkeit, die Studie als Türöffner für verschiedene Akquisitionsgespräche bei Unternehmen einzusetzen, zu möglichen Beratungsaufträgen im Bereich Betriebliches Gesundheitsmanagement, Coaching und allgemeine Personalstrategie. Ein weiterer wichtiger Aspekt ist der wahrgenommene Imagegewinn als innovativer Partner der Wirtschaft mit nachgewiesener Sachexpertise. Zudem kann z. B. in Online-Verzeichnissen wie Wikipedia unter dem entsprechenden Stichwort oder in Blogs auf die eigene Studie hingewiesen werden, mit durchaus achtbarem Erfolg, wenn der Beitrag nicht zu offensiv werblich ausfällt, sondern objektiv-informierend verbleibt.

Der Kommunikationswert einer Studie umfasst je nach Themenkonjunktur in der Regel 6–12 Monate. In dieser Zeit sind die wesentlichen Kommunikationsevents, insbesondere die öffentlichen Präsentationen, anzusiedeln. Ein zusätzlicher Kommunikationswert kann sich aus einer Wiederholung der Studie in einem festgelegten Rhythmus ergeben, in dem das Thema variiert oder die Entwicklung im Zeitablauf verglichen wird.

Insgesamt muss man festhalten, dass Studien viele interessante Aspekte bieten, jedoch auch sorgfältig und systematisch in die Kommunikationsarbeit eingebettet werden müssen. Zudem ist die Themenkonjunktur im Branchenumfeld von besonderer Bedeutung – wenig aktuelle Themen werden kaum Wirkung entfalten.

5.2.9 Auszeichnungen als Kommunikationsinstrument

Die Attraktivität als Arbeitgeber bzw. das soziale Engagement wird oftmals über Auszeichnungen aller Art anerkannt. So können Unternehmen der Zeitarbeit unter anderen auf folgende Auszeichnungen zurückblicken, anhand einer eigenen Online-Recherche im Januar 2015 ermittelt:

- CAREER's BEST RECRUITER 2012/13: Adecco Personaldienstleistung GmbH
- Corporate Health Award 2013, Kategorie Mittelstand: Neumüller Unternehmensgruppe
- Fair Company 2014: Adecco Personaldienstleistung GmbH; Franz & Wach GmbH
- Genderdax für Karriere- und Entwicklungschancen für Frauen: Randstad GmbH
- Great Place to Work 2012 und 2013: I.K. Hoffmann GmbH
- Kununu-Top Company: Manpower GmbH
- TOP JOB – Die besten Arbeitgeber im Mittelstand 2014: Neumüller Personaldienstleistungenm Nürnberg

Richtig eingesetzt zeigen derartige Auszeichnungen, dass sich Personaldienstleister als attraktive Arbeitgeber und sozial verantwortungsbewusste Unternehmen positionieren können, was sowohl in der Außendarstellung wie auch im internen Marketing wirksam einsetzen lässt.

Analog können auch Preisauszeichnungen für besonders leistungsfähige Unternehmen einen zusätzlichen Aufmerksamkeits- bzw. Imageeffekt bewirken. So hat die Online-Plattform experteer 2016 erstmals die Auszeichnung „Headhunter oft he Year" verliehen, in verschiedenen Kategorien wie „Neucomer of the Year" oder „Executive Search". Damit verspricht man sich einen Ansporn für besonders engagierte Dienstleistung, aber auch eine allgemeine Beachtung für die Dienstleistung Personalberatung in toto (vgl. Höpner 2016).

5.2.10 Die Krisenkommunikation

Von einer Krise wird allgemein immer dann gesprochen, wenn aufgrund bestimmter Umstände ein Betroffener unter Druck gerät, die dem Betroffenen massiven Schaden zufügen können, bis hin zum Untergang, und die relativ schnell Gegenmaßnahmen erfordern, um den Schaden abzuwenden, zumindest aber einzudämmen. Bei Unternehmen können diese

Krisen Umsatz und Existenz gefährden, z. B. durch Probleme mit internen Prozessen (Qualitätsprobleme), gravierendem Fehlverhalten von Mitarbeitern oder öffentlichem Druck, in Zusammenhang mit ethisch und/oder rechtlich fragwürdigen Verhaltensweisen gegenüber Mitarbeitern, Kunden, Lieferanten oder Sozialpartnern und öffentlichen Institutionen. Gerade im Bereich der Personaldienstleistungen bergen Krisen enormen Sprengstoff, da direkt oder indirekt immer Menschen und ihre Berufsausübung und damit ihre materielle und oft genug auch psychosoziale Existenz betroffen sind. Zu erinnern ist beispielhaft an den ZDF-Zoom-Fernsehbeitrag „Zeitarbeit – Jobmotor oder Ausbeutung?" vom 18.01.2012 sowie die Vorwürfe im „amazon-Trenkwalder-Fall" im Jahr 2013, als durch die Berichterstattung Vorwürfe gegen den Auftraggeber amazon und den Auftragnehmer Trenkwalder erhoben wurden (vgl. Knop 2013; Kwasniewski 2013; o. V. 2013). Im Kern ging es um menschenunwürdige und teilweise illegale Praktiken hinsichtlich der Anwerbung, Unterbringung, Betreuung und Entlohnung von Zeitarbeitskräften.

Auch wenn die Betroffenen in aller Regel zunächst einmal beklagen, dass die Vorwürfe gleichsam „über Nacht" über sie hereingebrochen wären, wird man in der Rückschau oftmals eine bestimmte Entwicklungslinie erkennen. Sie lässt in ihrem Kern erkennen, dass die Problemdisposition in den meisten Fällen bereits weiträumig vorher entstanden ist und durch mangelhafte Aufmerksamkeit für problematische Zusammenhänge überhaupt zum Tragen kam. Zwar gibt es nicht „den" Typus von Krisen. Personaldienstleister können auf verschiedene Art darauf reagieren:

- „negieren", wobei diese Variante in der Regel nur gewählt werden sollte, wenn man von der Öffentlichen Meinung relativ unabhängig ist und die Kunden, Mitarbeiter und ggf. auch Lieferanten dauerhaft hinter sich weiß
- Sich den Medien stellen, mit mehr oder weniger offener Informationspolitik
- Interne Analyse der genauen Umstände, mit angemessener Kommunikation nach außen
- Gegebenenfalls auch proaktive Arbeit, wie es z. B. der Nürnberger Dienstleister Lorenz Personal GmbH 2010 mit einer Anzeigenkampagne in der örtlichen Presse versuchte (vgl. Lorenz Personal 2010)
- Ausschöpfen rechtlicher Maßnahmen, wie es insbesondere die beiden betroffenen Dienstleistungsunternehmen im ARD-amazon-Fall durch das Erwirken einer einstweiligen Verfügung gegen einen ARD-Fernsehbeitrag zur Zeitarbeit bei amazon unternahm (vgl. BAP 2013)

In der Regel kommen in einer Krisensituation problematische Umstände im eigenen Unternehmen, ein besonders hoher emotionaler Faktor (d. h. Betroffenheit bei Medienschaffenden und Publikum) sowie eine Fokussierung auf einzelne Eckpunkte zum Tragen. Da es in den Medien in der Regel einen ausgeprägten journalistischen Wettbewerb gibt, werden substanzielle Krisen schnell zu einer breiten, negativ geprägten Beachtung führen, der man mit sorgfältiger Krisenaufarbeitung und begleitender Krisen-PR begegnen kann. Vorausschauende Unternehmen bereiten sich mit einem Notfallplan auf Krisenkommunikation vor. Dieser beinhaltet in der Regel:

- Interne Alarmpläne (wer muss wann kontaktiert werden, wer darf wann für das Unternehmen sprechen? Welche Ressourcen wie Anwälte, externe Medienberater und -dienstleister stehen zur Verfügung?)
- Muster für Verfahrensabläufe (Prüfung der Vorwürfe, Verantwortlichkeiten für bestimmte Themen, …)
- Dokumenation der Krise, um nach erfolgreicher Bewältigung eine Auswertung vorzunehmen und aus den problematischen Umständen zu lernen

Wie bereits genannt, wird man sich nicht auf eine überschaubare Zahl an Problemen einstellen können. Wichtig ist aber die grundsätzliche Bereitschaft zu akzeptieren, dass ein Unternehmen in die Krise rutschen kann, und dass eine konstruktive Bearbeitung der Krise essenziell für die Krisenbewältigung ist. Krisen-PR kann hierbei einen wichtigen Beitrag leisten.

5.3 Die interne Kommunikation

Die interne Kommunikation dient zur Information, Motivation und Mobilisierung der Unternehmensangehörigen, also der Mitarbeiter und ggf. auch der Eigenkapitalgeber. Die Eigenkapitalgeber werden damit über wesentliche Aktivitäten des Unternehmens und damit über die Verwendung des eingebrachten Kapitals orientiert. Die Mitarbeiter erhalten Informationen über die Ziele und dafür nahe liegenden Maßnahmen des Unternehmens und zu den Möglichkeiten, sich ihrerseits in die Arbeit des Unternehmens einzubringen. In idealer Ausgestaltung wird ein Dialog zwischen den einzelnen Bereichen des Unternehmens ermöglicht, so dass auch die nachgelagerten Ebenen mit den übergeordneten Führungsebenen bzw. verschiedene Abteilungen über die hierarchischen Grenzen hinweg sich austauschen und ihre Arbeit besser aufeinander abstimmen können. Zudem ist eine gut gepflegte interne Kommunikation auch immer ein Ausdruck der Unternehmenskultur. Nebenbei, in Unternehmen mit einem Betriebsrat können die Mitarbeitervertreter auch auf eine gesetzlich verankerte Pflicht der Information, Mitwirkung und Mitbestimmung bauen (§§ 87 ff. BetrVerfG für Deutschland; §§ 50 ff. ArbVerfG für Österreich; für die Schweiz gibt es keine vergleichbaren Bestimmungen).

Mitarbeiterinformationen und Mitarbeiterdialog können in verschiedenen Formen vorkommen, z. B. in Form von:

- Aushängen („Schwarzes Brett")
- Mitarbeiterbroschüren und Mitarbeiterzeitungen
- Rundschreiben (Briefe, Mails)
- Intranet
- Mitarbeiterversammlungen
- Jahreskonferenzen
- Etc.

In ihnen können Informationen über die allgemeine Lage des Unternehmens, besondere Maßnahmen (Eröffnung/Erweiterung/Schließung von Standorten, Veränderungen bei der Mitarbeiterzahl, wirtschaftliche Lage) und Ereignisse (Jubiläen, Veranstaltungen, Vorstellung neuer Produkte und Dienstleistungen etc.) gegeben und mit den Mitarbeitern diskutiert werden.

Des Weiteren können, im Rahmen der jeweiligen Vorgaben zu Corporate Behaviour und Corporate Communications, auch Vorgaben zum Auftritt der Mitarbeiter in der Öffentlichkeit gemacht werden. So ist es nahe liegend, zu Auftritten auf Messen und bei Kundenveranstaltungen, aber auch zu berufsbezogenen Social Media -Aktivitäten, klare Handreichungen zu erstellen, die Mitarbeitern aufzeigen, gewünscht, was erlaubt und was untersagt ist. So können Vorgaben zur Gestaltung und Verwendung von Visitenkarten durchaus im Sinne des Unternehmens sein, um z. B. Abwerbeversuche von Head Huntern zu erschweren. Die Art und Weise, wie man sich durch Fachveröffentlichungen, Blogs oder Lehraufträge an Hochschulen bzw. Vorträge bei Branchenevents präsentiert, kann ebenfalls Gegenstand dieser Vorgaben sein. Für die einen Unternehmen ist dies ein willkommener Weg, Nachwuchskräfte für das eigene Unternehmen zu interessieren, neue Kontakte zu suchen und den fachlichen Austausch zu suchen. Für andere Unternehmen hingegen lauert hier ein Einfallstor für Betriebsspionage oder Mitarbeiterabwerbung. Von daher ist für jedes Unternehmen eine klar definierte Vorstellung zu entwickeln, was Mitarbeiter gestattet ist, was man besonders gerne sieht, und was eher zu vermeiden ist.

Die ganzheitliche Kommunikationspolitik eines Unternehmens wird dabei besonderen Wert darauf legen, dass nach innen wie auch nach außen ein insgesamt stimmiges Bild entsteht und die Mitarbeiter als Botschafter des Unternehmens die behaupteten Werte des Unternehmens auch erfahren und damit authentisch in ihrer jeweiligen Umgebung weitergeben können. Es kommt dabei weniger darauf, möglichst viele Punkte zu behandeln

Fazit: Kommunikation als geplanter und sorgfältig gestalteter Austausch mit dem Umfeld des Unternehmens baut auf einem Zielsystem auf und bedient sich verschiedener Kommunikationsinstrumente. Dabei sind sowohl externe Partner (Kunden, Lieferanten) als auch interne Partner (Mitarbeiter, Eigenkapitalgeber) einzubeziehen. Besonderen Augenmerk verdienen Aspekte wie Kundenbindung und Krisen-Kommunikation, da hierbei mit relativ geringem Aufwand ein hoher Nutzen möglich wird bzw. ein hoher Schaden leichter abwendbar wird.

Literatur

BAP Bundesarbeitgeberverband der Personaldienstleister (Hrsg) (2013) Einstweilige Verfügung gegen amazon-Film, Pressemitteilung vom 08.04.2013 http://www.personaldienstleister.de/fileadmin/user_upload/05_Presse/Pressemitteilungen/2013/04/130408_Amazon_einstweilige_Verfuegung.pdf. Zugegriffen am 27.01.2015

Beckhäuser M et al (2013) Gesunde Mitarbeiter = gesunde Unternehmen? Qualitative Pilotstudie zur Burnout-Prävention in mittelständischen Unternehmen, als Manuskript veröffentlicht, Würzburg

Bentele G et al (2008) Handbuch der Public Relations, 2. Aufl. Springer VS, Wiesbaden

Bevort F, Poulfelt F (2015) Human resource management in professional service firms: learning from a framework for research and practice. Z Personalforsch 29(2):77–101

Braun E, Hillebrecht S (2011) Klotzen oder Kapitulieren. Personal 63(6):34–35

Braun E, Hillebrecht S (2013) Betriebliche Wahrnehmung des Burnout. Betriebswirt 54(3):16–22

Bruhn M (2010) Kommunikationspolitik, 6. Aufl. Vahlen, München

Franz & Wach GmbH (Hrsg) (2015) F&W-Kompass. betriebsinterne Handreichung, Crailsheim

Hardtke A, Kleinfeld A (2010) Gesellschaftliche Verantwortung von Unternehmen. Gabler, Wiesbaden

Herbst DG (2012) Public Relations, 4. Aufl. Cornelsen, Berlin

Hillebrecht S (2012) Reicht eine Kaffeemaschine gegen Depressionen. Wirtsch Mainfranken 12:8–9

Hofmann K (2010) Sponsoring – gute Unternehmen machen Werbung, exzellente lassen positiv über sich sprechen. Wiley, Heidelberg

Höpner A (2016) Die diskreten Kuppler, Beitrag vom 03.06.2016 www.wiwo.de/unternehmen/dienstleister/headhunter-of-the-year-die-diskreten-kuppler/13684036.html. Zugegriffen am 07.06.2016

IW Institut der Deutschen Wirtschaft/IW Consult GmbH (2011) Zeitarbeit in Deutschland, Köln 2011, Arbeitsbericht vom 09.05.2011 (als pdf veröffentlicht). www.iwkoeln.de/_storage/asset/63381/storage/master/file//29.pdf. Zugegriffen am 23.12.2013

Jordi CL (2010) Rethinking the firm's mission and purpose. Eur Manage Rev 7:195–204

Kaiser G (2014) Wie finde ich einen geeigneten Coach? Beitrag vom 26.01.2014. www.sueddeutsche.de/karriere/frage-an-den-sz-jobcoach-wie-finde-ich-einen-geeigneten-coach-1.1870823. Zugegriffen am 27.01.2014

Kaiser S et al (2015) Human resource management in professional service firms: too good to be true? Z Personalforsch 29(2):102–130

Kienbaum (Hrsg) (2013) „Keep on moving – HR immer agiler?!" – Ergebnisbericht der Kienbaum-HR-Trendstudie 2013, als Umdruck veröffentlicht. Kienbaum, Gummersbach

Kienbaum (Hrsg) (2014) Kienbaum-Studie unter ehemaligen Abgeordneten, Pressemeldung vom 31.3.2014. www.kienbaum.de/desktopdefault.aspx/tabid-68/149_read-769/148_read-194/. Zugegriffen am 01.04.2014

Knop C (2013) Menschenschinderei, Beitrag vom 18.02.2013. www.faz.net/aktuell/wirtschaft/unternehmen/amazon-im-bundestag-menschenschinderei-12088000.html. Zugegriffen am 27.01.2015

Kwasniewski N (2013) ARD-Dokumentation – wie amazon Leiharbeiter kaserniert, Beitrag vom 13.02.2013. http://www.spiegel.de/wirtschaft/unternehmen/ard-reportage-dokumentiert-missstaende-in-der-leiharbeit-bei-amazon-a-883156.html. Zugegriffen am 27.01.2015

Lavidge RJ, Steiner GA (1961) A model for predictive measurements of advertising effectiveness. J Mark 25:59–62

Lorenz Personal (Hrsg) (2010) Lorenz Personal wehrt sich gegen generelle Branchenschelte, Beitrag vom 17.10.2010. http://www.lorenz-personal.de/index.php?id=133. Zugegriffen am 27.01.2015

Meynhardt T (2013) Public Value – Organisationen machen Gesellschaft. Organisationsentwicklung 32(4):4–7

o. V. (2013) Top-Manager fürchten um Ruf der Versandbranche, Beitrag vom 22.02.2013. http://www.welt.de/wirtschaft/webwelt/article113838863/Top-Manager-fuerchten-um-Ruf-der-Versandbranche.html. Zugegriffen am 28.01.2015

o. V. (2014) Zeitarbeitsbranche hat immer noch ein Imageproblem, Beitrag vom 25.08.2014. http://www.haufe.de/personal/hr-management/arbeitnehmerueberlassung-zeitarbeit-hat-ein-imageproblem_80_269548.html. Zugegriffen am 25.08.2014

PagePersonnel (2014) Zeitarbeit und Interimsmanagement weltweit – eine Studie zu Wahrnehmung und Trends in 17 Ländern. Eigenverlag, Düsseldorf

Randstad (Hrsg) (2013) Mit „Randstad wirkt" schärft der Marktführer sein Markenprofil, Pressemitteilung vom 14.10.2013. www.randstad.de/ueber-randstad/presse-und-aktuelles/pressemitteilungen-und-aktuelles/pm-2013-10-10-randstad-wirkt-1.293802. Zugegriffen am 23.12.2013

Ruisinger D, Jorzik O (2013) Public relations, 2. Aufl. Schäffer-Poeschel, Stuttgart

Rump J et al (2012) HR-Report 2012/13, Schwerpunkt Mitarbeiterbindung (im Auftrag der Hays AG), als Umdruck veröffentlicht. HAYS, Mannheim

Schuhmacher H, van den Broek J (2014) Kritik an der Zeitarbeit ist paradox, Beitrag vom 24.06.2014. www.wiwo.de/unternehmen/dienstleister/randstad-chef-jacques-van-den-broek-kritik-an-der-zeitarbeit-ist-paradox-seite-all/10075444-all.html. Zugegriffen am 26.11.2014

Solibieda V (2009) Behinderte in der Zeitarbeit. VPRM, Düsseldorf

Truchseß N, Brandl M (2014) Erfolgreich in der Personaldienstleistung. VPRM, Troisdorf

Wiesner O, Hillebrecht S (2013) Die gesellschaftliche Verantwortung. Franken-Manager 3–4:34–36

Winkler A (2000) Zeitarbeit für Behinderte. Dr. Kovac, München

Erfolgskontrolle durch Marketing-Controlling 6

> **Zusammenfassung**
> Unternehmensaktivitäten benötigen einer regelmäßigen Information, Steuerung, und Kontrolle. Der Ansatz des Marketing-Controllings nutzt dazu die Planungsdaten im Abgleich mit aktuellen Informationen über den Erfolg konkreter Maßnahmen, um die Wirksamkeit der eigenen Maßnahmen regelmäßig und systematisch zu überprüfen. Diese Daten können sowohl im Unternehmen selbst als auch am Markt gewonnen werden.

6.1 Der Kreislauf des Marketing-Controlling

Der Einsatz von Ressourcen und Aktivitäten des Unternehmens sollte unter der Prämisse der kostengünstigen bzw. der nutzenmaximalen Verwendung erfolgen. Mit Marketing sind erhebliche Aufwendungen verbunden, die sich nur aus entsprechenden Markterfolgen (Umsatz, Deckungsbeiträge) rechtfertigen lassen. Dazu dient das Marketing-Controlling. Marketing-Controlling ist nach Homburg und Krohmer (2009, S. 1204 ff.) eine Funktion zur:

- Unterstützung der Führung in ihren Entscheidungen
- Zur Steuerung aller marktbezogenen Funktionen

Der Controlling-Kreislauf definiert sich dabei als eine Abfolge von Planung der marktbezogenen Aktivitäten, der Steuerung der einzelnen Aktivitäten, der Messung der damit erzielten Ergebnisse, und der Kontrolle aller Beteiligten und ihrer Aktivitäten. Dabei ist im Sinne von Malik (2011, S. 46 ff.) sorgfältig auf eine Trennung zwischen strategischen und operativen Kennzahlen zu achten. eine einseitige Beachtung operativer Kennzahlen, zu denen Malik Umsätze, Kosten, Gewinne, Cash Flow-Daten, Renditen, Deckungsbeiträge etc. zählt, würde demzufolge eine falsche strategische Entscheidungsfindung bewirken (vgl. Malik 2011, S. 47).

Im Schema des Marketing-Prozesses steht das Marketing-Controlling am Abschluss, wie die nachfolgende Abb. 6.1 zeigt, da sie die Erfolge einzelner Maßnahmen zu quantifizieren versucht.

Das Marketing-Controlling stützt sich dazu auf quantitative und qualitative Kenndaten. Quantitative Kenndaten sind direkt als Zahlen ausdrückbar, insbesondere Umsatz und Deckungsbeiträge in absoluten Werten und auf Kunden oder einzelne Segmente bezogene Werte. Diese zeigen den Markterfolg auf. Qualitative Kenndaten stützen sich auf hinterfütterte Merkmale, die entsprechend zu bewerten sind, wie z. B. Bekanntheit bei Kunden, der Rang als bevorzugter Anbieter, Kundentreue, Kundenloyalität etc. Die qualitativen Kennwerte geben also den Stellenwert beim Kunden, seine subjektive Einschätzung der eigenen Leistungsfähigkeit.

Das Marketing-Controlling richtet sich damit nach Bruhn (2009, S. 366 ff.) vor allem auf drei Bereiche aus:

- Die Qualität der Prozesse, hinsichtlich der Termintreue, der Aktivitäten und der Verwendung der Ressourcen, feststellbar durch Prüfkataloge und Checklisten sowie Scoring-Modelle
- Die Effizienz der Prozesse, mit den Messgrößen Umsatz, Deckungsbeitrag pro Kunde und pro Leistungsbereich, Kundenwert (Customer Lifetime Value), Marktanteil und Marktentwicklung, Anzahl der Bestellungen, Aufwand für einzelne Bestellungen (cost per order)
- Die Effektivität der Prozesse, die bei den Kunden kognitive und affektive Ergebnisse auslösen, die wiederum messbar sind durch das Kundenverhalten (Mundpropaganda, Informationsanforderung, Kauf, Nachkauf, zusätzlicher Kauf, kein Kauf, Einschätzung als bevorzugter Anbieter) und durch Kundenbefragungen, Auswertung des Beschwerdeverhaltens usw.

Mit den an erster und zweiter Stelle genannten Kennwerten werden, wie bereits angeführt, vor allem operative Messgrößen abgebildet. Zur Ergänzung auf strategischer Ebene sollten auch Überlegungen stehen, wie das Unternehmen langfristig gesund bleibt, also im Einklang zwischen den eigenen Anforderungen und Arbeitsweisen und den Marktbedingungen bleibt. Hierzu dienen z. B. (vgl. Malik 2011, S. 97):

- Marktstellung
- Innovationsleistung
- Produktivität
- Attraktivität für die richtigen Personen
- Liquidität und Cash Flow
- Profitabilität

Erst in der Verbindung von guten operativen Ergebnissen und nachhaltigen Erfolgen für die Zukunft zeigt sich nach Malik (2011, S. 50 ff.) wirklich erfolgreiche Unternehmensführung.

6.1 Der Kreislauf des Marketing-Controlling

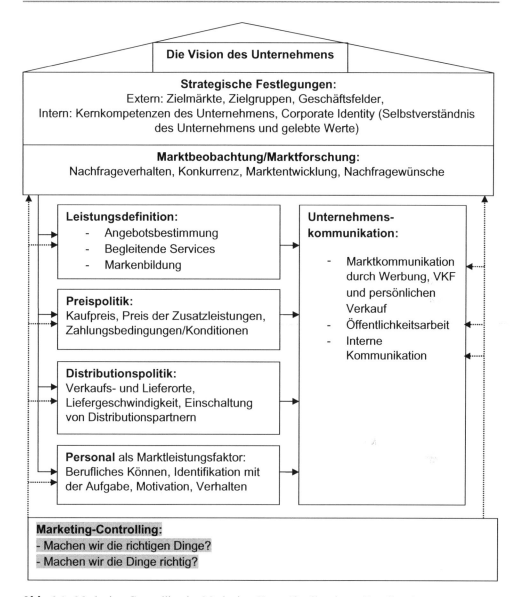

Abb. 6.1 Marketing-Controlling im Marketing-Haus. (Quelle: eigene Erstellung)

Wachstum wird damit kein Ziel, sondern das Ergebnis des guten Managements (ebd. 2011, S. 54 f.). Eine Nebenbemerkung: Die Verknüpfung von marktorientierten Kennzahlen mit Kennwerten aus dem Controlling, wie z. B. Umsatzrentabilitäten und Cash Flow, erlaubt dem Unternehmen, ein System des „business intelligence" einzuführen. Damit ist das Unternehmen in der Lage, strategische Entwicklungen mit Blick auf die Vergangenheit zu erklären und für zukunftsorientierte Entscheidungen dienstbar zu machen.

Eine Überführung in eine tabellarische Darstellung ergibt Abb. 6.2.

Die meisten Kennwerte sind durch hausinterne Daten des Unternehmens sowie den von Branchenverbänden bereit gestellten Übersichten überprüfbar, so dass ein ausführliches und regelmäßiges Reporting anhand der definierten Kennwerte gut machbar ist. So kann man z. B. anhand einer ABC-Analyse die Kunden(-gruppen) bestimmen, mit denen man besonders hohe oder besonders niedrige Umsätze tätigt bzw. Deckungsbeiträge erwirtschaftet. Als Basis dient dabei eine Abwandlung der Pareto-Regel. Man wird mit ca. 20 % der Kunden ungefähr 80 % des Umsatzes erwirtschaften. Dabei kann man von folgenden Bezugspunkten ausgehen:

- A-Kunden sind die Kunden, mit denen man die ersten 80 % des gesamten Umsatzes tätigt, diese sind besonders intensiv zu betreuen und auch hinsichtlich ihrer Wirtschaftlichkeit (Deckungsbeitrag pro Auftrag, Deckungsbeitrag in einem Geschäftsjahr) und besonderer Merkmale (z. B. Anzahl der Reklamationen, Anzahl der tatsächlich angenommenen Angebote im Verhältnis zu insgesamt unterbreiteten Angeboten) besonders intensiv zu hinterfragen
- B-Kunden sind die Kunden, mit denen man weitere 10 % des Umsatzes erwirtschaftet, dies wird ca. weitere 20–30 % der Kunden in toto betreffen; diese Kundengruppe bietet solide Ertragsmöglichkeiten und kann in Einzelfällen auch entwickelt werden, allerdings sollte der Betreuungsaufwand sorgfältig hinsichtlich Kosten und Nutzen geprüft werden
- C-Kunden sind die Kunden, mit denen man die restlichen 10 % des Umsatzes erwirtschaftet, diese Gruppe umfasst ca. 50–60 % aller Kunden; sie sind als Einzelkunden in ihrer Bedeutung vernachlässigbar und sollten nur beibehalten werden, wenn der Betreuungsaufwand niedriger als der erzielte Ertrag ist

Derartige Normstrategien können entsprechend der strategischen Zielsetzungen und der Zukunftsperspektiven einzelner Branchen bzw. Kunden ausdifferenziert werden. Sie gelten daher als Diskussionsgrundlage, nicht als fixe Vorgabe.

Weitere Instrumente des Marketing-Controllings bieten sich u. a. in

- der Analyse des Kundenwertes über die gesamte Dauer der Kundenbeziehung (Customer-Lifetime-Value)
- der Analyse von Lebenszyklen von Produkten bzw. Dienstleistungsangeboten
- der laufenden Qualitätskontrolle
- der Analyse einzelner Dienstleistungsbereiche hinsichtlich Umsatz und Umsatzentwicklung sowie Deckungsbeitrag und Deckungsbeitragsentwicklung
- dem Aufwand für eine erfolgreiche Akquisition im Verhältnis zum realisierten Umsatzvolumen pro Abschluss (cost per order)
- der Anzahl der erfolgreich abgeschlossenen Beratungsaufträge und deren Zeitdauer bis zum erfolgreichen Auftragsabschluss, was insbesondere für Personal- und Outplacementberater zentral ist

	Quantitive Kenngrößen	Qualitative Kenngrößen
Operativ bezogene Marketing-Controlling-Daten	• Cash Flow • Umsatz insgesamt und nach Strategischen Geschäftsfeldern • Operatives Betriebsergebnis • Deckungsbeitrag nach Kunden und Aufträgen • Erfolgskennziffern, z. B. Anteil der erfolgreich abgeschlossenen Such- oder Outplacement-Aufträge oder Anzahl der übernommenen Zeitarbeitnehmer	• Anzahl und Inhalt von Beschwerden • Bekanntheit am Markt, gestützt und ungestützt • Image, global und nach bestimmten Kriterien wie Kundenzufriedenheit, Branchenexpertise etc. • Empfehlungsmarketing: Anzahl der Neukundenkontakte nach Empfehlungen von Bestandskunden
Strategisch ausgerichtete Marketing-Controlling-Daten	• Marktstellung • Kundentreue • Innovationsgrad • Produktivität • Liquiditäten ersten, zweiten und dritten Grades • Profitabilität	• Konkrete Innovationsleistungen • Arbeitgeberattraktivität, ggf. aufgeteilt nach bestimmten Berufsgruppen wie gewerblich, technisch, kaufmännisch etc.

Abb. 6.2 Aufstellung verschiedener Kenngrößen im Marketing-Controlling. (Quelle: eigene Erstellung, in Anlehnung an Bruhn 2009, S. 366 ff.; Malik 2011, S. 96 f.)

Darüber hinaus können Informationen aus dem Markt über den Wettbewerb und dessen Fähigkeiten im Vergleich mit den eigenen Fähigkeiten einbezogen werden. So bestehen die Möglichkeiten, dass das eigene Unternehmen aus Kundensicht:

- Qualitativ höherwertig ist als der Wettbewerb, aber auch teurer (mit der Folge, ggf. nicht benötigte Qualitätsmerkmale zu streichen, um beim Preis dem Kunden entgegen zu kommen oder aber auch, um sich gezielt als Premiumanbieter für besonders anspruchsvolle Kunden zu positionieren)
- Qualitativ gleichwertig ist, im Vergleich mit dem Wettbewerb, so dass der Preis hier ggf. als Wettbewerbsparameter eingesetzt werden kann, und zwar über eine Preissenkung, sofern die eigenen Kostenstrukturen dies zulassen
- Qualitativ nachrangig ist, so dass man von vornherein aus dem Wettbewerb ausgeschlossen wird, auch wenn man ggf. beim Preis nachgibt, so dass man hier unbedingt das eigene Qualitätsniveau erhöhen muss, im Rahmen einer vom Markt akzeptierten Preishöhe

In die Auswertung sind neben der Unternehmensleitung v. a. Kräfte im Kundenkontakt einzubeziehen, z. B. Vertriebsleitung, Kundenbetreuer usw. Sie sollten im Zeitablauf regelmäßig erhoben werden und durch unternehmensexterne Daten ergänzen, z. B. Vergleichsdaten der Branche oder vergleichbar strukturierter Unternehmen. Von daher greift das Marketing-Controlling oftmals auf die gleichen Daten zurück wie die Marktforschung und besitzt inhaltlich große Schnittmengen zur Marktforschung.

Die nachfolgende Abb. 6.3 zeigt anhand ausgewählter Personaldienstleistungen auf, wie die Systematik nach Bruhn anzuwenden ist.

Neben den benannten Anhaltswerten gibt es weitere, die entsprechend dem Qualitätsanspruch des jeweiligen Unternehmens und bestimmten besonderen Bedingungen in den jeweiligen Arbeitsfeldern zum Tragen kommen können. So kann es durchaus hilfreich und wichtig sein, sich mit der Arbeitszufriedenheit von Arbeitnehmern in der Zeitarbeit zu befassen, da diese ein zentraler Dienstleistungsfaktor sind, der sich gerade von der Arbeitszufriedenheit sehr stark beeinflussen lässt (siehe hierzu Siemund 2013). Entsprechend sollen sie als Diskussionsgrundlage für die Unternehmensleitung dienen. Wichtig ist dabei, diese Daten regelmäßig und systematisch aufzubereiten und zu diskutieren, da nur so relativ schnell gute Entwicklungen weiter vorangetrieben und unerfreuliche Entwicklungen aufgegriffen werden können (siehe auch Hillebrecht 2000, S. 311 f.).

Zudem ist auch die Vergleichsbasis zu beachten, die sich unter anderem aus der Zugänglichkeit und/oder der politischen Einstufung unterschiedlich gestalten kann. Beispielhaft zeigen sich in der Personalvermittlung unterschiedliche Datenbewertungen bei der „Vermittlungsquote" beim Einsatz des „Aktivierungs- und Vermittlungsgutschein". Diese liegt nach Angaben der Bundesregierung bei knapp 8 % (vgl. BMAS 2011, S. 11), nach Angaben des „Leipziger Arbeitskreises für Personalvermittler" hingegen bei deutlich über 55 % (vgl. AKLPV 2011, S. 2 ff.; siehe auch Hegele et al. 2012). Ähnliches zeigt sich bei der „Verbleibquote", also der anschließenden dauerhaften Beschäftigung der vermittelten Arbeitnehmer beim neuen Arbeitgeber. Diese soll z. B. für vormalige Hartz IV-Bezieher bei 62 % liegen (vgl. AKLPV 2011, S. 2 ff.). Nach offizieller Lesart des Institutes für Arbeitsmarkt- und Berufsforschung (IAB), einer Einrichtung der Bundesagentur für Arbeit, wird allerdings der Erfolg in dieser Höhe erheblich angezweifelt und v. a. auf Personen zurück geführt, die überdurchschnittlich leicht zu vermitteln sind (vgl. Heyer 2012, S. 41 ff.).

Ein weiterer interessanter Kennwert findet sich im so genannten „Klebeeffekt". Damit bezeichnet man in der Zeitarbeit die Übernahme durch den entleihenden Betrieb, als Quote im Verhältnis zu allen entliehenen Arbeitnehmern ausgedrückt. Dieser Wert schwankt im langjährigen Durchschnitt zwischen 7 und 14 % (siehe RWI 2011, S. 14, 32 ff.; Strotmann 2009, S. 67 ff.), kann aber in einigen Fällen durchaus höher liegen. So geht die Page-Studie von einer Übernahmequote von 23 % europaweit aus (vgl. Page-Personnel 2014, S. 25 f.), die Interessensgemeinschaft Zeitarbeit von einer Übernahmequote von ca. 36 % (vgl. IGZ 2013). Bei entsprechender Qualifikation soll sie sogar bis zu 60 % betragen (vgl. Öchsner 2011; ähnlich Haak 2013, S. V3/4; Spermann 2013, S. 14 ff.). Allerdings muss man sich auch fragen, ob der Klebeeffekt für sich so einen hohen Aussagewert hat, wenn z. B. ein knappes Drittel aller Zeitarbeitnehmer für eine Dauer von maximal 3 Monaten „ausgeliehen" und über die Hälfte maximal für 6 Monate beauftragt

	Prozessqualität	Effizienz	Effektivität
Executive Search	Zeitraum zwischen Auftrag und erfolgreichem Abschluss (< 6 Monate)	Aufwand für erfolgreiche Aufträge (< 10 Tagewerke) Gesamtkosten pro Auftrag Deckungsbeitrag pro Auftrag	Quote der erhaltenen Aufträge zu Anfragen (> 30 %) Quote der erfolgreich abgeschlossenen Aufträge zu allen Aufträgen (> 90 %) Anzahl der Folgeaufträge im Verhältnis zu Erstaufträgen (> 50 %)
Personalvermittlung	Zeitraum zwischen Auftrag und erfolgreichem Abschluss (< 3 Monate)	Aufwand für erfolgreiche Aufträge (< 2.000 Euro) Deckungsbeitrag pro Auftrag	Quote der erhaltenen Aufträge zu Anfragen (> 30 %) Quote der erfolgreich abgeschlossenen Aufträge zu allen Aufträgen/ Vermittlungsquote (>10 %) Anzahl der Weiterempfehlungen
Zeitarbeit	Zeitdauer zwischen Auftrag und Personaleinsatz vor Ort (< 4 Wochen)	Einsatzquote: Einsatz vor Ort im Verhältnis zur Gesamtarbeitszeit (> 80 %) Auftragsquote: eingesetzte Zeitarbeitnehmer im Verhältnis zur Gesamtzahl Zeit AN (> 75 %) Umsatz pro Kunde und Jahr Deckungsbeitrag pro Auftrag	Quote der erhaltenen Aufträge zu Anfragen (> 30 %) Quote der erfolgreich abgeschlossenen Aufträge zu allen Aufträgen (> 90 %) Anzahl der Folgeaufträge im Verhältnis zu Erstaufträgen (> 50 %)
Outsourcing	Zeitpunktgerechtes Ausführen der Arbeitsabläufe (> 99,5 %)	Auslastungsgrad der Mitarbeiter (> 80 %) Umsatz pro Unternehmen Deckungsbeitrag pro Auftrag bzw. Kunde Vertragsdauer pro Kunde	Bekanntheit als Anbieter (über Anzahl der Anfragen) Anzahl der Weiterempfehlungen

Abb. 6.3 Anhaltswerte des Marketing-Controllings ausgewählter Personaldienstleistungen. (Quelle: eigene Erstellung, in Anlehnung an Bruhn (2009, S. 366 ff.))

wird (vgl. IW 2011, S. 27 ff.; ähnlich Haller und Jahn 2014, S. 4 ff.). In diesen Fällen wird es eher darum gehen, Auftragsspitzen oder kurzfristige Ausfälle von Stammpersonal abzufangen werden (siehe auch IW 2011, S. 29 f., 40 ff.; Promberger 2012, S. 265 f.), und weniger darum, den betreffenden Zeitarbeitnehmer ohne Risiko auszuprobieren. Es liegt also nicht unbedingt im Interesse eines Zeitarbeitsunternehmens, Mitarbeiter mittelfristig beim Kunden unterzubringen, sofern nicht eine angemessene Entschädigung für die Auswahl- und Einarbeitungskosten des betreffenden Zeitarbeitnehmers erfolgt. Vielmehr möchte man ja über eine möglichst lange Beschäftigung bei – wechselnden – Kunden die einzelnen Zeitarbeitnehmer möglichst gewinnbringend einsetzen. Damit ist ein Klebeeffekt nicht von vornherein intendiert, sondern eher für den Zeitarbeitnehmer und das entleihende Unternehmen ein willkommener Nebeneffekt. Und er kann für das Zeitarbeitsunternehmen selbst nur dann lukrativ werden, wenn es für übernommene Zeitarbeitnehmer eine Provision erhält, was auch nicht immer durchsetzbar ist.

Von daher sind in jedem Unternehmen geeignete Vergleichsverfahren zu bestimmen und regelmäßig auf Sinnhaftigkeit und Aussagekraft zu überprüfen.

6.2 Das Innovationsmanagement auf Basis von Daten des Marketing-Controllings

Daten, die im Rahmen des Marketing-Controllings verarbeitet werden, können auf neue Entwicklungen im Markt weisen, weil z. B. Wettbewerber neue Dienstleistungen anbieten, Nachfrager neue Bedürfnisse äußern oder technische Entwicklungen einem selbst neuartige Angebote ermöglichen. Diese neuartigen Arbeitsfelder aufzudecken und zu einer marktfähigen Dienstleistung zu bringen, ist Aufgabe des Innovationsmanagements (vgl. Homburg und Krohmer 2009, S. 568 ff.). Innovationen entstehen generell, wenn:

- Technische Veränderungen neue Angebote und Dienstleistungen ermöglichen, die bisher nicht am Markt waren (technik- bzw. prozessgetriebene Innovationen), z. B. wird durch digitale Applikationen bzw. Social-Media-Plattformen wie xing, LinkedIn oder Experteer der Recruiting-Prozess verändert, weil Arbeitnehmer und Arbeitgeber ihre Daten eingeben und ohne Personalvermittler neue Arbeitsverhältnisse begründen können
- ein neuartiger Kundenwunsch den Auslöser für ein neues Angebotskonzept bewirkt (kunden- bzw. markgetriebene Innovationen), z. B. wenn Arbeitgeber die Steuerung von Zeitarbeit auf einen externen Dienstleister („Managed Service Providing") übertragen, um sich damit selbst vom entsprechenden Organisationsaufwand zu befreien

Dabei werden entweder Arbeitsprozesse verbessert, im Sinne von höherer Prozessqualität (weniger Fehler/geringere Ausschussquote, weniger Bearbeitungszeit/geringerer Personaleinsatz, geringerer Rohstoffeinsatz, höhere Effizienz) oder aber der Kundennutzen verbessert, durch vielfältigere Verwendungsmöglichkeiten, höhere Erlöspotenziale auf Kundenseite, besseres Marktimage, etc. Welcher Fokus auch immer gegeben ist, zeichnen sich Innovationen dadurch aus, dass der Kunde bzw. bei internen Innovationen der Prozesseigner etwas Einzigartiges entdeckt, was er mit bisherigen Anwendungen so nicht erzielen kann. Damit kann man insgesamt die eigene Marktposition verbessern, durch kostengünstigere Strukturen, erhöhte Servicequalität oder andere Wettbewerbsmerkmale (vgl. Christensen 2016, S. 61 ff.). Quellen für Innovationsideen können sowohl im Unternehmen selbst als auch bei Kunden oder im Umfeld generell entstehen. So werden durch das Fortschreiten digitaler Arbeitsprozesse, insbesondere im Personalmanagement, verhältnismäßig viele Innovationen in der Personaldienstleistung aufgrund digitaler Konkurrenz bzw. digitaler Potenziale entstehen.

Gut strukturiertes Innovationsmanagement vollzieht sich dabei nach Rogers (2003, S. 16 ff.; ergänzend Homburg und Krohner 2009, S. 596 ff.) in mehreren Phasen:

(1) Ausgangspunkt ist ein spezifisches Problem, der Innovationsbedarf, z. B. bei Recruitingprozessen eine Social Media-gestützte Personalvermittlung
(2) Forschungsphase, als Informationsbeschaffungsprozess zu den möglichen Bedarfen und Marktpotenzialen, z. B. eine Personalvermittlungs-App für Gastronomie-Berufe
(3) Technische Produktentwicklung: Umsetzung des am besten geeignet erscheinenden Produkts (Funktionalitäten eines Produkts: Berufswünsche, Gehaltsniveau, Anforderungen/vorhandene Kenntnisse, sonstige Informationen)
(4) Phase der Kommerzialisierung: Angebot am Markt, ggf. mit Einführungs- und Probeangeboten (z. B. Einführungsrabatte für Arbeitgeber bei Nutzung der Rekrutierungs-App, kostenfreies Zusatzangebot für Bestandskunden)
(5) Diffusions- und Adaptionsprozess: Vertrieb bei den Kunden, kontinuierliche Verbesserung und Produktpflege, aufgrund von Kundenerfahrungen, technischen Weiterentwicklung usw.
(6) Konsequenzen der Innovation: regelmäßige Bewertung auf Funktionalität aus Kundensicht, Einhaltung der versprochenen Produktqualitäten und der Wirtschaftlichkeit/Ertragskraft des Angebots

Auch wenn zunächst nur die Phase 6 dem Marketing-Controlling zugewiesen sein dürfte, kann in jeder Phase die Ideengenerierung bzw. Entscheidungsfindung durch eine solide Informationsbasis aus dem Marketing-Controlling erheblich profitieren. Hierbei kann man das Suchraster durchaus sehr offen gestalten und in erster Linie auf Prozessprinzipien zu achten, weniger auf die Herkunft aus dem Bereich der Personalwirtschaft (siehe auch Willhardt 2014, S. 34 ff.). Zudem können auch im Mitarbeiterkreis interessante Ideen entstehen, aufgrund der täglichen Beschäftigung mit Kunden und deren Bedürfnissen bzw. in der Beschäftigung mit den Arbeitsprozessen (vgl. Leicht-Deobald und Luis 2017, S. 64 ff.), weshalb die Unternehmenskultur entsprechend innovationsfördernd gestaltet werden sollte (vgl. Lugner et al. 2014, S. 530 ff.).

Fazit

Regelmäßige Information und Kontrolle dient dazu, den Erfolg der geplanten Maßnahmen zu überprüfen und alle Handlungen des Unternehmens zu steuern. Dabei ist sowohl auf quantitative als auch qualitative Daten zu achten, am besten im Vergleich mit Daten aus der Branche. Eine sachgerechte Interpretation erfordert eine intensive Auseinandersetzung mit dem Aussagewert, wie sich am Beispiel der Vermittlungsquote und dem Klebeeffekt gezeigt hat.

Literatur

AKLPV (2011) Arbeitskreis Leipziger Personalvermittler: Pressemitteilung vom 21.06.2011.www. aklpv.de/anhang_iab_gegendarstellung.pdf. Zugegriffen am 04.02.2013

BMAS (2011) Bundesministerium für Arbeit und Sozialordnung: Vermittlungsgutscheinde und die Beauftragung Dritter in der Arbeitsvermittlung, Bundestagsdrucksache Nr. 17/4986

Bruhn M (2009) Marketing, 9. Aufl. Gabler, Wiesbaden

Christensen CM (2016) Was ist eine disruptive Innovation. Harv Bus Manag 1:64–69

Haak S (2013) Untypische Leiharbeiter. Süddeutsche Zeitung 236:V3/4

Haller P, Jahn EJ (2014): Hohe Dynamik und kurze Beschäftigungsdauer, IAB-Kurzber 13:1–12

Hegele D et al (2012) Denkschrift zum neuen Aktivierungs- und Vermittlungsgutschein. Selbstverlag, Leipzig

Heyer G (2012) Evaluation der aktiven Arbeitsmarktpolitik. J Labour Mark Res 45(1):41–62

Hillebrecht S (2000) Quantitative und Qualitative Daten als Basis des Marketing-Controllings. Jahrb Absatz Verbrauchsforsch 46(3):301–314

Homburg C, Krohmer H (2009) Marketing-management, 3. Aufl. Gabler, Wiesbaden

IGZ (2013) Interessengemeinschaft Zeitarbeit: Zeitarbeitsbranche registriert hohe Übernahmequote. www.ig-zeitarbeit.de/artikel/11206. Zugegriffen am 12.12.2013

IW Institut der Deutschen Wirtschaft, IW Consult GmbH (2011) Zeitarbeit in Deutschland, Köln 2011, Arbeitsbericht vom 09.05.2011 www.iwkoeln.de/_storage/asset/63381/storage/master/file//29.pdf. Zugegriffen am 12.12.2013

Leicht-Deobald U, Luis N (2017) Innovationen im Verborgenen. OE Organisationsentwicklung 1:64–77

Lugner J et al (2014) Innovation richtig organisieren. zfo Zeitschrift Führung und Organisation 83(5):340–346

Malik F (2011) Strategie – Navigieren in der Komplexität der neuen Welt. Campus, Frankfurt am Main

Öchsner T (2011) Warum Zeitarbeit besser ist als ihr Ruf. Beitrag vom 11.11.2011 www.sueddeutsche.de/karriere/chancen-auf-uebernahme-warum-zeitarbeit-besser-ist-als-ihr-ruf-1.1186120.html. Zugegriffen am 12.01.2013

PagePersonnel (Hrsg) (2014) Zeitarbeit und Interimsmanagement weltweit – eine Studie zu Wahrnehmung und Trends in 17 Ländern. Eigenverlag, Düsseldorf

Promberger M (2012) Topographie der Zeitarbeit – Flexibilität und Prekarität einer atypischen Beschäftigungsform. edition sigma, Berlin

Rheinisch-Westfälisches Institut für Wirtschaftsforschung (2011) Herausforderung Zeitarbeit, Studie im Auftrag der Bertelsmann-Stiftung. Bertelsmann-Stiftung, Essen

Rogers E (2003) Diffusion of innovations, 5. Aufl. Free Press, New York

Siemund S (2013) Arbeitszufriedenheit in der Zeitarbeit. Springer VS, Wiesbaden

Spermann A (2013) Wandel und Stabilität der Arbeitswelt, als Randstad Discussion Paper No. 5 veröffentlicht, Eschborn. www.randstad.de/polopoly_fs/1.290535!/download/downloadFile/pressepublikation-randstad-discussion-paper-2013-04.pdf.pdf. Zugegriffen am 12.12.2013

Strotmann H (2009) Beschäftigungswirkungen der Zeitarbeit aus gesamtwirtschaftlicher Perspektive. In: Schwaab M-O, Durian A (Hrsg) Zeitarbeit – Chancen, Erfahrungen, Herausforderungen. Gabler, Wiesbaden, S 67–86

Willhardt R (2014) Kreativ kopieren statt teuer tüfteln. Absatzwirtschaft 1–2:34–37

Stichwortverzeichnis

A
ABC-Analyse 168
Arbeitsvermittlung 6, 13, 80, 81, 89, 91, 109, 122
Arbeitsverwaltung 3–5, 53, 109, 151
AZAV 6, 60, 81, 98, 109

B
BDU 65, 73, 98
Business Mission 20

C
Coaching 2, 3, 8, 13, 46, 65, 75, 81–86, 101, 103–105, 107, 121, 145, 158
Corporate Identity 30, 125, 127, 140

E
Employer Branding 126, 127
Entscheidungsfindung 56, 165
Equal payment 111
Equal treatment 91, 111

F
Franchising 39, 44, 120, 121

G
Genehmigungspflicht 26

I
Imagekampagne 125, 145
Industriedienstleistung 2, 25, 75, 92
Ingenieursdienstleistung 2, 91, 92

I
Interim-Management 34, 92
ISO 9000 60, 73, 98

J
Joint Venture 44

K
Kennzahlen 152, 165, 167

M
Management Service-providing 90
Master Vendor 90
Mediation 2, 75, 85, 107

O
Outplacement 2, 46, 65, 75, 86, 88, 89, 91, 108

P
Personalbeurteilung 2, 12, 74, 78, 82
Personalvermittlung 2–4, 7, 8, 10, 13, 20, 26, 28–30, 32–34, 36, 39, 46, 73, 75, 80, 81, 91, 95, 98, 105–107, 118, 119, 122, 170
Problemlösung 1, 6–8, 41, 61, 70, 73, 116, 117, 127, 137, 141, 152

S
Social Media 41, 128, 140, 143, 145, 147, 151, 162

T
Tageshonorar 105
Teamtraining 110
Temporärarbeit 2, 65, 90, 97
Transfergesellschaft 88, 89

Printed in Poland
by Amazon Fulfillment
Poland Sp. z o.o., Wrocław